21世纪技能创新型人才培养系列教材
新媒体系列

新媒体营销

主　编◉李凌宇　李丛伟
副主编◉王　磊　黄　博　吴元阳

中国人民大学出版社
·北京·

图书在版编目（CIP）数据

新媒体营销 / 李凌宇，李丛伟主编 . -- 北京 ：中国人民大学出版社，2021.10

21 世纪技能创新型人才培养系列教材. 新媒体系列

ISBN 978-7-300-29711-8

Ⅰ. ①新… Ⅱ. ①李… ③李… Ⅲ. ①网络营销－高等职业教育－教材 Ⅳ. ① F713.365.2

中国版本图书馆 CIP 数据核字（2021）第 156387 号

21 世纪技能创新型人才培养系列教材 · 新媒体系列

新媒体营销

主　编　李凌宇　李丛伟

副主编　王　磊　黄　博　吴元阳

Xinmeiti Yingxiao

出版发行	中国人民大学出版社		
社　址	北京中关村大街 31 号	**邮政编码**	100080
电　话	010－62511242（总编室）		010－62511770（质管部）
	010－82501766（邮购部）		010－62514148（门市部）
	010－62515195（发行公司）		010－62515275（盗版举报）
网　址	http://www.crup.com.cn		
经　销	新华书店		
印　刷	中煤（北京）印务有限公司		
规　格	185 mm × 260 mm　16 开本	**版　次**	2021 年 10 月第 1 版
印　张	17.75	**印　次**	2021 年 10 月第 1 次印刷
字　数	413 000	**定　价**	58.00 元

前言

PREFACE

随着互联网的快速发展和5G技术的商用与普及，互联网营销领域的营销方式与模式迎来了一场新的变革。社交平台、在线视频平台、短视频平台、电商平台等不同类型的新媒体平台迅速成长和壮大，尤其是以视频为主的内容营销与传播已成为网络营销领域的主阵地。近年来，网络媒体、手机媒体以及数字媒体等新媒体行业发展突飞猛进，国内新媒体营销行业进入了黄金发展期。据相关数据显示，自2011年以来，我国新媒体行业的市场规模保持高速扩张之势，2011年市场规模为2 268.1亿元，截至2020年市场规模已经突破1万亿元。而随着新媒体行业的迅速崛起，新媒体人才缺口与日俱增，需求已经超过2 000万。不仅仅是互联网公司，转型中的传统媒体和传播行业也意识到新媒体岗位的重要性，急需招聘大量新媒体营销人才。

《新媒体营销》既是高职院校新媒体类课程领域里的第一本新型活页式教材，也是第一本工作手册式校企合作开发教材。通过汲取《国家职业教育改革实施方案》的最新职教改革理念与精髓，本教材实现了内容和组织方式的重要变革与创新。本教材通过理论与实践相结合，采用最贴切、最真实、最新鲜的案例，全面阐述各种主流新媒体营销模式的理论、方法与操作过程。与其他相关书籍相比，本教材具有以下特色：

（1）教材内容鲜活生动。本教材充分发挥了活页式教材的优势和特色，不仅每章可单独成册，每个任务亦可单独装订，每个任务里的各个知识点与技能点也可单独装订和拆卸。编写团队持续跟踪新媒体行业的最前沿理论与技术发展，动态开发与教材内容有机融合的数字资源，随时补充生动鲜活的事例和实践内容，实现教材内容的动态迭代更新，学生可在线阅读最新的教材内容，也可下载打印、单独装订，有利于学生技术技能素养的动态更新。

（2）能力培养无缝衔接。本教材编写团队遵循工作手册式教材的建设理念，深入践行“产教融合、校企合作”的职教改革理念，与快手、快影等新媒体行业龙头企业合作，将企业的真实项目和工作任务融入教材内容。同时，基于新媒体营销的项目工作过程，创新设计了“认识营销模式—搭建营销平台—策划营销活动—实施营销活动—分析营销效果”的内容组织方式，内容贴合企业的实际工作岗位和工作任务，实现了教材内容设置与企业岗位群工作任务“零距离”、学生技术技能素养与企业岗位需求“零距离”。

（3）课程思政润物无声。在教材的各个项目和各个任务中巧妙融入课程思政目标，不仅每个项目单独设置“思政园地”模块，而且每个工作任务细分了单独的思政培养目标，具备以德树人的教育功能。本教材立足课程思政，为学生送上精神大餐，着力培养学生的工匠精神、爱国情怀和民族自豪感。

（4）实践操作翔实具体。本教材不仅图文并茂，形象生动，可读性强，而且结合企业的培训手册和工作手册，为每个项目下的各个工作任务设置了 1 ～ 3 个实践环节和任务单，并提供翔实具体的操作流程，切实提高学生的新媒体营销实战技能。

本教材以新媒体营销与运营的典型项目的工作过程为逻辑主线，以主流的新媒体营销模式和典型新媒体营销平台为对象，分别设置了新媒体营销概述、微博营销、微信营销、短视频营销、直播营销、资讯媒介营销六个工作项目、二十七个工作任务。

本书的编写团队成员来自金华职业技术学院、海南经贸职业技术学院等中国特色高水平高职学校。其中，李凌宇老师负责教材的整体策划和统稿，并参与了项目一、项目四、项目五的编写，李丛伟老师参与了项目二、项目三的编写，王磊老师参与了项目六的编写。

北京快手科技有限公司黄博、张永明、钟王健、吴元阳，快影学院屈渲婷，快手金华创新发展中心张圣璋和白薇参与了教材编写提纲的讨论，并提供了企业的培训手册和工作手册。此外，本书在编写过程中得到了中国人民大学出版社编辑们的具体指导，参阅并借鉴了国内同类优秀教材和网络资源，在参考文献中无法逐一列出，在此一并表示感谢！

本书既可以作为高等职业院校电子商务类、市场营销类、企业管理类、商业贸易类专业学生的教学用书，也可以供新媒体营销、新媒体运营等岗位的从业人员使用。

由于编者水平有限，书中若有不当之处，恳请广大读者和专家批评指正。

编　者

2021 年 8 月

目录
CONTENTS

项目四 短视频营销 117

项目五 直播营销 177

项目六 资讯媒介营销 234

01

项目一

新媒体营销概述

- 任务一　认识新媒体
- 任务二　认识新媒体营销

案例导入

解读新媒体行业的中国速度

2020年4月28日，中国互联网络信息中心（CNNIC）发布了第45次《中国互联网络发展状况统计报告》(以下简称《报告》)，其中有以下几个方面值得关注。

从报告来看，99.3%的网民使用手机上网，移动设备的渗透率不断提高，给移动传播的发展带来推力。近年来，移动传播在中国实现快速发展，包括移动社交、移动阅读、移动音频、移动视频、移动直播在内的各领域取得了一定成就，多种产品形态相结合，优势互补，使得内部边界日渐模糊，形成了交互式、多元化的移动传播格局。

整体而言，移动视频表现瞩目，其中短视频已成为移动互联网时代最主要的媒介形式之一。短视频用户已达到7.73亿，实现了1.25亿的用户量增长，这个数字还在不断上升，并且用户活跃度较高。近两年，短视频内容实现了横、纵两个方面的发展：一方面，在涉足领域广度上，从传统的美妆美食、搞笑生活，向知识科普类等领域拓展；另一方面，在专业机构的运营、市场竞争的推动、平台对特定价值的内容品类的扶持，以及网络监管和治理的持续推进中，短视频内容质量实现了整体性的提升。由此来看，短视频行业仍是一片红海，有一定的拓展空间。

近两年“电商直播”的渗透率迅速提升，带动了电子商务行业进一步发展。“直播带货”的形式最大限度地发挥了KOC（key opinion consumer，关键意见消费者）的价值，并且下沉至农村市场，“县长带货”等创新形式助力乡村振兴。与此同时，在线教育更大范围地进入了大众视野，成为互联网爆发点之一。据《报告》数据显示，截至2020年3月，在线教育用户规模较2018年底增长110.2%，达到了4.23亿。

资料来源：中国互联网信息中心．CNNIC发布第45次《中国互联网络发展状况统计报告》.（2020-04-28）[2021-06-10]．http://www.cnnic.cn/gywm/xwzx/rdxw/20172017_7057/202004/t20200427_70973.htm.

案例思考：

1. 短视频、电商直播是现在最时髦的新媒体形式，分别有哪些耳熟能详的平台？
2. 短视频、电商直播为什么能成为受大众欢迎的新媒体？

任务一

认识新媒体

<table>
<tr><td>项目名称</td><td colspan="2">项目一　新媒体营销概述</td><td>任务名称</td><td>任务一　认识新媒体</td></tr>
<tr><td rowspan="3">学习目标</td><td>知识目标</td><td colspan="3">• 了解新媒体的概念；
• 理解新媒体的特征；
• 掌握新媒体的发展趋势。</td></tr>
<tr><td>能力目标</td><td colspan="3">• 具备正确界定新媒体平台的能力；
• 具备分析传统媒体与新媒体融合路径的能力。</td></tr>
<tr><td>思政目标</td><td colspan="3">• 从认识新媒体平台入手，了解我国新媒体技术的发展日新月异，我国的新媒体平台在世界科技舞台上占有一席之地，彰显出伟大的中国力量、中国速度和中国精神，激发每一个学生的民族自豪感和国家荣誉感。</td></tr>
<tr><td>任务描述</td><td colspan="4">“媒介素养应该是每个人的必修课，在新媒体时代，没有媒介素养，你连朋友圈都混不好。”可见，对于新媒体的认知素养是我们每个人必备的能力。那么，新媒体到底是什么？哪些媒体是新媒体？新媒体有哪些特征？新媒体时代的到来对于人们的生活方式、思想观念产生了哪些影响？未来新媒体的发展趋势又将如何？这些问题看似简单，却又时刻伴随我们左右，这就需要我们深入认识新媒体，具备新媒体素养，拥抱互联互通、无远弗届的新媒体时代。</td></tr>
<tr><td>任务准备</td><td colspan="4">1. 找份报纸或杂志，听一听广播，看一看电视节目，了解它们的信息传播特点；
2. 准备一台智能手机，安装微博、微信、抖音、淘宝等App，了解它们的信息传播特点。</td></tr>
<tr><td>实施提醒</td><td colspan="4">与传统媒体相比，新媒体的最明显特点就是“新”。那么，新媒体是什么？这很难有个准确的定义，我们应该与时代结合来界定哪些是新媒体，哪些是传统媒体。例如，当广播出现的时候，报纸成为传统媒体，而当时的新媒体就是广播。当互联网出现的时候，广播、电视成为传统媒体，而此时的新媒体就是互联网。</td></tr>
</table>

知识充电站

知识充电站

一、洞察新媒体的概念和内涵

新媒体（new media）作为传播媒介的一个专有术语，是由美国 CBS（哥伦比亚广播公司）技术研究所所长戈尔德马克（Peter Carl Goldmark）率先提出的。他在 1967 年发表了一份关于开发 EVR（electronic video recording，电子录像）商品的计划，在这份计划里他第一次提出了“新媒体”一词。之后，时任美国传播政策总统特别委员会主席 E. 罗斯托在 1969 年向当时的美国总统尼克松提交的报告书中，也多处使用“new media”（新媒体）一词。从此以后，“新媒体”一词开始在美国社会流行，并逐步流传到全世界。

课堂讨论

表 1－1 中哪些是新媒体？请在你认为是新媒体的选项后打钩。

表 1－1　新媒体类型辨析

类型	是否	类型	是否
报纸		杂志	
电视		门户网站	
电子邮件		广播	
微博		微信	
抖音			

新媒体是一个相对的概念，与媒介技术的不断推陈出新紧密相关。回顾新媒体的发展过程，就可以知晓新媒体是伴随着媒体的产生和发展而不断变化的。例如，广播相对于报纸、杂志是新媒体，电视相对于广播是新媒体，而网络相对于电视是新媒体。

广义的新媒体包括两大类：一是基于技术进步而产生的媒体形态，尤其是基于无线通信技术和网络技术出现的媒体形态，如数字电视、IPTV（交互式网络电视）、手机终端等；二是随着人们生活方式的转变，以前已经存在，现在才被应用于信息传播的载体，例如楼宇电视、车载电视等。狭义的新媒体仅指第一类，即基于技术进步而产生的媒体形态。

新媒体的本质在于：人人既可以是生产者，也可以是传播者。报纸、电视、杂志、广播等传统媒体，编辑、主播、制片人等是内容的生产者，普通大众充当的角色只能是消费者。而在今天的新媒体时代，每个人都可以通过抖音、微博、微信、今日头条、知乎等各类新媒体平台发出自己的声音，这就是生产者。

课堂讨论

请判断表 1 - 2 中的传统媒体是否有借助信息技术转变成新媒体的对应形态。如有，请列举具体的项目或产品。

表 1 - 2 传统媒体对应的新媒体

传统媒体	新媒体
报纸	
电视	
信件	
广播电台	
楼宇广告	

二、解读新媒体的特征

进入互联网时代后，新的“新媒体”层出不穷，关于新媒体的特征的理论研究也一直在深化，总结归纳，新媒体具有以下特征。

（一）海量性

新媒体的出现不仅扩大了信息的传播主体，而且带来了海量的传播信息。每个人都可以使用各种各样的社交网络平台分享内容，而且信息的表现形式丰富多样，新媒体的信息内容能够集文字、图片、音频、视频、动画等多种表现形式于一体，带给用户非常震撼的视听享受。但是新媒体的海量信息内容没有得到有效的整合，而是零碎地堆砌在一起，信息呈现碎片化的特点。

（二）交互性

在新媒体中，信息是双向传播的，人人拥有话语权，人人都是自媒体。相比于传统媒体“传播者单向发布信息、受众被动接收信息”的状态，新媒体使每个人既是信息的接收者，又可以成为信息的传播者。例如，用户不仅可以在抖音平台上关注各种新闻消息、社会热点，也可以直接对新闻消息发表自己的观点，还可以通过发布短视频分享自己的感悟。

（三）精准性

传统媒体对广泛的受众群体进行单向的“同质化传播”，传播节目内容试图覆盖所有受众，因而受众的个人需求并未得到有效满足。而在新媒体时代，不同的新媒体能够为不同的受众提供多样化的内容，为受众进行“异质化传播”，而且受众可以根据自己的兴趣爱好自主选择内容和服务，从而提高了信息传播的精准性和有效性，有利于满足受众的个性化需求。

（四）及时性

以网络技术、数字技术和移动通信技术为依托，新媒体拥有传统媒体无法比拟的信息传播速度，它既可以使受众实时接收信息，还可以让受众对信息作出及时反馈。例如，抖音、微博、微信等新兴的移动社交应用可以将用户分享的信息内容第一时间发布出去，让信息直达受众。

加油站

关于淘宝千人千面，你知道多少？

淘宝的千人千面功能，应用了标签匹配的原理。淘宝的千人千面是标签匹配的，将买家标签和卖家商品的标签进行对应。当买家在搜索的时候，或者在其他的千人千面位置进行浏览的时候，系统会根据这个买家的特征标签给他推送适合他的商品，推送的原理是卖家的商品本身的标签要与买家能够对应上。比如说某个买家的特征有年龄、性别、职业、女装风格、女装偏好、价格偏好、消费能力等，有很多的标签在买家身上。如果这个买家的标签跟卖家这个商品上的标签能匹配上，那么在买家搜索的时候卖家的商品就有机会展现出来；反之，如果卖家商品的标签跟买家并不匹配的话，则很难展现。

三、把握新媒体的发展趋势

中国社会科学院发布的《中国新媒体发展报告（No.11・2020）》认为，我国新媒体的发展呈现以下趋势。

（一）直播和短视频仍处于黄金发展赛道

当前“直播＋”造就出万物皆可直播的景象，直播和短视频赛道红利显著。在短视频方面，抖音、快手两家公司仍将占据两强位置，随着两家公司打造闭环生态加快流量变现，二者的用户重合度将会不断提升。同时，直播、短视频等领域的网络监管将会快速跟进并不断严格化，直播和短视频将会持续发挥公益价值、社会价值。

（二）“5G+”加速产业互联网变局

新冠肺炎疫情加速了我国产业互联网的发展进程，传统产业数字化发展共识进一步凝聚，产业互联网化实践加速推进。未来，5G、云计算、大数据、人工智能、区块链等技术将与产业发展紧密融合，产品研发得到升级，产业链得到优化，催生新的产品类型、商业模式和管理服务。

（三）微传播价值与媒体融合价值回归本质

新冠肺炎疫情期间公众旺盛的信息需求及信息过剩现状，引发人们关于微传播、媒体融合、融媒体价值导向问题的思考。随着微传播、移动传播成为主流信息传播方式，媒体融合不断深入，新传播技术不断更迭，新闻传播工作的价值本质问题值得关注。

（四）“耳朵经济”迸发市场发展活力

易观国际（Analysys International）的调查数据显示，2019 年音频市场规模达到 87.72

亿元、2020 年达到 90 亿元。IDC 市场研究公司发布的数据显示，2019 年中国智能音箱市场出货量达到 4 589 万台，同比增长 109.7%。随着智能家居和产品的发展、5G 等新技术的推动、智能语音交互系统的落地，音频内容使用场景会得到迅速拓展，中国数字音频市场迎来发展新契机。

（五）网络文化呈“破圈化”发展趋势

“互联网 + 文化”“智能 + 文化”等催生网络文化新业态。文创产品不断融合经济价值与文化价值进行创新。网络文化内容和平台不断“出圈”，线上与线下影响力提升。一方面，围绕“网络文学 IP”，网络文学阅读、数字出版、影视作品、相关游戏等文化产品产业链成熟发展。《后浪》演讲的“刷屏”也表明以 bilibili 为代表的网络文化平台不断主流化。另一方面，网络文学等网络文化“出海”成绩瞩目，成为提升中华文化国际影响力的重要方式。

任务实施

一、认识新媒体的类型

相对于报纸、杂志、广播、电视四大传统媒体，新媒体被形象地称为“第五媒体”。就当前信息技术的发展状况来说，最常见的新媒体类型包括社交类、视频娱乐类、新闻资讯类、手机 App 和小程序类、短视频类。

课堂讨论

请为表 1-3 中常见的新媒体类型，列举 3 个以上具体产品。

表 1-3　常见的新媒体类型

新媒体类型	产品举例
社交类	
视频娱乐类	
新闻资讯类	
手机 App 和小程序类	
短视频类	

二、熟悉新媒体的典型平台

（一）社交类		
类型	介绍	图例
网络论坛	网络论坛一般就是大家常说的 BBS（Bulletin Board System），翻译为中文就是“电子公告板”。以知乎为代表的网络论坛，其设计非常适合移动端（如手机、Pad）用户阅读，操作起来方便、快捷，更容易赢得用户的喜爱。	
微博	微博是一种基于用户关系信息分享、传播以及获取，通过关注机制分享简短实时信息的广播式的社交媒体、网络平台，允许用户通过文字、图片、视频等多媒体形式实现信息的即时分享、传播互动。 微博最大的特点是发布信息快，信息传播的速度快。	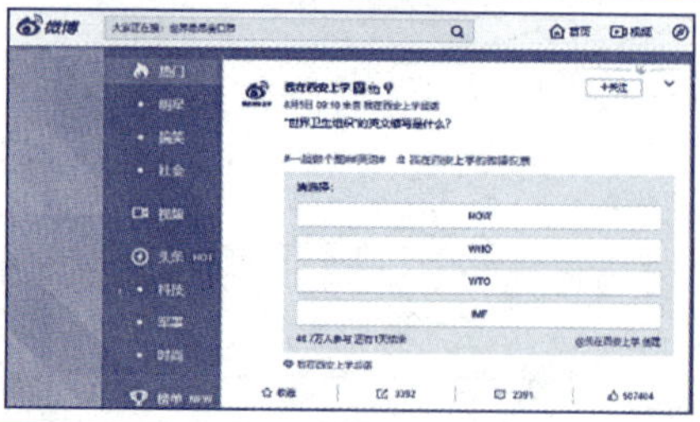

QQ	腾讯 QQ 曾是国内最具效率的即时通信软件，其标志是一只戴着红色围巾的小企鹅。腾讯 QQ 支持在线聊天、视频通话、点对点断点续传文件、共享文件、网络硬盘、自定义面板、QQ 邮箱等多种功能，并可与多种通信终端相连。 腾讯 QQ 的特点：用户量大，月活跃账户数约 7 亿；高适用性，老少皆宜；操作简单，会打字或语音即可。	
微信	微信是腾讯公司推出的一个为智能终端提供即时通信服务的免费应用程序。微信支持跨通信运营商、跨操作系统平台，通过网络快速发送免费（需消耗少量网络流量）语音短信、视频、图片和文字。 微信的特点：信息发布便捷；病毒式传播，传播速度快，影响面广；互动性强，即时沟通；成本低。	
（二）视频娱乐类		
类型	介绍	图例
短视频	短视频即短片视频，是一种互联网内容传播方式，是指在各种新媒体平台上播放的、适合在移动状态和短时休闲状态下观看的、高频推送的视频内容，时长为几秒到几分钟不等。内容融合了技能分享、幽默搞怪、时尚潮流、社会热点、街头采访、公益教育、广告创意、商业定制等主题。由于内容较短，可以单独成片，也可以成为系列栏目。 目前，最热门的短视频平台有抖音、快手、秒拍、美拍等，其中抖音自 2018 年春节开始，在软件市场的下载量已经超过了微信、微博等。	
网络直播	2015 年以来，网络直播开始崭露头角，2016 年是中国的直播元年，网络直播迅速成为网上最热的新媒体。网络直播吸取和延续了互联网的优势，充分发挥了表现形式好、内容丰富、交互性强、地域不受限制、受众可划分等特点，拉近了“粉丝”和主播的距离，具有超强的营销推广效果。 2020 年，十大网络直播平台排行榜为：抖音、快手、火山、陌陌、YY、斗鱼、虎牙、映客、哔哩哔哩、熊猫 TV。	

（三）新闻资讯类		
类型	介绍	图例
网易新闻客户端	网易新闻客户端是网易公司为亿万用户打造的一款移动资讯类 App，内容涵盖新闻、财经、科技、娱乐、体育等多个资讯类别。网易新闻客户端先后推出跟帖标签、直播、订阅、问吧等频道与功能，并通过大数据挖掘技术，实现新闻内容的精确推荐，为用户带来个性化、全景式的阅读体验。 除了新闻内容丰富，网易新闻客户端的跟帖、图集、投票都广受欢迎，其中的“跟帖”更是网易的拳头产品，“无跟帖 不新闻”已经成为网易新闻客户端的推广语。	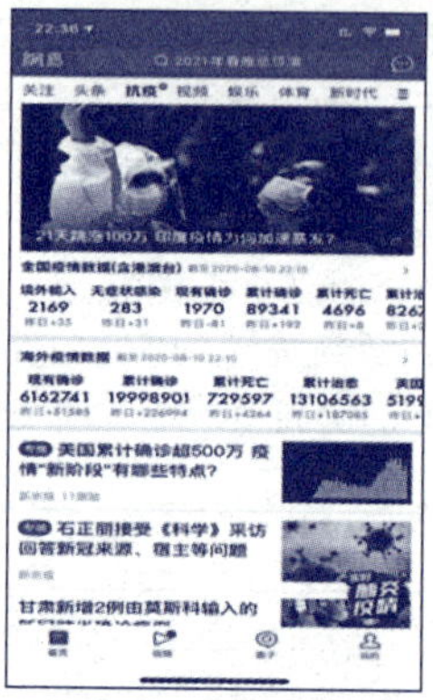
今日头条	今日头条是北京字节跳动科技有限公司开发的一款基于数据挖掘的推荐引擎产品，为用户推荐信息、提供连接人与信息的服务的产品。 基于个性化推荐引擎技术，根据用户的兴趣、位置等多个维度进行个性化推荐，推荐内容不仅包括狭义上的新闻，还包括音乐、电影、游戏、购物等资讯。根据用户的社交行为、阅读行为、地理位置、职业、年龄等挖掘出用户的兴趣；通过社交行为分析，5 秒钟计算出用户的兴趣；通过用户行为分析，用户每次动作后，10 秒内更新用户模型。	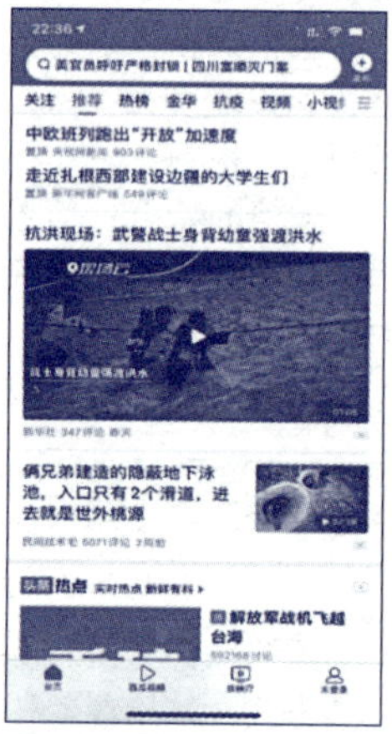
（四）手机 App 和小程序		
类型	介绍	图例
手机 App	随着智能手机的普及，人们在沟通、社交、娱乐等活动中越来越依赖于手机 App 软件。手机 App 软件，主要指安装在智能手机上的软件。它能使手机完善其功能，为用户提供更丰富的使用体验。通过手机 App，用户可以不借助计算机，即可在手机上完成网络购物、金融理财、浏览资讯等操作。	
微信小程序	微信小程序是一种想用即用、想走即走、不需要下载、不需要安装、不需要注册的小应用，或者说是小工具、小软件。例如，当用户需要查询火车票信息时，无须下载任何软件，在微信上搜索“铁路 12306”并进入小程序，即可直接查看。当用户需要在网上购物时，可以搜索“京东购物”购买心仪的商品。	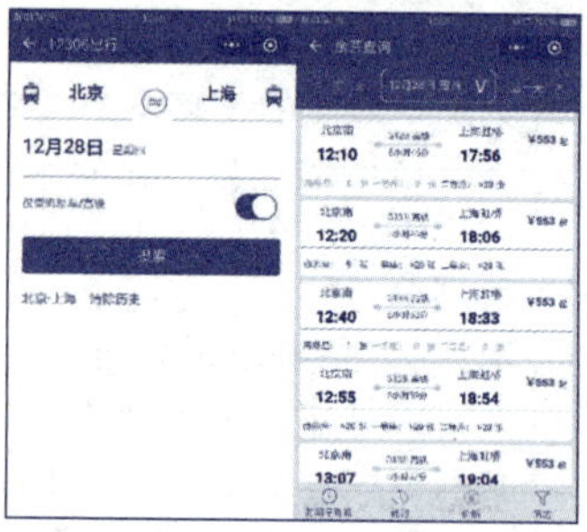

任务工单 1

<table>
<tr><td>任务名称</td><td colspan="5">分析新媒体平台营销案例</td></tr>
<tr><td>任务目的</td><td colspan="5">了解主流新媒体营销平台的特点，收集著名企业利用这些平台开展营销的成功案例，能够深入剖析营销成功的案例。</td></tr>
<tr><td>任务内容</td><td colspan="5">1. 登录知名的新媒体营销平台，了解各个平台的特点；
2. 收集企业利用这些平台开展营销的成功案例；
3. 剖析这些企业开展新媒体营销的成功经验。</td></tr>
<tr><td rowspan="2">第（　）组</td><td>姓名</td><td></td><td></td><td></td><td></td></tr>
<tr><td>学号</td><td></td><td></td><td></td><td></td></tr>
<tr><td rowspan="24">任务实操</td><td colspan="5">知乎平台</td></tr>
<tr><td>知乎平台的特点</td><td colspan="4"></td></tr>
<tr><td>快手 App 品牌营销</td><td colspan="4"></td></tr>
<tr><td>案例分析</td><td colspan="4"></td></tr>
<tr><td colspan="5">新浪微博平台</td></tr>
<tr><td>新浪微博的特点</td><td colspan="4"></td></tr>
<tr><td>OPPO R11 上市推广</td><td colspan="4"></td></tr>
<tr><td>案例分析</td><td colspan="4"></td></tr>
<tr><td colspan="5">短视频平台</td></tr>
<tr><td>短视频的特点</td><td colspan="4"></td></tr>
<tr><td>李子柒抖音短视频</td><td colspan="4"></td></tr>
<tr><td>案例分析</td><td colspan="4"></td></tr>
<tr><td colspan="5">直播平台</td></tr>
<tr><td>网络直播的特点</td><td colspan="4"></td></tr>
<tr><td>薇娅直播</td><td colspan="4"></td></tr>
<tr><td>案例分析</td><td colspan="4"></td></tr>
<tr><td colspan="5">今日头条平台</td></tr>
<tr><td>今日头条的特点</td><td colspan="4"></td></tr>
<tr><td>唯品会 4·19 周年庆</td><td colspan="4"></td></tr>
<tr><td>案例分析</td><td colspan="4"></td></tr>
<tr><td colspan="5">微信小程序</td></tr>
<tr><td>微信小程序的特点</td><td colspan="4"></td></tr>
<tr><td>京东购物</td><td colspan="4"></td></tr>
<tr><td>案例分析</td><td colspan="4"></td></tr>
</table>

考核评价

评价说明：在本次任务完成后，由任课教师主导，采用学习过程评价与学习结果评价相结合，综合运用自我评价、小组评价及教师评价三种方式，由教师确定三种评价方式分别占总成绩的比例，并加权计算出学生个人本次任务的考核评价分。

任务完成考核评价表

项目名称	项目一　新媒体营销	任务名称	任务一　认识新媒体
班级		学生姓名	
评价方式	评价内容	分值	成绩
自我评价	表 1-1 的完成情况	10	
	表 1-2 的完成情况	10	
	表 1-3 的完成情况	10	
	任务工单 1 的完成情况	40	
	对知识和技能的掌握程度	10	
	我胜任了小组内的工作	20	
	合计		
小组评价	本小组的本次任务完成质量	30	
	个人本次任务完成质量	30	
	个人参与小组活动的态度	20	
	个人的合作精神和沟通能力	20	
	合计		
教师评价	个人所在小组的任务完成质量	30	
	个人本次任务完成质量	30	
	个人对所在小组的参与度	20	
	个人对本次任务的贡献度	20	
	合计		
总评 = 自我评价 ×（　）% + 小组评价 ×（　）% + 教师评价 ×（　）% =			

任务二

认识新媒体营销

<table>
<tr><td>项目名称</td><td colspan="2">项目一　新媒体营销概述</td><td>任务名称</td><td>任务二　认识新媒体营销</td></tr>
<tr><td rowspan="3">学习目标</td><td>知识目标</td><td colspan="3">• 了解新媒体营销的内涵；
• 分析新媒体营销的发展现状；
• 了解新媒体营销的发展趋势。</td></tr>
<tr><td>能力目标</td><td colspan="3">• 具备辨析新媒体营销模式的能力；
• 具备预测与分析新媒体营销发展趋势的能力。</td></tr>
<tr><td>思政目标</td><td colspan="3">• 新媒体营销时代造就了一批成功的互联网营销者。学生应向他们学习，他们的成功体现了中国人民不仅善于抓住新经济时代的机遇，更展现了中国人民勤劳肯干、锐意创新、勇立潮头的宝贵品质。</td></tr>
<tr><td>任务描述</td><td colspan="4">目前新媒体营销已经是应用非常广泛的营销方式，作为一个企业或公司的成员，都应深刻理解新媒体营销在企业经营中的重要作用。本任务将引导大家洞察新媒体营销的内涵，透彻理解新媒体营销的优势，熟悉新媒体营销的主要模式，把握新媒体营销的现状与发展趋势。</td></tr>
<tr><td>任务准备</td><td colspan="4">1. 在网络上搜索当前的“网红”，了解他们分别使用了哪些新媒体营销方式；
2. 访问创业课堂网站（https://www.chuangyeketang.com/127076.html），了解十个经典新媒体营销案例。</td></tr>
<tr><td>实施提醒</td><td colspan="4">新媒体营销的主要模式呈现出百花齐放的特征，每一种模式都有诸多代表性的平台。对于企业而言，要想充分借助新媒体营销的优势，助推企业营销推广更上一层楼，首要前提是了解每种新媒体营销模式的特点。因此，了解新媒体营销的模式及特点，是本任务的重要目标。</td></tr>
</table>

知识充电站

一、洞察新媒体营销的内涵

新媒体营销是指利用新媒体平台如门户网站、搜索引擎、微博、微信、博客、播客、论坛、手机 App 等，基于特定产品的概念诉求与问题分析，对消费者进行针对性心理引导的一种营销模式，也可理解为企业通过新媒体平台和渠道所开展的营销活动，是企业在信息化、数字化、网络化环境下开展的一种营销活动。新媒体营销属于营销战略的一种，是企业不可忽视的一种网络营销活动方式，也是一种基于现代营销理论，利用新技术的新型营销方式，能够最大限度上满足企业及顾客的需求，从而实现利益的最大化。

二、把握新媒体营销的现状与趋势

（一）新媒体营销的现状

全球知名第三方数据挖掘和分析机构艾媒咨询（iiMedia Research）联合 IMS（天下秀）新媒体商业集团发布的《2019 中国新媒体营销价值专题报告》显示，新媒体营销对新一代用户群体的影响力不断上升，行业规模保持高速发展态势。

1. 新媒体营销用户规模稳定增长

2019 年，移动社交用户规模约 7.8 亿，同时，短视频和在线直播用户也均保持较快增长势头，为新媒体营销提供了较好的流量基础。新媒体用户以青年为主流，年龄在 26 岁至 40 岁的比例超过七成。娱乐、社交、资讯获取为新媒体平台最主要的用途，占比分别达到 57.8%、53.1% 和 51.8%。

2. 图文形式仍是新媒体营销广告的主要方式

2019 年我国各行业新媒体营销大多数仍以图文形式为主。艾媒咨询的调查数据显示，2019 年全行业新媒体营销广告中，视频形式投放广告的占比呈上升趋势，较 2018 年的投放占比上升了 7%。虽然图文形式的广告依旧是新媒体营销广告主要的投放形式，但占比呈下降趋势，如图 1－1 所示。

图 1－1　全行业新媒体营销广告形式投放占比分布

3. 快消品行业新媒体营销广告投放量居首位

在新媒体营销广告形式投放占比分布方面，视频营销占比由 2018 年的 9.0% 提升至 16.0%。其中快消品行业视频营销投放比例从 2018 年的 43.5% 增长至 94.0%，增长趋势迅猛。

（二）新媒体营销的发展趋势

据《全球视角下的 MCN 历史沿革与本土进化》报告显示，新媒体营销时代，不论是媒体平台、中间代理还是品牌方，从行业竞争格局到发展均发生了一定的变化。

1. 新媒体传播平台：媒体不断更迭，平台变革拉动行业增长

从 1G 时代到 5G 时代，网络环境的不断升级带来媒体平台逐步丰富，流量在不同类型的平台之间迁移。新媒体平台快速成长，但同时在单个媒体内部，流量竞争激烈。根据北京贵士信息科技有限公司（QuestMobile）的调查数据，到 2020 年第二季度，社交平台微信月活跃用户达到 12.06 亿，微博日活跃用户 5.11 亿；短视频平台抖音月活跃用户达到 5.51 亿，快手月活跃用户达到 4.93 亿。

从用户使用时长来看，微信占据最主要时长，逐步进入稳定区间；而短视频平台抖音以及快手当月使用时长环比呈现增长趋势。从新媒体的发展来看，随着其他媒体平台的发展，流量在各渠道之间分散，广告资源更加丰富，自媒体账号也开始多渠道运营。媒介平台属性或者说业务边界也会逐渐更加追求精细化和多元化。

2. 自媒体 /MCN：垂直账号价值凸显，MCN 仍将持续发展

从自媒体账号类型来看，按照“粉丝”规模可以划分为头部、中腰部以及长尾三类；按照创意内容的深度可以划分为垂直类以及泛娱乐类。随着受众对于内容质量的要求提升，垂直类账户的价值逐步凸显，品牌方在进行账号选择时通常也会更偏好垂直类账户，垂直类账户品牌复投比例相对更高。

个人自媒体开始签约多频道网络（MCN），MCN 加速孵化账号，专业的自媒体从业机构数量快速增长。相比个人自媒体，MCN 能够更加专业化、体系化地进行孵化、运营、选品、推广、管理等工作，越来越多的个人自媒体开始选择与 MCN 机构签约，同时 MCN 也在持续孵化更多账号。在行业竞争加剧的情况下，专业的 MCN 机构仍将持续发展。

3. 广告主：追求品效合一，更加注重新媒体营销

从品牌方的角度来看，营销需求逐步要求品效合一，基于新媒体的内容营销是同时实现“品牌建设”和“效果转化”的有效途径。根据艾瑞咨询的调研，2019 年广告主首选的社交化营销方式就是关键意见领袖（KOL）推广。

从广告主类别来看，美妆日化、3C 数码、食品饮料、IT 互联网以及母婴育儿类别在自媒体营销上投放占比较大，其中美妆日化广告主 2019 年自媒体营销成交金额远高于其他类别。与其他类别相比，美妆日化产品毛利率高（可达 60% ～ 70%），重视营销（广告费用通常在 20% ～ 30%），需要通过营销传播反复传递品牌基因以形成高品牌溢价。

任务实施

一、解读新媒体营销的优势

新媒体营销是现代社会主要的营销方式，它是以移动端和 PC 端作为工具，依托微博、微信、博客、问答平台、视频网站等多种渠道，以内容作为核心要素进行的产品宣传行为，并最终达到用户付费的目的。

（一）传播速度更快

PC 端和移动端的日益普及，以及互联网的深入发展，使身处世界各地的人们都可以以最短的时间接收到最新资讯。除此之外，人们还可以把自己感兴趣的内容分享至朋友圈，让自己的熟人看到，实现信息的病毒式扩散。

（二）方式多种多样

新媒体营销的方式包括图片、文字、视频、H5 页面等，不同的方式具有不同的特征，可根据产品的类型、适用的人群选择最合适的营销方式。

加油站

什么是 H5？

通俗地讲，H5 是一个网页，就像一个很大的容器，里面可以放文本、图片、音频、视频等基本的流媒体格式的文件。

我们从创意形式、行业、场景三个维度来划分目前 H5 的实际应用表现：

创意形式：视频 H5、一镜到底、全景 VR、快闪、答题测试、合成海报、游戏、拟态类、数据表单、横屏 H5、长页面。

行业：互联网 /IT、汽车、地产 / 酒店、金融 / 银行、文化 / 娱乐、服饰 / 时尚、电商 / 商业、教育 / 培训、媒体 / 政府、旅游 / 会展。

场景：邀请函、招聘、品牌推广、产品宣传、婚礼庆典、活动营销、节日主题、数据报告、微杂志、微官网、年会。

（三）双向互动过程

新媒体营销区别于传统营销的最大特征是双向反馈机制，使传统营销方式的霸权式对话完美终结，真正实现接收者和宣传者之间的平等，接收者通过转发、点赞、评论、问答等方式和宣传者进行 360 度无障碍互动。

（四）娱乐休闲功能

新媒体营销的娱乐休闲功能是新媒体营销在短时间内火爆全球的主要因素，也必将使新媒体营销有一个更加辉煌的未来。人一生中要经历很多阶段、扮演很多角色，面对来自家庭、工作、生活等各方面的压力，具有放松身心功能的新媒体营销马上吸引了大家的眼球。

（五）时间设计合理

新媒体营销充分认识到了现代社会人们的时间特征，充分利用人们的碎片化时间，只需轻轻一点就可以看个短视频、读篇文章等，每个消息之间的相互独立性很好地契合了人们碎片化的时间特征。

二、分析新媒体营销的模式

新媒体营销在传统营销模式的基础上，得益于互联网以及各类手机 App 的帮助，衍生出了许多新型的模式。常用的新媒体营销模式包括以下八种：直播营销、短视频营销、微信营销、微博营销、病毒营销、软文营销、事件营销、饥饿营销。

（一）直播营销

淘宝网红 2 小时销售 2 000 万元、“口红哥” 15 分钟直播卖掉 15 000 支口红、“明星奶爸” 直播 1 小时奶粉销量达到 150 万元……直播营销越来越火，不少商家跃跃欲试，大品牌请网红、大咖，一场直播收益数千万。目前来看，直播营销一旦取得了成功，就相当于新媒体营销成功了一半。

（二）短视频营销

随着快手、抖音等短视频 App 的迅速崛起，短视频营销已经成为新媒体营销中的一匹黑马，用户和商家通过在视频里植入产品内容进行营销。部分“粉丝”量、点赞量高的用户还可以在视频下方插入商品链接，消费者可以直接点击跳转到购物网站进行购买，十分便捷。

（三）微信营销

微信营销从最初的公众号软文，到微店，再到现在的微信小程序，无一不体现出了微信营销的强大。把内容做得有创意，微信营销就会有生命力。例如，星巴克巧妙运用微信营销，通过搜索星巴克微信公众号或者扫描二维码，用户可以发送表情图片来表达此时的心情，星巴克微信公众号则根据不同的表情图片选择《自然醒》专辑中的相关音乐给予回应。这种用表情说话的营销方式正是星巴克的卖点所在。

（四）微博营销

微博营销是指个人或商家通过在自己的微博上宣传的方式来进行营销的手段。依托于微博较开放的平台特性，许多企业和微商都会在微博上进行营销，再结合热搜、话题等手段，使得自己的产品能被更多消费者搜索查询到。众所周知，小米手机最早的一炮而红，有赖于雷军和黎万强的微博营销方式。从发博数量来看，2019 年第一季度雷军的发博量达到了 644 篇，甚至都快赶上其过去一整年的发博量了。

（五）病毒营销

病毒营销其实也是口碑营销的一种，主要是针对未来的消费者做产品推广营销，是一种自发式的裂变营销。2018 年底，支付宝发布微博表示，抽奖即可获得全球免单大礼包，提供的礼品不仅丰盛且含金量还相当高。正是被支付宝所提供的大礼包所吸引，一时间众多网友纷纷转发抽奖微博，据统计该微博一不小心就破了两项新纪录：不到六小时转发量破百万，周累计转发破三百万，成为企业营销史上最快达成百万级转发量以及迄今为止总转发量最高的病毒营销案例。

（六）软文营销

软文营销这个概念是相对于硬性广告而言的，指的是通过撰写一些不太强硬的广告文案来进行营销。通常这类文章的前半部分是一些热点或者大众感兴趣的内容，标题也不会出现具体的产品品牌和内容，但是文章最后会很流畅、巧妙地转到相关的广告内容。通常大众不会对此类广告有较强的抵触心理，反而还会因为触击内心的文案而增加购买的欲望。

（七）事件营销

事件营销也是当下非常流行的新媒体营销方式，能够迅速地提升产品的品牌知名度。抖音就是通过事件营销迅速地占据网络份额。新媒体营销和事件营销完美的结合有着比较大的优势，受众面非常广，对于营销成本的节省也有着非常显著的作用。

（八）饥饿营销

饥饿营销是指商品或服务提供者有意降低生产量，制造紧俏“错觉”，进而达到保持较高毛利率和品牌增加值的目的。例如，2019 年 6 月 3 日，优衣库和 KAWS 的最新联名 UT 线上线下同步发售。这次营销不只是在网上拼手速的竞争，人们直接“杀”到了优衣库的各大门店抢购。

课堂讨论

请从平台定位、用户规模、直播门槛、平台优势等方面，对比淘宝直播、抖音直播、微信小程序直播 3 个平台，填写表 1－4。

表 1－4　直播平台初步对比

	淘宝直播	抖音直播	微信小程序直播
平台定位			
用户规模			
直播门槛			
平台优势			

任务工单 2

<table>
<tr><td>任务名称</td><td colspan="5">新媒体营销平台对比分析</td></tr>
<tr><td>任务目的</td><td colspan="5">通过对比新媒体营销和传统媒体营销两种模式，进一步理解两种模式各自的优缺点。通过对比新媒体营销的几个典型平台，了解各平台的特点及营销形式。</td></tr>
<tr><td>任务提示</td><td colspan="5">尽管新媒体营销有着无可比拟的优势，但其也存在一些劣势。同理，传统媒体营销也有一些新媒体营销所不具有的优势。在对比新媒体营销典型平台时，可以从各平台的内容属性和传播特点、商家与消费者之间的互动特点等方面入手，归纳出各平台的特点。</td></tr>
<tr><td rowspan="2">第（　）组</td><td>姓名</td><td></td><td></td><td></td><td></td></tr>
<tr><td>学号</td><td></td><td></td><td></td><td></td></tr>
<tr><td>任务实操</td><td colspan="5">1. 从媒体形式、传播者、目的、特点、优势、劣势 6 个方面，对比新媒体营销和传统媒体营销两种模式各自的优缺点，将对比结论填入下表中。
（见下表一）
2. 对比新媒体营销的几个典型平台，了解各平台的特点及营销形式。将对比结论填入下表中。
（见下表二）</td></tr>
</table>

	传统媒体营销	新媒体营销
媒体形式		
传播者		
目的		
特点		
优势		
劣势		

平台名称	平台类型	特点	主要营销形式
微信公众号			
抖音			
快手			
bilibili			
小红书			
淘宝			
百家号			

考核评价

评价说明：在本次任务完成后，由任课教师主导，采用学习过程评价与学习结果评价相结合，综合运用自我评价、小组评价及教师评价三种方式，由教师确定三种评价方式分别占总成绩的比例，并加权计算出学生个人本次任务的考核评价分。

<table>
<tr><th colspan="4">任务完成考核评价表</th></tr>
<tr><td>项目名称</td><td>项目一　新媒体营销概述</td><td>任务名称</td><td>任务二　认识新媒体营销</td></tr>
<tr><td>班级</td><td></td><td>学生姓名</td><td></td></tr>
<tr><td>评价方式</td><td>评价内容</td><td>分值</td><td>成绩</td></tr>
<tr><td rowspan="5">自我评价</td><td>表 1－4 的完成情况</td><td>20</td><td></td></tr>
<tr><td>任务工单 2 的完成情况</td><td>40</td><td></td></tr>
<tr><td>对知识和技能的掌握程度</td><td>20</td><td></td></tr>
<tr><td>我胜任了小组内的工作</td><td>20</td><td></td></tr>
<tr><td colspan="2">合计</td><td></td></tr>
<tr><td rowspan="5">小组评价</td><td>本小组的本次任务完成质量</td><td>30</td><td></td></tr>
<tr><td>个人本次任务完成质量</td><td>30</td><td></td></tr>
<tr><td>个人参与小组活动的态度</td><td>20</td><td></td></tr>
<tr><td>个人的合作精神和沟通能力</td><td>20</td><td></td></tr>
<tr><td colspan="2">合计</td><td></td></tr>
<tr><td rowspan="5">教师评价</td><td>个人所在小组的任务完成质量</td><td>30</td><td></td></tr>
<tr><td>个人本次任务完成质量</td><td>30</td><td></td></tr>
<tr><td>个人对所在小组的参与度</td><td>20</td><td></td></tr>
<tr><td>个人对本次任务的贡献度</td><td>20</td><td></td></tr>
<tr><td colspan="2">合计</td><td></td></tr>
<tr><td colspan="4">总评＝自我评价 ×（　）%＋小组评价 ×（　）%＋教师评价 ×（　）%＝</td></tr>
</table>

思政园地

疫情、坚韧与新媒体营销

新冠肺炎疫情之初，全国经济遭受重创，没有任何行业可以独善其身，损失最大的当属酒店、餐饮、旅游、零售等行业，实体经济遭受了巨大冲击，中小企业员工也面临着失业的风险。“疫情致2万多员工待业，贷款发工资也只能撑3月。”餐饮连锁品牌西贝餐饮董事长贾国龙的一番表态“刷”爆网络，在他自爆家底的同时，也将疫情对中国餐饮行业的冲击展现在了公众面前。在这个特殊的时期，面临着企业生存难、年轻人就业难等诸多难题。

焦虑不安并不能帮助企业解决问题，只有回归理性，快速启动新策略，才能掌握主动性。在疫情背景下，必然会带动一大波新兴新媒体行业的创业热潮和行业营销转型。2003年“非典”疫情后互联网电商快速崛起，新的销售模式也成就了不少商家。

短视频这几年的火热程度，以及新兴媒体运营的热潮，已经让新媒体成为媒体营销的主流渠道。淘宝直播、快手直播、抖音生态体系下成就了不少人，MCN网红经纪公司培养计划，新媒体运营公司崛起，也将给所有面对销售终端的企业带来一个全网营销的新端口，以及必不可少的转型趋势。由此催生出各路花式营销，电商引流、线上卖房、直播卖货等新媒体营销方式出现。西贝果断切换到线上服务模式，包括外卖、在线商城以及团餐模式。此前其外卖门店已有100多家，疫情来袭后迅速翻了一倍，线上营收飙升至总营收的八成以上。疫情正在倒逼商业物种大变革，如历次环境巨变一样，达尔文进化论依然有效，适者生存是不变的法则，谁适应得更快，谁就有希望活过残酷的明天，见到美丽的后天。

资料来源：佚名．疫情下，营销人与大环境是一条绳上的两只蚂蚱．（2020-03-02）［2021-06-10］．https://baijiahao.baidu.com/s?id=1660053935513628153&wfr=spider&for=pc．

02

项目二

微博营销

- 任务一　认识微博营销
- 任务二　开通微博账号
- 任务三　制作微博封面图
- 任务四　实施微博营销活动
- 任务五　分析微博营销效果

案例导入

微博是企业开展新媒体营销推广的利器

据艾媒咨询发布的《2019 中国电商促销节日社媒营销专题研究报告》显示，微博是 2019 年“双十一”期间投放金额比例最大的渠道，品牌商家微博营销平台投放金额比例为 78%。2019 年“双十一”营销期间，微博投放占比在“双十一”中期增长，“双十一”后期下降。

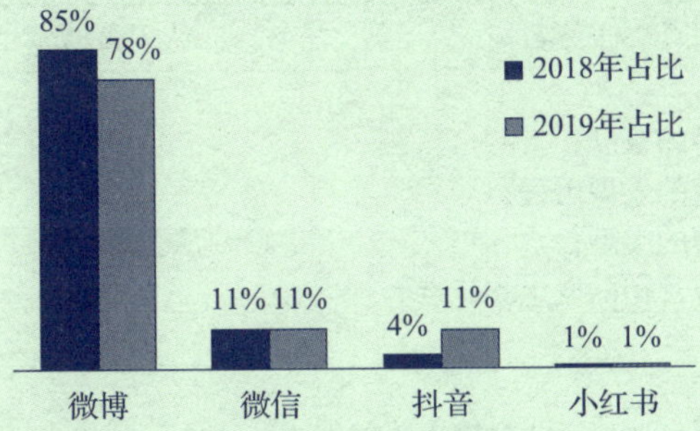

2019 年“双十一”品牌商家新媒体营销平台投放金额比例变化

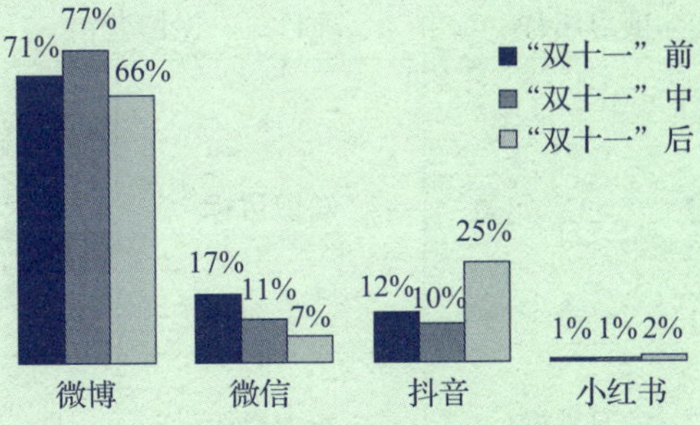

2019 年“双十一”期间品牌商家新媒体营销平台投放选择变化

2020 年年初突如其来的新冠肺炎疫情改变了人们正常的生活节奏，在这场举国“战疫”中，微博以实时、公开、透明的特性，迅速成为大众获取“一手信息”的第一阵地，多元主体与声音在场域中激荡，为全民“战疫”贡献社交之力，也让平台成为企业下一阶段营销破局的关键支点。

新冠肺炎疫情期间，微博数据可视化、实时性和公开性的特点充分展现出微博的核心价值，而大众参与、全民互动更使得社交媒体的信息高效传播优势凸显，让信息“无距”挑战。疫情发生以来，微博活跃用户规模大幅增长，平台流量连续两个月增长 50% 及以上。平均每天，都有 2 亿的用户在微博上获取与疫情相关的内容！而对应的，有 5 120 万用户累计发布了 3.5 亿条与疫情相关的博文。

资料来源：艾媒新零售产业研究中心. 2019 中国电商促销节日社媒营销专题研究报告.（2019-12-19）[2020-06-10]. https://www.iimedia.cn/c400/67292.html.

案例思考：

1. 微博为什么能成为“双十一”品牌商家首选的新媒体营销平台？
2. 如何看待疫情期间微博的社交媒体价值？

任务一

认识微博营销

<table>
<tr><td>项目名称</td><td>项目二　微博营销</td><td>任务名称</td><td>任务一　认识微博营销</td></tr>
<tr><td rowspan="3">学习目标</td><td>知识目标</td><td colspan="2">• 了解微博的概念；
• 理解微博的发展历程；
• 了解微博的类型；
• 理解微博营销的概念和特点。</td></tr>
<tr><td>能力目标</td><td colspan="2">• 具备分析与构建企业微博矩阵的能力。</td></tr>
<tr><td>思政目标</td><td colspan="2">• 新浪微博已经连续四年成为全球用户规模最大的独立社交媒体公司。这不仅反映了我国科技事业发展的中国速度，而且体现了我国网民在主流网络社交平台上人人享有言论自由。</td></tr>
<tr><td>任务描述</td><td colspan="3">在新媒体营销时代，“双微一抖”（微博、微信、抖音）无疑是目前最好的广告投放平台。微博作为新型的传播媒介承载着数亿用户，对企业来说在微博上开展营销活动的意义不言而喻。那么，什么是微博？新浪微博为何能成为微博的代名词？有哪些类型的微博？微博营销有何优缺点？企业开展微博营销有哪些好处？本任务将会为你一一解惑。</td></tr>
<tr><td>任务准备</td><td colspan="3">1. 在智能手机上安装新浪微博、腾讯微博 App；
2. 浏览新浪微博、腾讯微博，了解各自的功能和特点。</td></tr>
<tr><td>实施提醒</td><td colspan="3">尽管人们谈到微博时，往往指的是新浪微博，但实际上国内还存在其他一些知名的微博平台，如腾讯微博等。因此，我们要以国内主流的几个微博平台为对象，全面地认识微博和微博营销。</td></tr>
</table>

知识充电站

一、认识微博的概念

微博，是指一种通过关注机制实现用户之间分享和传播简短实时信息的广播式社交媒体、网络平台。它是一个基于用户关系的信息分享和传播的社交平台，允许用户通过PC、手机等多种移动终端接入，以文字、图片、视频等多媒体形式，实现信息的即时分享、传播互动。

二、洞察微博的发展历程

2006 年 3 月，推特（Twitter）允许用户将自己的最新动态、所见所闻和感想以短信息的形式发送到好友的手机和个性化网站群。美国 Twitter 是最早也是最著名的微博。从此，一个微博的时代正式开启。

2007 年 5 月，从校内网起家的王兴创建了中国第一家带有微博色彩的社交网络——饭否网，接着陆续出现了叽歪、滔滔、嘀咕等微博网站，不过这些网站由于当时的国内网络环境不成熟而没有生存下来。

2009 年 8 月，新浪推出微博产品，随后网易、搜狐、腾讯等国内门户网站纷纷推出微博服务，由此中国微博开始进入蓬勃发展时期。

2014 年，新浪微博将其名称更改为微博。目前，新浪微博是中国最有影响力的微博平台。截至 2020 年 3 月底，微博月活跃用户达 5.5 亿，日活跃用户达 2.41 亿。

课堂讨论

以下几个主流的门户网站先后推出了微博服务，截至 2020 年，有的门户网站已关闭微博服务，请搜索相关信息，填写表 2－1。

表 2－1　门户网站微博平台简况

门户网站	微博名称	成立时间	是否关闭微博服务
新浪			
搜狐			
网易			
腾讯			
人民网			

三、了解微博的类型

根据微博账号的注册类型，微博可以划分为以下五类。

（一）个人微博

个人微博是指以个人名义发布的微博，这类微博占据了新浪微博的绝大部分，可以分为名人、专家、企业创始人、企业高管、“草根”等。其中，名人的微博关注度非常高。

（二）企业微博

在博客发展如日中天的时候，很多企业纷纷在网上开通官方博客，将这一平台作为企业宣传和品牌推广的窗口。发展到微博时代，很多企业都开立了自己的官方微博。如今，微博以更加独特的传播优势，成为极具潜力的网络营销工具。

课堂讨论

请为以下五种个人微博各自列举出2个知名账号，要求“粉丝”数在100万以上，填写表2－2。

表2－2　知名个人微博账号

细分类别	知名账号	微博数	粉丝数
名人			
专家			
企业创始人			
企业高管			
“草根”			

（三）政务微博

政务微博是指政府机构或公务人员开设的官方微博账户。如图2－1所示是共青团中央官方微博。政务微博在树立政府形象、创新社会管理、引导社会舆论等方面发挥着重要作用。政务微博可以即时公开新出台的政策和规定，有利于政府信息公开，接受群众对党政机关和公职人员的监督。

图2－1　共青团中央官方微博

（四）校园微博

微博作为信息分享和传播的社交平台，吸引了各地学校尤其是高校的关注。自2009年起，各大高校纷纷开设官方微博，将微博打造成为学校和学生之间、学校和社会之间、学生和学生之间沟通的纽带与桥梁，如图 2－2 所示是北京大学官方微博。通过微博这种全新的传播手段，高校搭建了更顺畅地与社会进行信息交流、思想沟通和资讯互动的平台。

图 2－2　北京大学官方微博

（五）其他类微博

有些微博涉及内容比较庞杂，不便分类。如新电视剧上映前，制片方或剧组会开一个微博，2020 年热映的电视剧《三十而已》上映前，就开通了官方微博（如图 2－3 所示），吸引了 20 多万“粉丝”关注，推广效果非常显著。然而，这类微博有一定的时效性，过了上映期或者是活动发布期，微博的关注度就会降下去，但其发挥的作用是不可忽略的。

图 2－3　电视剧《三十而已》的官方微博

四、理解微博营销的概念

微博营销是通过微博平台为商家、个人等创造价值的一种营销方式，也是商家或个人通过微博平台发现并满足用户的各类需求的商业行为方式。微博营销以微博作为营销平台，每一个“粉丝”都是潜在的营销对象，企业利用更新自己的微型博客向网友传播企业信息、产品信息，树立良好的企业形象和产品形象，从而达到营销的目的。

五、了解微博营销的特点

（一）传播速度快

微博最显著的特征之一就是传播迅速。一条关注度高的微博在互联网及关联的手机平台上发出后短时间内就可以实现互动性转发，甚至可以传播到微博平台里的每个角落。

（二）操作简单

微博的操作非常简单，只要你会打字，能够写出 140 个字以内的内容，然后到新浪、腾讯等免费微博平台申请一个账号，即可开始微博营销之旅。

（三）立体化呈现

微博营销可以借助多媒体技术手段，通过文字、图片、视频等展现形式对产品进行描述，从而更生动、更形象地向潜在消费者传递信息。

（四）互动性强

与传统博客相比，微博的互动性非常强，可以与“粉丝”即时沟通，能够及时获得用户的反馈与建议，第一时间针对用户的问题给予回应。微博可以通过“粉丝”关注的形式进行病毒式传播，影响面较广，同时名人效应能够使传播量呈几何级放大。

（五）成本低廉

较之于高投入的传统营销模式来讲，微博营销的运营成本是比较低的。微博注册免费，而且运营一个微博账号，不必花大价钱架构一个网站，不必有很专业的计算机网络技术，也不需要专门拍一个广告，或向报纸、电视等媒体支付高额的时段广告费用等。

六、分析微博营销的企业价值

（一）提升品牌知名度

对于企业而言，微博是进行品牌差异化传播的绝佳平台。微博平台门槛相对较低，可以利用文字、图片、链接、视频等进行品牌传播。在大众传播时代，媒介资源只有大企业才具备能力获得。而今，网络传播时代，更多媒介资源为中小型企业亮起绿灯，尤其是微博，让中小型企业获取媒介资源更加便利，已成为它们进行品牌传播、提升品牌知名度的好帮手。

（二）了解消费者的需求

微博用户一般喜欢在微博上记录一些自己的兴趣爱好、计划、想法等，真实地表达自己的生活状态。因此企业便可以利用这一平台了解消费者的需求，并且有针对性地制定出恰当的营销策略。

（三）搭建客户服务平台

在微博平台，企业可以对用户进行实时跟踪，从而快速地了解到用户对企业产品或服务发出的质疑或提出的要求等信息，还可以通过微博来回复用户，以解决用户的问题，避免用户因不满而在网络上传播对企业不利的信息。企业利用微博这个平台能够快速地解决用户的问题，有效地提高用户的满意度。

（四）处理危机公关

公关危机一直是各大企业不可避免的主要问题之一，尤其在互联网时代，人们的言论更加自由，互联网也呈现一种病毒式传播现象，这种病毒式传播让许多企业产品或服务的相关负面评价迅速蔓延，进而导致企业很有可能遭遇公关危机。利用微博这个平台，企业可以公开处理危机事件的全过程，包括如何采取有效的行动，如何和当事人达成和解，并得到当事人的重新信任等。

任务实施

一、理解微博矩阵的作用

企业营销推广需求日益多样，只拥有一个企业官方微博账号不免势单力薄。以企业产品、服务、地域等为基点，将业务精准拆分，开设不同功能的企业账号，建立企业的微博账号矩阵，可有效避免信息混乱和实时“刷”屏的差评体验。面对重要节点、热点造势等情况，更是可彼此互相协作，形成传播合力。各个账号相互独立，又彼此关联，运营技巧可相互借鉴。

目前，很多企业的微博还形成了矩阵式经营——企业创始人微博、高管微博、官方微博、产品微博，它们相互呼应。如图 2－4 所示是小米公司的微博矩阵。

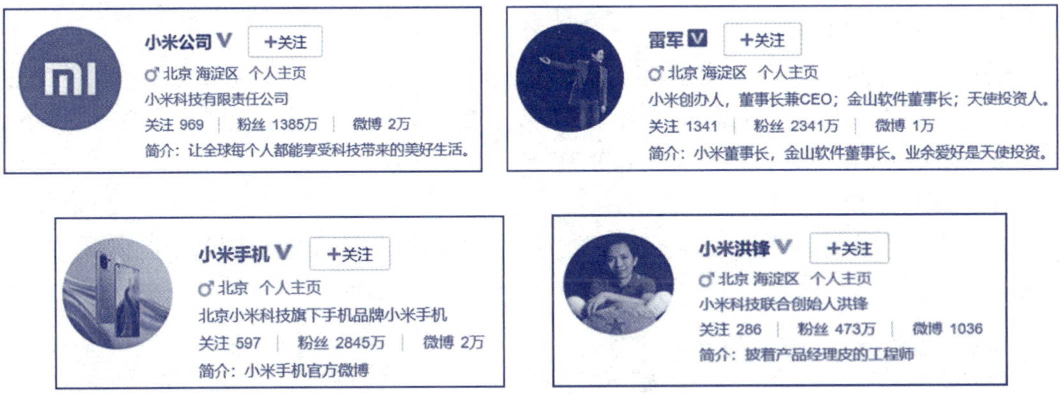

图 2－4　小米公司微博矩阵

二、掌握微博矩阵组建的方式

目前，很多企业都或多或少运用了微博矩阵。小一点的矩阵如创始人、主要负责人的微博跟官微相互配合；大一点的企业品牌会有几个账号矩阵，有的甚至多达二十几个。一般来说，建立微博矩阵的方式主要有下述四种。

（一）产品品牌矩阵

根据产品的品牌线建立微博矩阵。如果不同的产品线有不同的品牌，那么就可以根据产品线、品牌的不同来建立微博矩阵。如图 2－5 所示是可口可乐中国公司的产品品牌微博矩阵。

（二）创始人矩阵

发挥企业创始人的个人影响力建立微博矩阵。企业创始人微博跟官微相互配合，相互呼应；或是企业几个主要负责人微博号与创始人及官微相互配合。如图 2－6 所示是小米公司创始人微博矩阵。

图 2－5　可口可乐中国微博矩阵

图 2－6　小米公司创始人微博矩阵

（三）虚拟人设矩阵

通过对企业进行虚拟人设建立微博矩阵，扩张品牌影响力，比如虚拟人物、公仔形象等。通过拟人化设定的虚拟人物在一定程度上更加有助于拉近企业同用户之间的距离。如图 2－7 所示是三只松鼠的虚拟人设矩阵。

（四）功能矩阵

基于功能性来建立微博矩阵。按不同的功能来划分不同的微博账号，比如客服中心、用户社区、招聘等。如图 2－8 所示是 OPPO 公司的功能矩阵。

图 2－7　三只松鼠的虚拟人设矩阵

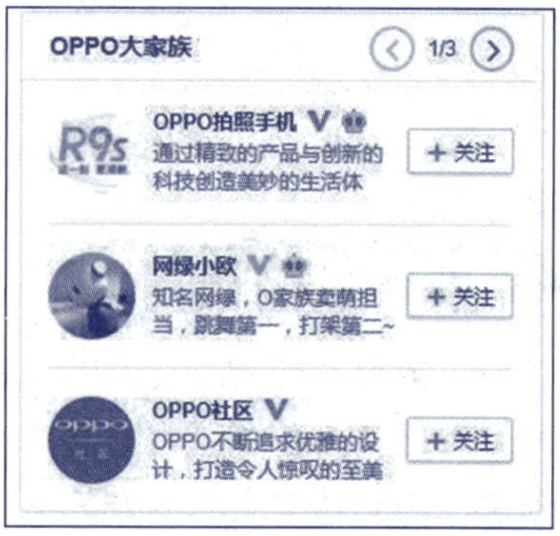

图 2－8　OPPO 公司的功能矩阵

任务工单 1

<table>
<tr><td>任务名称</td><td colspan="5">分析企业微博矩阵流量</td></tr>
<tr><td>任务目的</td><td colspan="5">企业通过建立微博矩阵，将同一品牌下关注不同账号的用户流量通过矩阵式账号相互引流，向用户展现自身的产品及服务。通过了解企业创始人微博、高管微博、官方微博、产品微博的流量情况，分析企业微博矩阵的效果。</td></tr>
<tr><td>任务提示</td><td colspan="5">小米手机和华为手机官微有着庞大的“粉丝”量，两家公司各自有很多名高管，也有很多系列的手机产品。本次实训要求大家从“粉丝”量的角度甄别出两家公司中负责手机业务最有影响力的 2 位高管，以及相关性最高的 2 个系列产品。</td></tr>
<tr><td rowspan="2">第（　）组</td><td>姓名</td><td></td><td></td><td></td><td></td></tr>
<tr><td>学号</td><td></td><td></td><td></td><td></td></tr>
<tr><td rowspan="6">任务实操</td><td colspan="5">1. 在新浪微博里搜索华为手机官方账号，通过企业创始人微博、高管微博、官方微博、产品微博，画出华为手机企业微博矩阵图。</td></tr>
<tr><td colspan="5"></td></tr>
<tr><td colspan="5">2. 分别统计企业创始人微博、高管微博（2 名）、官方微博、产品微博（2 个）的“粉丝”量和微博数，对比小米手机和华为手机的微博矩阵流量，将对比情况填入下表中。</td></tr>
<tr><td colspan="5">
<table>
<tr><td></td><td>微博类型</td><td>微博名称</td><td>“粉丝”量</td><td>微博数</td></tr>
<tr><td rowspan="6">小米手机</td><td>官方微博</td><td></td><td></td><td></td></tr>
<tr><td>创始人微博</td><td></td><td></td><td></td></tr>
<tr><td>高管 1 微博</td><td></td><td></td><td></td></tr>
<tr><td>高管 2 微博</td><td></td><td></td><td></td></tr>
<tr><td>产品 1 微博</td><td></td><td></td><td></td></tr>
<tr><td>产品 2 微博</td><td></td><td></td><td></td></tr>
<tr><td rowspan="6">华为手机</td><td>官方微博</td><td></td><td></td><td></td></tr>
<tr><td>创始人微博</td><td></td><td></td><td></td></tr>
<tr><td>高管 1 微博</td><td></td><td></td><td></td></tr>
<tr><td>高管 2 微博</td><td></td><td></td><td></td></tr>
<tr><td>产品 1 微博</td><td></td><td></td><td></td></tr>
<tr><td>产品 2 微博</td><td></td><td></td><td></td></tr>
</table>
</td></tr>
<tr><td colspan="5">3. 根据上表的对比情况，简要分析小米手机和华为手机的微博矩阵流量情况。</td></tr>
<tr><td colspan="5"></td></tr>
</table>

考核评价

评价说明：在本次任务完成后，由任课教师主导，采用学习过程评价与学习结果评价相结合，综合运用自我评价、小组评价及教师评价三种方式，由教师确定三种评价方式分别占总成绩的比例，并加权计算出学生个人本次任务的考核评价分。

任务完成考核评价表			
项目名称	项目二　微博营销	任务名称	任务一　认识微博营销
班级		学生姓名	
评价方式	评价内容	分值	成绩
自我评价	表 2-1 的完成情况	10	
	表 2-2 的完成情况	10	
	任务工单 1 的完成情况	40	
	对知识和技能的掌握程度	20	
	我胜任了小组内的工作	20	
	合计		
小组评价	本小组的本次任务完成质量	30	
	个人本次任务完成质量	30	
	个人参与小组活动的态度	20	
	个人的合作精神和沟通能力	20	
	合计		
教师评价	个人所在小组的任务完成质量	30	
	个人本次任务完成质量	30	
	个人对所在小组的参与度	20	
	个人对本次任务的贡献度	20	
	合计		
总评 = 自我评价 ×（　　）% + 小组评价 ×（　　）% + 教师评价 ×（　　）% =			

任务二

开通微博账号

项目名称	项目二　微博营销	任务名称	任务二　开通微博账号
学习目标	知识目标	• 了解微博账号的类型； • 理解昵称的重要性和设计原则； • 掌握微博个人认证的类型及条件； • 掌握微博机构认证的类型及条件。	
	能力目标	• 能够注册微博账号； • 能够设置微博个性域名、微博头像。	
	思政目标	• 培养学生遵纪守法的意识，让学生深刻认识到传播谣言和虚假信息、网络欺诈，以及侵犯知识产权、隐私权、名誉权等带来的法律后果。	
任务描述	企业开通微博账号，有利于更好地推广产品和服务。本任务将会带你了解微博注册的流程，掌握微博账号设置，能够为企业的微博账号进行认证。		
任务准备	1. 在智能手机上安装新浪微博 App； 2. 准备好微博认证所需材料，如个人身份证、企业营业执照等。		
实施提醒	用户在注册微博的时候经常会被提示“此昵称已经被注册”，但是在微博内却搜索不到这个昵称。很可能是此昵称已经被别人占有了，还有可能是这个账户异常而暂时被系统冻结。只需要重新选一个独一无二的昵称，即可进行账户注册。		

知识充电站

一、设置微博账号

（一）设置微博昵称

1. 昵称的重要性

取一个好的微博昵称很重要，有五大理由：（1）昵称是微博账号最为重要的符号；（2）昵称是企业品牌的第一标签；（3）昵称是传递给用户的第一印象；（4）好昵称易于传播；（5）好昵称可以让目标用户群快速找到你。

2. 昵称的设计原则

微博昵称最多只能使用 2 ～ 15 个汉字或者 4 ～ 30 个字符（可设置中文、英文、数字、“_”）。一般来说，设计昵称要遵循以下原则：

（1）品牌统一。微博的昵称，应尽量与企业在自媒体网站的名称和微信名称保持一致，因此在注册的时候尽量做到全平台保持一致，方便品牌化运营。

（2）紧扣内容。昵称最好体现主题，不要和内容完全不相关。自媒体人可以直接用名字。

（3）简短明了。一是要短，最好不要超过 7 个字，建议控制在 4 个字以内，如“百草味”“三只松鼠”；二是要好听，易于口口相传。

（4）避免重复。为了证明身份和不重复，建议进行账号认证。

练一练

打开你的微博，评估你的微博昵称是否符合上述 4 条原则，填写表 2－3。如果不具备，请设计一个更好的昵称。

表 2－3 微博昵称评估

评估原则	是否符合	理由
品牌统一		
紧扣内容		
简单明了		
避免重复		
现有昵称：________________		设计新昵称：________________

（二）认识个性域名

新浪微博的个性域名顾名思义就是属于用户自己的网址，在进入个人主页的微博里都会有域名。个性域名是用户在开通微博的时候填写的，每个微博账号只能对应一个个性域名。用户设置个性域名后，可告知“粉丝”或亲朋好友，邀请他们访问并关注。个性域名是微博唯一指定的特有地址，一旦开通就不可更改。所以，建议你在注册时为你的微博精心起一个好名字。

二、了解微博认证

微博认证用户分为个人认证和机构认证。其中，个人认证分为身份认证、兴趣认证、超话认证、金V认证、视频认证、文章/问答认证，如图2-9所示。

图2-9　个人认证的类型

机构认证分为企业认证、机构团体、政府认证、媒体认证、校园认证、公益认证，如图2-10所示。

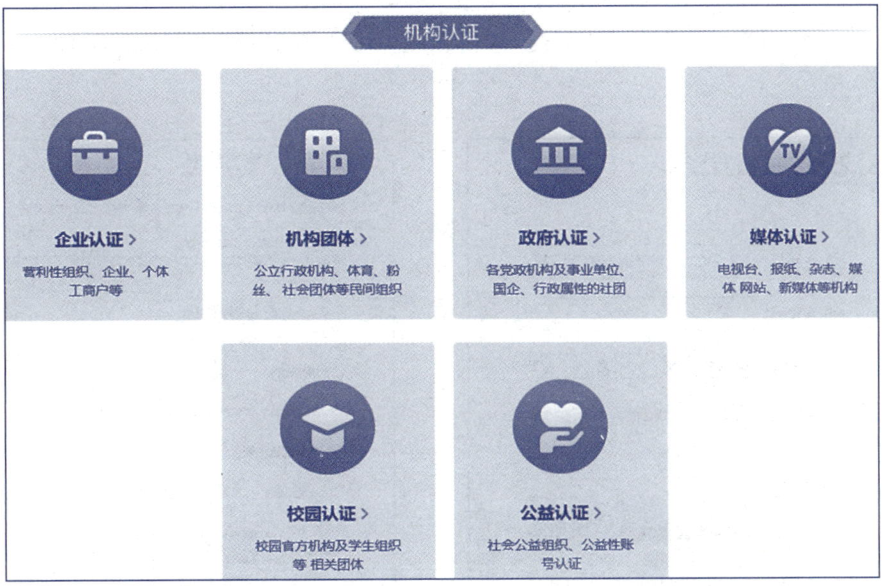

图2-10　机构认证的类型

任务实施

一、注册微博账号

如果已注册新浪邮箱、新浪博客的账号，可直接登录新浪微博，无须再注册新浪微博账号。另外，如果用户有淘宝网、QQ、中国移动、中国电信天翼、360 等账号，则可将这些账号和微博绑定，注册成功后微博可以同步这些账号信息。

课堂讨论

个人和企业分别注册微博账号，需要提供哪些信息，请搜索相关信息，填写表 2－4。

表 2－4　微博账号注册所需信息

账号类型	所需信息
个人账号	
企业账号	

下面是注册微博账号的详细步骤：

（1）在浏览器地址栏输入 http://weibo.com/，进入微博网站。点击“立即注册”按钮。

（2）填写注册信息。在注册页面有两种注册类型，分别是“个人注册”和“官方注册”，如图 2－11、图 2－12 所示。填写信息后点击“立即注册”按钮，提交注册信息。

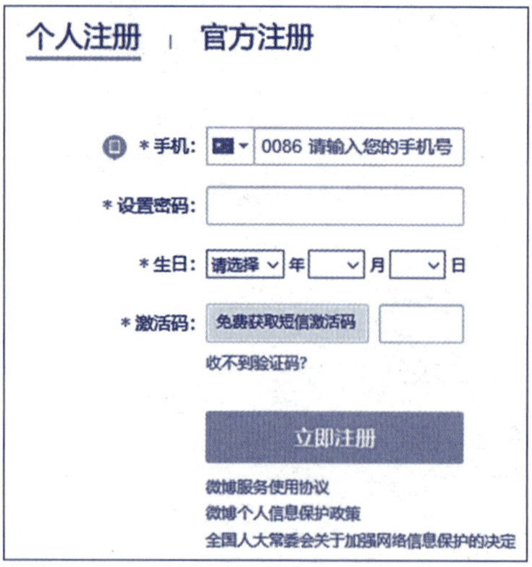

图 2－11　填写个人注册信息

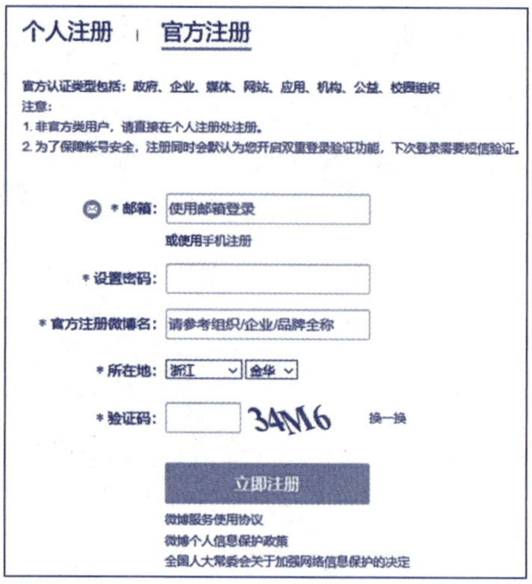

图 2－12　填写官方注册信息

（3）验证激活。如果选用邮箱注册方式，则可进入注册邮箱，点击激活邮件中的激活链接即可；如果选用手机注册方式，则直接输入手机接收到的验证码即可注册成功。

二、设置微博账号

（一）设置个性域名

设置微博账号的个性域名，主要操作步骤如下：

（1）登录新浪微博，依次点击“设置”→“账号设置”，选择“个性域名”，进入“个性域名”界面进行域名设置，如图 2－13 所示。在输入框中输入作为域名的相关字符或者中文字符，然后点击“保存”。

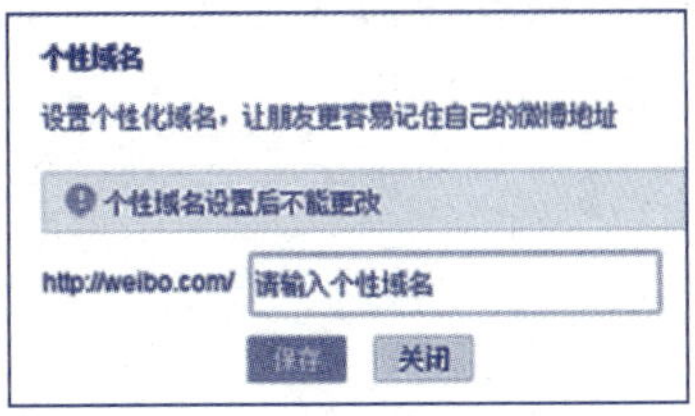

图 2－13　设置个性域名

（2）域名填写完成之后，会弹出提示的信息，根据提示信息来决定是否进行确定或者取消的操作，域名一旦设置将不能修改。

（二）设置微博头像

一般而言，“粉丝”除了注意博主的昵称外，也会关注其微博头像。微博头像既可以用自己的真人照片，也可以用卡通形象、风景照片等。对于企业、高校和政府机构来说，往往用 LOGO、标志和徽章等来设置微博头像。

在手机微博上，设置微博头像的操作步骤如下：

（1）打开微博，点击右下角“我”。

（2）在个人中心页面点击左上角原微博头像，进入个人主页。

（3）进入个人主页后，再一次点击头像，就会出现更换头像的操作界面，点击“更换头像”，如图 2－14 所示。

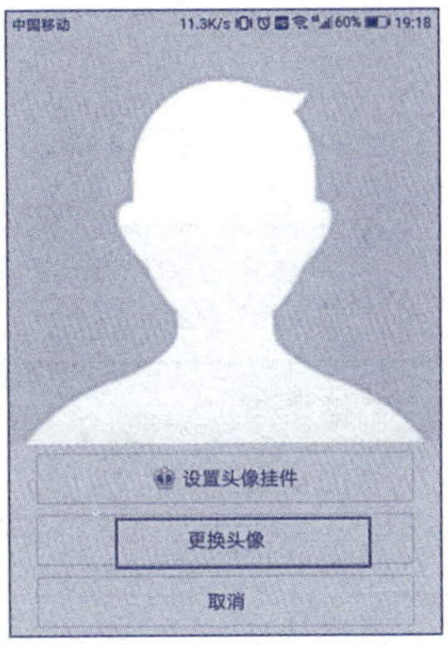

图 2－14　微博头像

（4）在相册里选择想要当作头像的照片，移动选择框，对照片进行裁剪，如图 2－15 所示，点击“确定”就可以了。

三、认证微博账号

图 2－15　裁剪头像

下面以个人账号的身份认证为例，介绍认证的基本过程。

（1）在个人主页，点击“申请认证”，然后选择“身份认证”。

（2）在身份认证页面，列出了申请认证的条件，以及微博账号是否满足了全部条件，如图 2－16 所示。

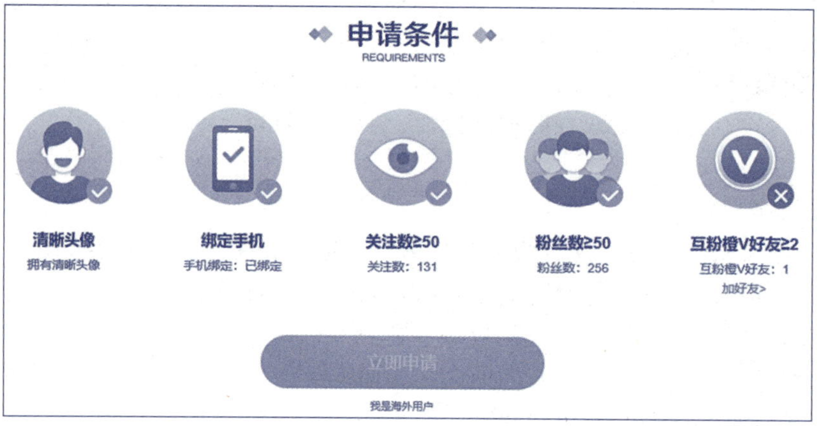

图 2－16　身份认证的申请条件

（3）如果满足了全部条件，就可以点击“立即申请”，填写相关信息即可。微博客服会在 2 个工作日内完成审核。

练一练

个人认证分为身份认证、兴趣认证、超话认证、金 V 认证、视频认证、文章 / 问答认证。请收集上述 6 种认证的申请条件，并填写表 2－5。

表 2－5　个人认证的申请条件

认证类型	申请条件
身份认证	
兴趣认证	
超话认证	
金 V 认证	
视频认证	
文章 / 问答认证	

任务工单 2

任务名称：微博企业认证

任务目的：

通过微博企业认证的微博号会有通过官方企业认证的标志，这个标志就能证明微博账号企业身份的真实性。企业的消费者在看到使用类似企业名称的微博账号发布的不实信息时，可以通过认证信息快速地识别微博号的真实性，避免受到损失。通过本次实训，了解企业认证需要准备的材料，掌握企业认证的基本操作步骤，能够为企业账号申请微博企业蓝 V 认证。

任务内容：

1. 准备营业执照（副本原件的照片或扫描件），并点击下载认证公函。打印后填写真实信息，并加盖公章后扫描成电子档。

2. 将准备好的材料提交上传，点击“立即申请”。

3. 等待新浪微博工作人员审核，审核日期是 1 ～ 3 日。

任务提示：

企业认证要先设置好官微昵称，以企业的全称或者简称出现，否则是无法通过认证的，很多企业在申请的时候就是因为昵称问题而无法通过认证。同时还要准备好营业执照等证明，要加盖公章，公章必须扫描为彩色。

第（ ）组

姓名				
学号				

任务实操：

1. 注册个人微博账号，将相关信息填入下表中。

现有昵称		拟设计昵称	
设计意图			
个人域名		拟申请认证类型	
已符合认证条件			
未符合认证条件			

2. 登录新浪微博企业认证界面，归纳填写企业信息具体包括哪些内容。

3. 机构认证分为企业认证、机构团体、政府认证、媒体认证、校园认证、公益认证。请收集上述 6 种认证的申请条件，分别需要提交哪些材料，并填写下表。

认证类型	申请条件	提交材料类型
企业认证		
机构团体		
政府认证		
媒体认证		
校园认证		
公益认证		

考核评价

评价说明：在本次任务完成后，由任课教师主导，采用学习过程评价与学习结果评价相结合，综合运用自我评价、小组评价及教师评价三种方式，由教师确定三种评价方式分别占总成绩的比例，并加权计算出学生个人本次任务的考核评价分。

任务完成考核评价表			
项目名称	项目二　微博营销	任务名称	任务二　开通微博账号
班级		学生姓名	
评价方式	评价内容	分值	成绩
自我评价	表 2－3 的完成情况	10	
	表 2－4 的完成情况	10	
	表 2－5 的完成情况	10	
	任务工单 2 的完成情况	40	
	对知识和技能的掌握程度	10	
	我胜任了小组内的工作	20	
	合计		
小组评价	本小组的本次任务完成质量	30	
	个人本次任务完成质量	30	
	个人参与小组活动的态度	20	
	个人的合作精神和沟通能力	20	
	合计		
教师评价	个人所在小组的任务完成质量	30	
	个人本次任务完成质量	30	
	个人对所在小组的参与度	20	
	个人对本次任务的贡献度	20	
	合计		
总评＝自我评价 ×（　）%＋小组评价 ×（　）%＋教师评价 ×（　）%＝			

任务三

制作微博封面图

<table>
<tr><td>项目名称</td><td>项目二　微博营销</td><td>任务名称</td><td>任务三　制作微博封面图</td></tr>
<tr><td rowspan="3">学习目标</td><td>知识目标</td><td colspan="2">• 了解图片的重要性；
• 了解利用 PowerPoint 制作图片的基本步骤；
• 了解利用 Photoshop 制作图片的基本步骤。</td></tr>
<tr><td>能力目标</td><td colspan="2">• 能够用 PowerPoint 制作微博头条文章的封面图；
• 能够用 Photoshop 制作微博头条文章的封面图。</td></tr>
<tr><td>思政目标</td><td colspan="2">• 学习并掌握微博封面图片的选择与制作流程，不仅能够培养学生的审美素养，而且有利于引导学生自觉践行社会主义核心价值观。</td></tr>
<tr><td>任务描述</td><td colspan="3">在新媒体时代，图片的重要性不言而喻。本任务将会带你了解微博图片的重要性，掌握分别运用 PowerPoint、Photoshop 工具制作图片的基本步骤，能够制作微博封面图。</td></tr>
<tr><td>任务准备</td><td colspan="3">1. 安装 PowerPoint 软件；
2. 安装 Photoshop 软件。</td></tr>
<tr><td>实施提醒</td><td colspan="3">不同的新媒体平台对于封面图的尺寸和格式要求各不相同，比如微博头条文章封面图的尺寸为 1 000 × 562 像素，图片格式为 JPG、PNG、GIF，图片大小不超过 5MB；而微信公众号的封面图，尺寸为 900 × 500 像素，图片格式为 JPG、PNG、GIF，图片大小不超过 10MB。因此，在制作封面图时，要明确不同的新媒体平台对图片尺寸和格式的具体要求。</td></tr>
</table>

知识充电站

知识充电站

图片在视觉时代的重要性

在互联网信息时代，信息采取了四种传播形式，分别为：图形、视频、文字、音频，视觉体验深深影响着我们对互联网的认识。日新月异的互联网，大量碎片化信息充斥着我们的视觉，哪类传播形式更便于我们快速地概览想要关注的信息呢？

从传播效率来看，图片与文字占据比较大的比例，视频与音频都无法在短时间内得到信息的分解，只有文字与图片更便于用户对信息的快速理解；而文字与图片相比，图片更容易让用户记忆与理解，也比文字更为轻松。有学者研究认为，人们在辨识事物的时候，是将眼前每个图形部分组合成大脑可认知理解的整体图像。

人类大脑记忆图形图像的能力远远大于记忆文字的能力，这就是为什么我们对于小时候看的漫画仍然记忆犹新。因此，一张富含想法的图片可以很容易地引导用户得到想要关注的信息。

在信息爆炸的时代，用户已经见识过非常多的视觉信息，基本都有了自己对于审美的标准，懂得什么是劣质的视觉信息，一些重复、劣质的图文信息很难再被用户关注。

到底怎样的图片才能吸引用户深入地关注？我们可以先了解“七秒定律”，七秒定律是营销行业中一个著名的定律理论，指的是在琳琅满目的商品中，用户只需要七秒就可以确定对某一商品是否感兴趣。将七秒定律套用到现在大量的互联网信息中，就可以得知如何让用户在大量的图文信息中对此信息产生兴趣。设计师为了吸引用户的关注，不断推陈出新，制作出有吸引力的海报或图片，致使用户的视觉审美不断改变。

因此，要想在众多的视觉信息中得到用户的初步关注，需要的是一张脱颖而出的图片，这样才能使用户对信息产生深入了解的欲望。

任务实施

一、用 PowerPoint 制作微博封面图

制作图片的软件工具有很多，如 QQ 截屏、微信截屏、Photoshop、美图秀秀等，甚至巧用 PowerPoint 也可以对图片进行修改。下面介绍用 PowerPoint 制作封面图片，具体操作步骤如下：

（1）启动 PowerPoint 软件，依次单击幻灯片顶部"设计"→"幻灯片大小"→"自定义幻灯片大小"。在"幻灯片大小"对话框中输入宽度和高度，此处以厘米为单位，如图 2－17 所示。

（2）设置好幻灯片尺寸后，单击幻灯片顶部的"插入"→"图片"按钮，如图 2－18 所示，找到需要插入的图片文件，插入新建的幻灯片中，如图 2－19 所示。

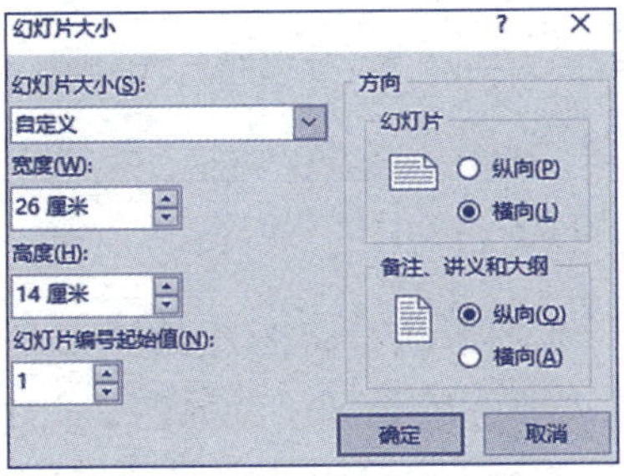

图 2－17　输入宽度和高度

图 2－18　单击"图片"按钮

图 2－19　插入图片

（3）根据对封面图的要求，可以在封面图上进行二次修改，如添加文字及图标等。将图片插入幻灯片后，单击插入的图片，在"格式"选项卡下单击"裁剪"下拉按钮，在下拉选项中选择"裁剪为形状"选项，如图 2－20 所示。

图 2-20　选择“裁剪为形状”

（4）可以在列出的形状中，将目标图片裁剪为所需的形状。将图片裁剪完成后，单击图片所示的位置，使用鼠标调整图片的大小，达到需要的效果即可，如图 2-21 所示。

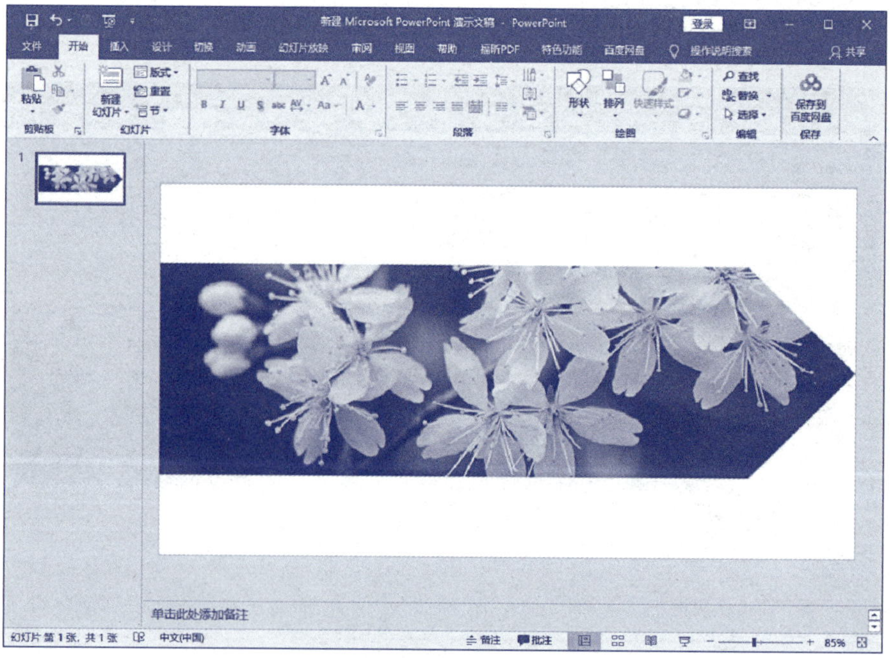

图 2-21　裁剪为所需的形状

（5）封面图制作完成后，导出图片即可上传到相应平台使用。导出图片方法为单击幻灯片左上方“文件”→“导出”→“更改文件类型”，将当前幻灯片保存为所选格式的图片，如图 2-22 所示。

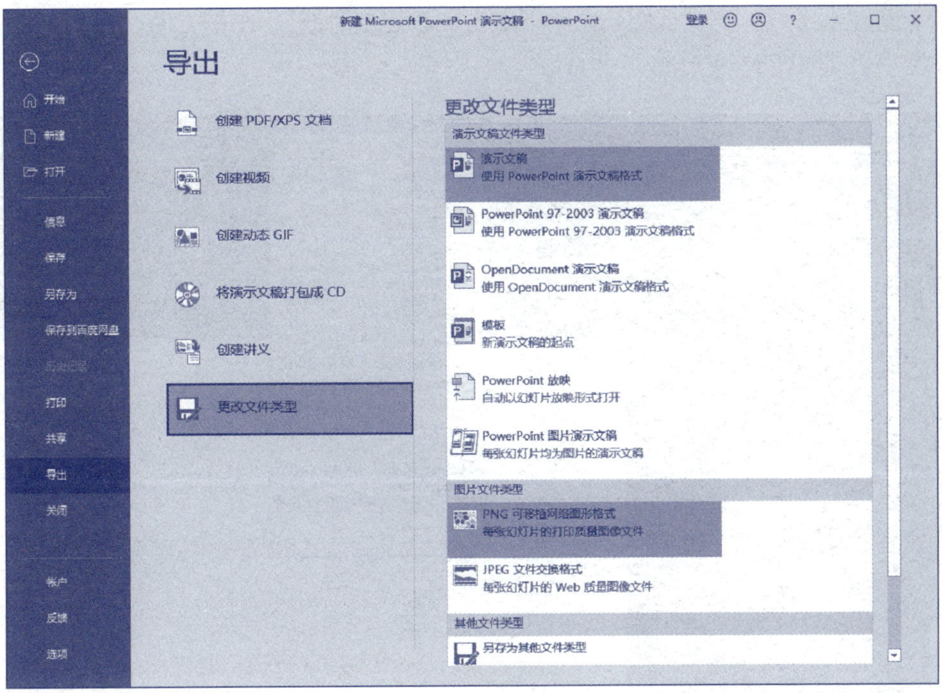

图 2－22　导出图片

二、用 Photoshop 制作微博头条文章封面图

下面介绍用 Photoshop 制作封面图片，具体操作步骤如下：

（1）新建文档。选择“文件”菜单中的“新建”选项，设置宽度为 1 000 像素，高度为 562 像素，分辨率为 72 像素 / 英寸，色彩模式为 RGB 颜色，如图 2－23 所示。

图 2－23　新建文档

（2）新建参考线。在“视图”菜单下点击“新建参考线”，水平方向设置 81px 和 481px 两条参考线，如图 2－24 所示。

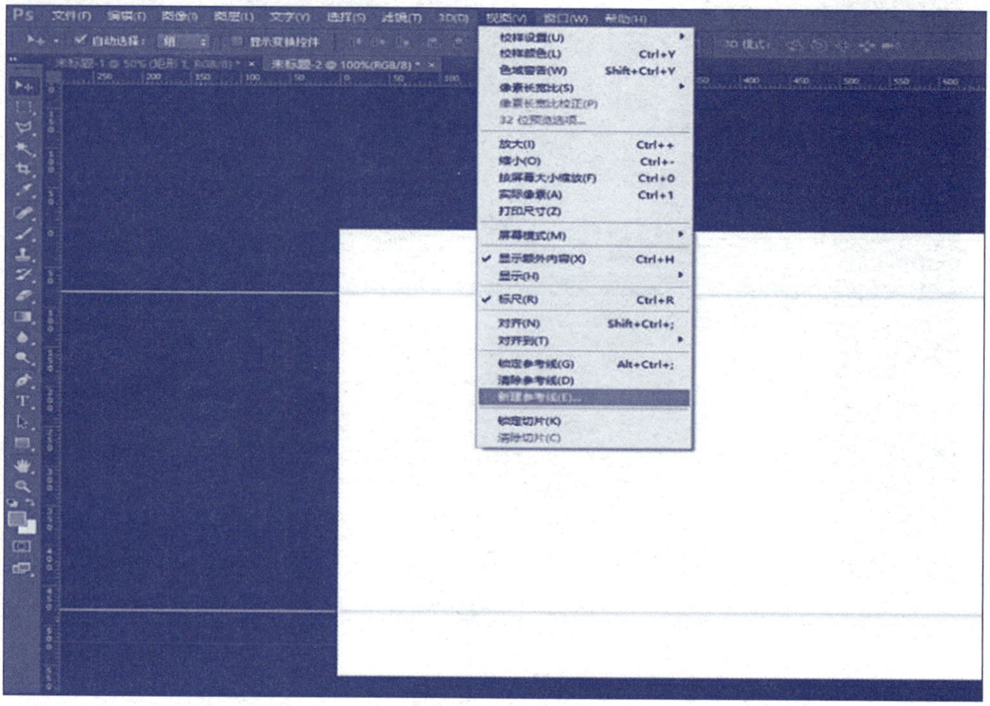

图 2－24　新建参考线

（3）拖拽图片。打开下载好的素材，用工具箱中的“移动”工具，直接按住鼠标左键，拖拽到封面图文档中，调整到合适的位置。图片和文字的调整，可以用快捷命令“Ctrl+T”自由变换来完成，配合按住 Shift 键，可以等比缩放，如图 2－25 所示。

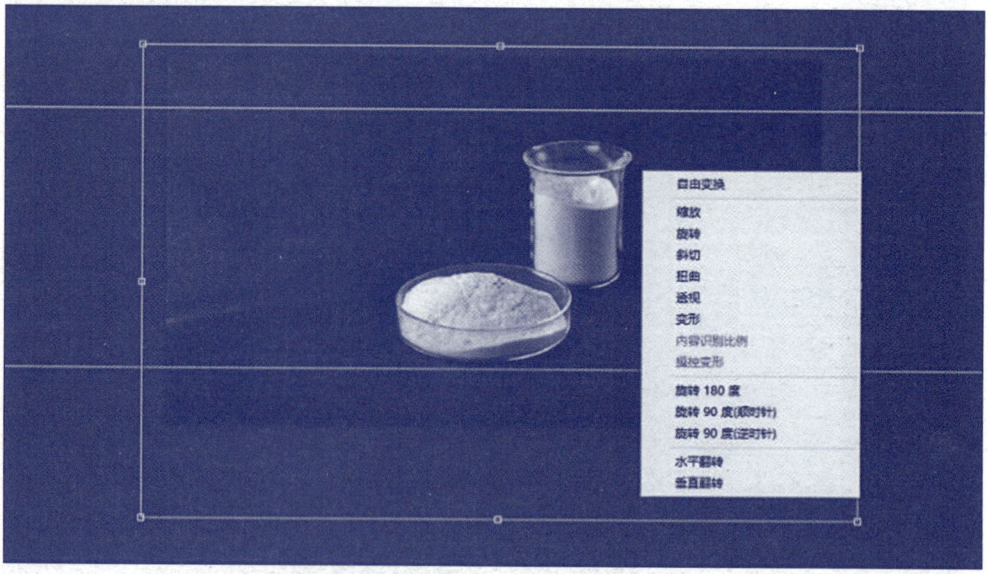

图 2－25　用自由变换命令更改图片尺寸

（4）编辑文字。选择工具箱中的“文字”工具，框选范围，输入需要的内容。在“窗口”菜单中调选“字符”面板，可以更换字体和颜色，调整字体大小、行间距、字间距，如图 2－26 所示。

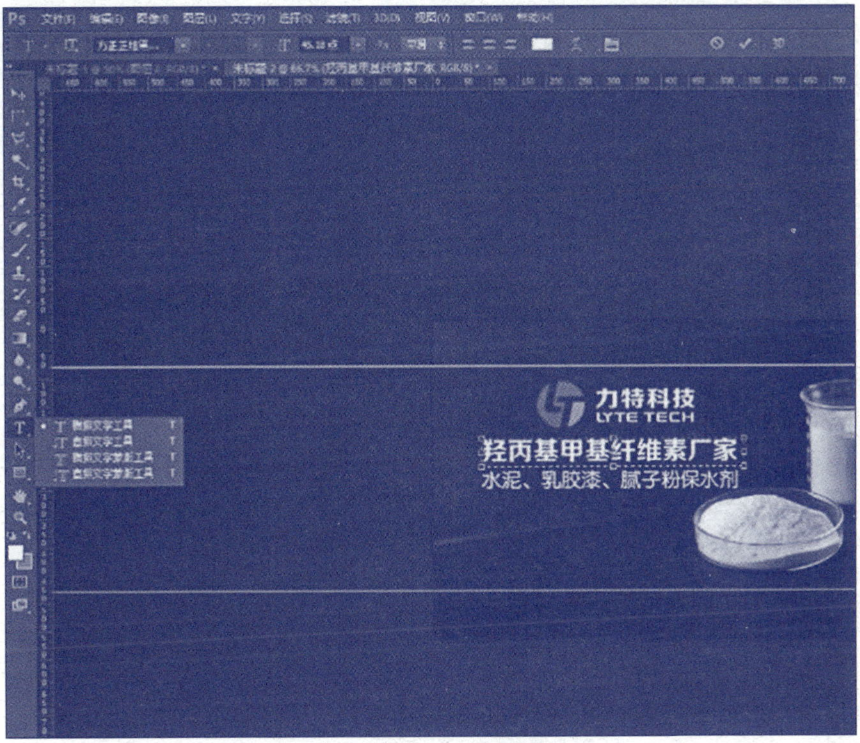

图 2－26　用文字工具编辑文字

（5）存储。点击“文件”菜单中的“存储”选项。如果需要保留未合层的原文件，先存储为“psd”格式，再用“另存为”命令，存储为“jpg”文件。在发布头条文章时，应选用“jpg”文件，如图 2－27 所示。

图 2－27　完成稿

任务工单 3

<table>
<tr><td>任务名称</td><td colspan="5">制作微博封面图</td></tr>
<tr><td>任务目的</td><td colspan="5">掌握 PowerPoint、Photoshop 制作封面图的操作步骤，能够熟练运用 Photoshop 制作微博头条文章封面图。</td></tr>
<tr><td>任务提示</td><td colspan="5">微博头条文章手机端是可以看到 1 000 × 562px 全图效果的，但是在电脑端图片有效范围是 1 000 × 400px，因此要建立参考线，主图内容和文字要放在有效范围内，确保无论是在手机端还是在电脑端都能看到全部的图文。</td></tr>
<tr><td rowspan="2">第（　）组</td><td>姓名</td><td></td><td></td><td></td><td></td></tr>
<tr><td>学号</td><td></td><td></td><td></td><td></td></tr>
<tr><td rowspan="4">任务实操</td><td colspan="5">1. 以天猫超市的促销活动为主题，用 PowerPoint 制作微博头条文章封面图。提交操作过程截图。</td></tr>
<tr><td colspan="5"></td></tr>
<tr><td colspan="5">2. 以京东超市的促销活动为主题，用 Photoshop 制作微博头条文章封面图。提交操作过程截图。</td></tr>
<tr><td colspan="5"></td></tr>
</table>

考核评价

评价说明：在本次任务完成后，由任课教师主导，采用学习过程评价与学习结果评价相结合，综合运用自我评价、小组评价及教师评价三种方式，由教师确定三种评价方式分别占总成绩的比例，并加权计算出学生个人本次任务的考核评价分。

任务完成考核评价表			
项目名称	项目二　微博营销	任务名称	任务三　制作微博封面图
班级		学生姓名	
评价方式	评价内容	分值	成绩
自我评价	任务工单 3 的完成情况	70	
	对知识和技能的掌握程度	10	
	我胜任了小组内的工作	20	
	合计		
小组评价	本小组的本次任务完成质量	30	
	个人本次任务完成质量	30	
	个人参与小组活动的态度	20	
	个人的合作精神和沟通能力	20	
	合计		
教师评价	个人所在小组的任务完成质量	30	
	个人本次任务完成质量	30	
	个人对所在小组的参与度	20	
	个人对本次任务的贡献度	20	
	合计		
总评 = 自我评价 ×（　）% + 小组评价 ×（　）% + 教师评价 ×（　）% =			

考核评价

任务四

实施微博营销活动

<table>
<tr><td>项目名称</td><td>项目二　微博营销</td><td>任务名称</td><td>任务四　实施微博营销活动</td></tr>
<tr><td rowspan="3">学习目标</td><td>知识目标</td><td colspan="2">• 了解企业微博的类型；
• 了解微博软文的类型；
• 理解实施微博营销的策略。</td></tr>
<tr><td>能力目标</td><td colspan="2">• 能够对企业微博账号进行功能定位和角色定位；
• 能够撰写微博软文。</td></tr>
<tr><td>思政目标</td><td colspan="2">• 以学习微博软文为载体，培养学生能够主动抵制为了博取眼球而在软文中发布低俗不良信息的行为，自觉遵守网络空间法律法规，以弘扬社会主义核心价值观为导向，树立正确的价值取向。</td></tr>
<tr><td>任务描述</td><td colspan="3">开展微博营销活动是企业整体营销体系中非常重要的一环，对企业经营和产品销售有积极的促进作用。企业微博营销人员首先需要对企业微博进行准确的定位，那么企业微博有哪些类型？应该采取何种定位的策略？定位后采用哪种软文，如何撰写企业微博软文？采用哪种策略开展微博营销活动？本任务将为你一一答疑解惑。</td></tr>
<tr><td>任务准备</td><td colspan="3">1. 注册企业微博账号；
2. 认证企业微博账号。</td></tr>
<tr><td>实施提醒</td><td colspan="3">不同的企业实施微博营销活动，有着不同的目的，应根据企业的营销目标、品牌影响力、产品特色等多个因素综合考虑，企业微博的定位可以是单一的微博功能，也可以是综合型的。以此类推，撰写微博软文和采取微博营销策略，也应综合考虑多个因素。</td></tr>
</table>

知识充电站

一、确定企业微博定位

企业微博定位是指确定企业微博的形象及功能。企业微博的定位确定后，就要根据具体的定位要求发布微博内容来开展微博营销活动。企业微博的定位是企业实施微博营销的前提，定位清晰与否将会直接影响微博营销活动的效果。

(一) 企业微博的类型

一般而言，企业微博主要有以下三种类型。

1. 品牌推广型微博

该类型的微博定位于推广企业品牌，达到树立企业的品牌形象的目的。例如，宝马中国的官方微博发布的主要是宝马公司的重大新闻活动、新品发布等内容（如图 2－28 所示），通过微博传递宝马的品牌形象，提高企业知名度和美誉度。

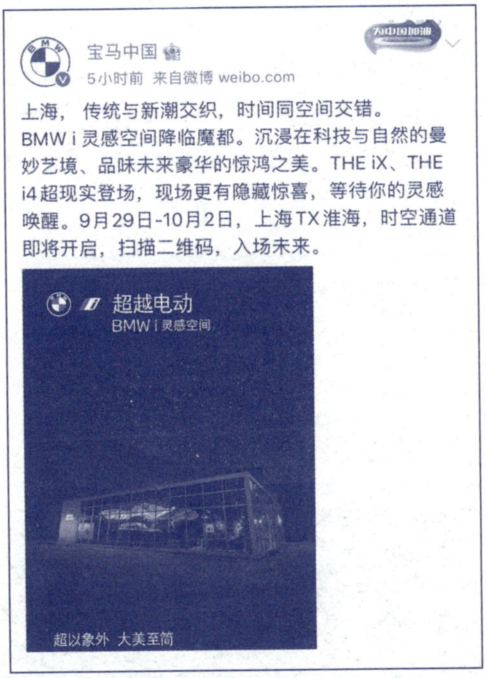

图 2－28　宝马中国官方微博发布的博文

2. 内容互动型微博

内容互动型微博定位于维系企业与“粉丝”之间的关系，其主要内容是企业向用户传递关怀。例如，星巴克官方微博的形象定位是一个有点小资、有亲和力、懂得生活情调的服务员，如图 2－29 所示。星巴克的微博营销目的在于营造一种轻松融洽的氛围，让用户感觉自己正在咖啡馆里和服务员闲聊，并将这种形象定位在用户心中。

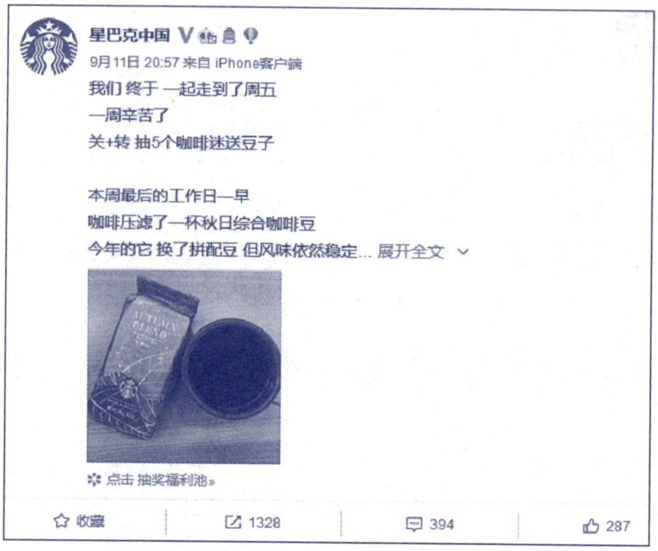

图 2-29　星巴克中国官方微博发布的博文

3. 业务型微博

业务型微博直接定位于产品销售或服务购买，通过微博直接为企业带来经济收益，这也体现了企业开展微博营销的最终目的是盈利。例如，美特斯邦威天猫店的官方微博发布的内容主要是美特斯邦威产品的促销活动信息，如图 2-30 所示，通过微博促进产品的销售，吸引“粉丝”在官方微博里购买产品。

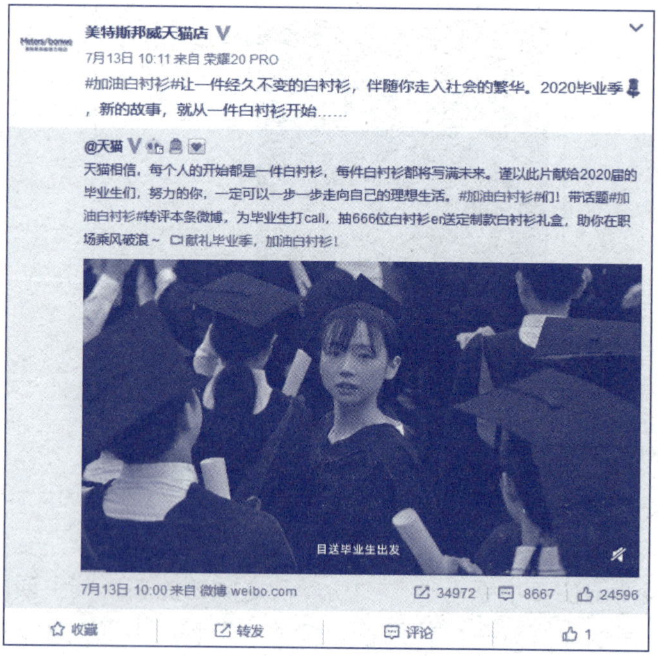

图 2-30　美特斯邦威天猫店官方微博发布的博文

（二）企业微博的定位策略

企业微博的定位，主要从功能定位和角色定位两个方面进行。其中，功能定位是指确定微博营销的目标，而角色定位是指确定微博在企业营销中充当的角色。

1. 功能定位

微博营销能实现不同的企业目标，从产品曝光到产品销售，甚至是企业的客服工作都能够通过微博来实现。不同的企业有不同的品牌和产品，因此在微博平台的营销应该有不同的侧重。企业在进行微博功能定位时，应将产品的品牌、产品的特色、微博平台特点予以综合考虑，由此确定企业微博营销的核心目的，完成功能定位。比如奔驰、宝马、奥迪等非在线消费型产品，应该侧重品牌宣传，定位于品牌推广型微博；手机、空气净化器、护肤品等快消品，应该侧重实现销售转化，定位于业务型微博；而腾讯、支付宝等企业官方微博，应该侧重发挥好企业宣传的作用，当好“新闻发言人”，定位于内容互动型微博。

2. 角色定位

角色定位是指从企业战略层面思考企业微博的定位，把企业微博营销放到整个企业整体营销体系中去考察，最终确定企业微博的角色定位。企业营销是一个完整的体系，线上营销要完成哪些营销环节，特别是确定企业微博平台要承担整个体系的哪部分环节和责任，这就需要结合企业的营销需求和企业微博平台的特点进行综合考量。

练一练

依次在新浪微博平台进入表 2-6 中所列 4 个账号的微博页面，了解其定位，并填写表 2-6。

表 2-6 企业微博定位

企业微博账号	功能定位	角色定位
梅赛德斯-奔驰		
小米手机		
故宫博物院		
支付宝		

二、撰写微博营销软文

在微博营销中，软文是一个必备要素，只有尽心去写的微博软文才会获得高人气，也才能帮助营销者实现其目标。在不同的平台上需要考虑不同的软文类型，从平台用户的习惯和喜好出发，微博软文也是如此。

(一) 微博软文的类型

根据内容，我们可以将现有的微博软文分为四大类型：分享型、炒作型、广告型、创意型。

1. 分享型软文

这种软文主要是通过客观的角度来宣传某个企业或产品。通常情况下，这种软文比其他类型更具有说服力，且效果更明显。这种类型的软文，往往表现为“我今天

买了一件 ×× 品牌的衣服，别人都说这样显年轻，很适合我”，然后，附上购买的网址。通过这种软文写作方式，更容易获得微博用户的关注。但这并不代表营销人员可以一劳永逸。因为这种软文要求写作的时候，使用的语言和语气必须要有生活化的特征，不能过分官方，否则就显得是一则广告，而不是一次分享，无法达到预期的目标。

2. 炒作型软文

在微博平台上，热门话题可以聚集很多人的目光，所以制造一个能够引发讨论的话题可以让品牌成为用户的焦点。炒作型软文就是围绕某一事件抛出一个可思考、议论的话题，带来广泛的讨论和转发，而话题的打造需要从用户普遍的心理特点或者痛点来切入，比如大多数用户会对社会道德事件进行评判，对名人的一些争议事件形成交流，尤其是对于在社会上矛盾突出、影响力大的负面事迹，可以引发舆论的批评、指责，同时也可以引发思考和深层次的讨论。

3. 广告型软文

这种类型的软文，通常都是企业的官方微博作出的，对企业信息或产品信息进行介绍并公开发布，这种微博往往不会吸引众多人来转发，但对于潜在客户却具有很强的吸引力。这种微博不同于上述两种微博，它必须通过一种官方的、正式的语言来进行描述，并且语言要尽量做到准确，并表现出明显的广告倾向。

4. 创意型软文

好的创意软文需要突出趣味性和互动性，只要能够吸引大多数人的注意，并引发大量的转发、评论等互动，就可以达到非常成功的营销效果。在微博上，我们可以看见的创意类文章的形式主要有笑话、段子、漫画，或是一些有意思的对话，总之只要够新奇、有趣，可以取悦很多人，令大多数感兴趣的人进行互动，形成热度，就是优秀的创意软文。同时，这些别出心裁的内容是非常天然的广告保护色，能够极大地提高广告的传播度和用户的接受度。

（二）微博软文写作

营销人员在写作微博软文时必须具有明确的目的并采取相应的营销方式。

1. 客户人群的分析

无论为什么行业写作微博软文，第一步就是需要分析客户人群，他们有着什么样的特征？他们会常去哪些地方？他们最关心的问题是什么？他们的偏好或者喜好是什么？比如：你可以给客户发一些福利，像目前常见的直接发红包的形式；你也可以设计一款有趣的互动游戏让客户玩。

2. 微博话题的策划

在新媒体营销时代，最好不要花大精力去做大型的策划，也不要指望一个大型的策划会很快赢得口碑、树立品牌，可以时刻注意热点事件，快速创作出微策划文案，快速发布，如果发现有传播势头，马上引入资源引爆它。

3. 微博文案的写作

首先，可以写出一组微博文案，进行快速评估和转发评论的设计。其次，可以设定一个预期目标，如转发数量、评论的内容等。做好文案并没那么简单，需要尽可能从客户的角度去出发，设计得具有趣味性，最好是可以互动的，用问答的形式来进行，这样无形之中提高了客户的信任度，增加了客户对产品或服务的黏性，等建立好信任之后，再一步步地去促进成交。

4. 发布策划的安排

如果企业微博账号本身“粉丝”很少，没什么影响力和知名度，那么即使发了一条很好的微博，也没什么人来转发。此时就需要借力了，借助一些“大V”或者名人来转发推动一下，他们的“粉丝”基数大，覆盖人群也很广泛，受众多。这种方式就是用大号来带动小号，推动整个营销流程。

练一练

请在表2-7中分别为小米手机微博和宝马中国微博撰写分享型、炒作型、广告型、创意型软文，每条软文不超过140字。

表2-7 撰写企业微博软文

软文类型	小米手机微博	宝马中国微博
分享型		
炒作型		
广告型		
创意型		

三、实施微博营销策略

企业微博作为企业对外宣传的重要窗口，对于企业开展网络营销活动有着非常重要的意义。在运营企业微博时，不仅要撰写优质的微博内容，还需要采取各种微博营销的策略。

（一）关注策略

企业微博需要从多维度选择关注账号，重点关注以下五种微博账号类型。

1. 行业资讯号

常见的行业资讯号主要有行业资讯、时事新闻等类型。企业微博关注本行业的行业资讯号，可以在第一时间快速获得行业内的最新信息，同时也可以关注到本行业多个资讯账号的动态，并在适当的时候与资讯号进行互动。

2. 意见领袖

意见领袖通常称作“大V”或者微博大号，主要包括著名演艺人员、社会公众人物、“草根”名人等几种类型。他们在微博平台上非常活跃，拥有大量的“粉丝”，其一言一行对“粉丝”有着较大的影响力。企业微博营销人员可关注与企业有较强相关性的微博大号，选择恰当的时机与意见领袖互动，进行借势营销。

3. 目标网友

企业微博账号需要关注目标网友，包括品牌的目标用户和积极互动的网友。前者是企业下一步需要转化的目标用户；后者是企业微博账号的关注者和互动者，能够从第三方的角度给予企业客观公正的评价，提升企业微博的可信度和活跃度。

4. 企业内部账号

企业运用微博开展营销活动时，往往会同时利用多个企业微博账号进行推广，例如企业高层管理人员的微博、企业子品牌微博、企业产品微博等。小米、华为等知名企业将这些账号相互关注，形成企业微博矩阵，有助于增强企业微博的营销效果。

5. 其他微博账号

除了上述需要企业微博关注的微博账号外，还可以关注其他方面的微博账号，例如新浪官方、竞争对手、知名企业等的微博账号。其中，关注竞争对手的微博可以及时获得对方的营销动态，而关注新浪微博官方账号则可以第一时间了解新浪微博最新的规则。

（二）转发策略

转发策略作为企业微博借势营销的一种重要方式，往往会在不经意间取得出人意料的营销效果。例如，在 2016 年 8 月 29 日播出的《鲁豫大咖秀》节目中，王健林语出惊人的名句“先定一个能达到的小目标，比方说我先挣它一个亿”，这句话迅速“刷爆”朋友圈，成为当时最热的网络用语。国美在线官方微博马上发布了如图 2－31 所示的博文，巧妙地借势营销。

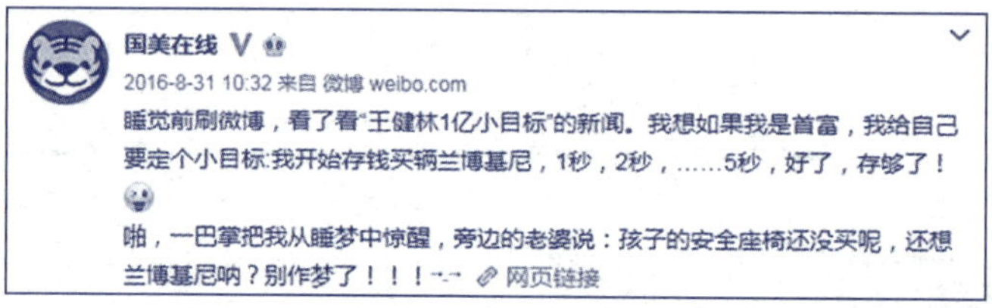

图 2－31　国美在线微博

此外，企业微博应首选对本企业发展有利的积极正面的微博。在转载他人的优秀微博时，应标注内容出处，以尊重原创作者，避免引起知识产权纠纷问题。转载他人微博时可在微博中适当地植入本企业的广告信息，语言力求简洁明了，富有创意。

（三）评论策略

在评论微博时，企业微博营销人员应当注意评论的语气和措辞，要与该微博的定位和形象相符合，并与发布该微博时的语气措辞一致，避免给网友造成认知上的混淆。当然，并不是主张使用千篇一律的内容评论微博，而应当根据所评微博的实际内容，灵活选择不同的内容来进行评论。

（四）回复策略

对微博留言适时进行恰当的回复，不仅可以帮助“粉丝”释疑解惑，而且企业与“粉丝”之间的良性互动还有利于企业拉近与用户的关系，提升企业的品牌影响力，增加用户的忠诚度。回复评论时同样需要采取一定的策略。首先，需优先回复负面情绪的用户，努力安抚其情绪，防止这种负面情绪影响其他用户的舆论导向，尽可能将他们向积极正面的方向引导。其次，要及时回复给予企业赞扬和肯定的用户，可以起到强化微博营销效果的作用，为此可以考虑对其给予适当的奖励，鼓励用户回复好评。

任务实施

实施微博话题营销

能够引发讨论和转发的微博都是微博话题。微博热门话题榜，是新浪微博对微博平台上用户关注度和讨论量较大的话题进行展示的一个榜单，有着巨大的曝光量，是微博营销的重要手段之一。下面，我们来了解微博话题的创建步骤。

（1）首先，打开手机上的微博软件，进入首页之后，可以看到一个“+”的标识，点击即可，如图2-32所示。

图2-32 微博界面

（2）在弹出的窗口中可以看到一个“写微博”的选项，如图2-33所示。

图2-33 写微博

（3）点击进入新的页面后，可以看到底部有一个“#”标识，如图2-34所示。

（4）点击“#”后切换到新的页面，在这里可以选择想要发布的话题类型，例如选择“美食”类型，如图2-35所示。

图2-34 发微博页面

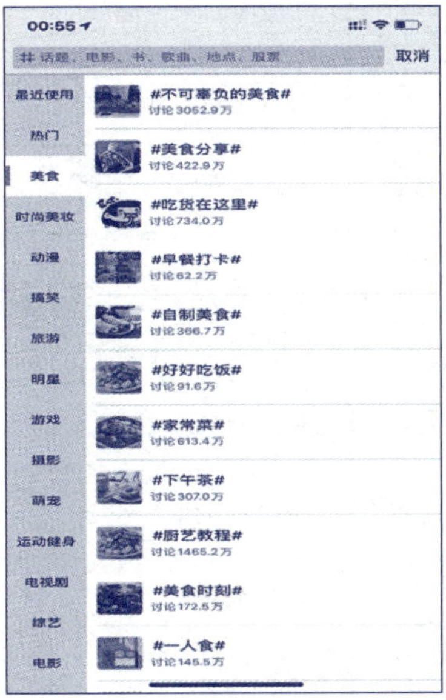

图2-35 话题页面

（5）点击后会出现如图2-36所示的话题文字，可以根据自己的想法在后面输入文字和图片，然后点击上方的“发送”即可。

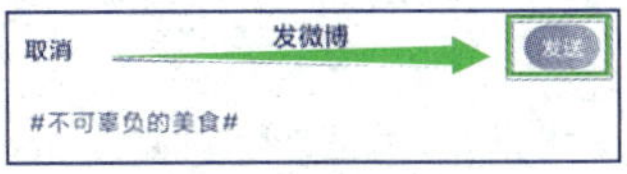

图2-36 发送微博

任务工单 4

<table>
<tr><td>任务名称</td><td colspan="5">撰写微博软文与实施话题营销</td></tr>
<tr><td>任务目的</td><td colspan="5">通过收集企业微博营销的成功案例，深入分析企业微博的定位，并且能够撰写不同类型的企业微博软文，实施微博话题营销活动。</td></tr>
<tr><td>任务提示</td><td colspan="5">企业微博的类型包括品牌推广型微博、内容互动型微博和业务型微博。微博话题现在可以申请主持人，话题主持人是某个话题页面中，具有相关管理权限的用户。通过对话题页的编辑，用户可以完善话题页，并提升自己的微博影响力。</td></tr>
<tr><td rowspan="2">第（　）组</td><td>姓名</td><td></td><td></td><td></td><td></td></tr>
<tr><td>学号</td><td></td><td></td><td></td><td></td></tr>
<tr><td rowspan="6">任务实操</td><td colspan="5">1. 登录微博，收集热门的品牌推广型微博、内容互动型微博和业务型微博各 1 条，并在下表中填写相关信息。</td></tr>
<tr><td colspan="5"><table>
<tr><th>企业微博的类型</th><th>账号名称</th><th>微博标题</th><th>微博定位</th><th>选取理由</th></tr>
<tr><td>品牌推广型微博</td><td></td><td></td><td></td><td></td></tr>
<tr><td>内容互动型微博</td><td></td><td></td><td></td><td></td></tr>
<tr><td>业务型微博</td><td></td><td></td><td></td><td></td></tr>
</table></td></tr>
<tr><td colspan="5">2. 以“双十一”购物节为话题，撰写不同类型的微博软文。</td></tr>
<tr><td colspan="5"><table>
<tr><th>微博软文的类型</th><th>软文内容</th></tr>
<tr><td>分享型软文</td><td></td></tr>
<tr><td>炒作型软文</td><td></td></tr>
<tr><td>广告型软件</td><td></td></tr>
<tr><td>创意型软文</td><td></td></tr>
</table></td></tr>
<tr><td colspan="5">3. 登录微博，找出最热门的 10 个话题，统计每个话题的讨论量。</td></tr>
<tr><td colspan="5">4. 以“双十一”购物节为话题，创建 1 个话题，实施微博话题营销。</td></tr>
</table>

考核评价

评价说明：在本次任务完成后，由任课教师主导，采用学习过程评价与学习结果评价相结合，综合运用自我评价、小组评价及教师评价三种方式，由教师确定三种评价方式分别占总成绩的比例，并加权计算出学生个人本次任务的考核评价分。

任务完成考核评价表			
项目名称	项目二　微博营销	任务名称	任务四　实施微博营销活动
班级		学生姓名	
评价方式	评价内容	分值	成绩
自我评价	表 2-6 的完成情况	10	
	表 2-7 的完成情况	10	
	任务工单 4 的完成情况	50	
	对知识和技能的掌握程度	10	
	我胜任了小组内的工作	20	
	合计		
小组评价	本小组的本次任务完成质量	30	
	个人本次任务完成质量	30	
	个人参与小组活动的态度	20	
	个人的合作精神和沟通能力	20	
	合计		
教师评价	个人所在小组的任务完成质量	30	
	个人本次任务完成质量	30	
	个人对所在小组的参与度	20	
	个人对本次任务的贡献度	20	
	合计		
总评 = 自我评价 ×（　）% + 小组评价 ×（　）% + 教师评价 ×（　）% =			

任务五

分析微博营销效果

<table>
<tr><th>项目名称</th><td colspan="2">项目二　微博营销</td><th>任务名称</th><td>任务五　分析微博营销效果</td></tr>
<tr><th rowspan="3">学习目标</th><th>知识目标</th><td colspan="3">• 了解微博营销数据分析的要素；
• 了解西瓜数据微博版的功能。</td></tr>
<tr><th>能力目标</th><td colspan="3">• 能够运用西瓜数据微博版分析企业微博账号的运营效果；
• 能够运用西瓜数据微博版分析企业电商数据。</td></tr>
<tr><th>思政目标</th><td colspan="3">• 培养学生能够利用数据分析工具获取客观真实数据，弘扬实事求是的精神品质，同时引导学生养成诚信经营的商业道德。</td></tr>
<tr><th>任务描述</th><td colspan="4">微博营销是一个非常大的课题，数据分析则是一种量化的思考方式。在评估微博营销的影响力的各种方法中，数据分析无疑是最直接和客观的。通过本任务的学习，能够理解微博营销数据分析的要素，掌握运用西瓜数据分析企业微博营销的实时效果。</td></tr>
<tr><th>任务准备</th><td colspan="4">1. 在微博上销售商品；
2. 登录 http://wb.xiguaji.com/，在西瓜数据官网进行注册。</td></tr>
<tr><th>实施提醒</th><td colspan="4">微博、微信、今日头条以及百家号，这些优质的自媒体平台本身都具备非常高级的数据统计功能。除此之外，市场上也出现了一些微博营销的数据分析工具，比如西瓜数据微博版、知微等。我们要善于利用第三方数据分析工具，综合分析微博营销的实施效果。</td></tr>
</table>

知识充电站

微博营销数据分析的要素

要做好微博营销，不仅要能灵敏感知消费者的需求以及需求变化，还要学会数据采集与分析，善用逻辑推理，将感知变成严谨结论。有人在微博上只是逛逛，有人却可以从蛛丝马迹中获取有用信息并转化为行动；有人在微博混了几年都一事无成，有人却赚得盆满钵满。如果想让微博发挥更大价值，就要学会微博分析方法和工具，不仅知其然，也要知其所以然。

一般而言，微博营销数据分析主要有以下三个要素。

（一）“粉丝”数量、转发数、评论数

不要妄图量变引起质变，对一个企业微博来说，“僵尸”粉基本没有意义。即便有10万“粉丝”，但没有转发、没有评论的“粉丝”是没有生命力的。虽然只需要花10元，就能有几千甚至上万的“粉丝”，然而这并不值得去做。只有鲜活的、操作着电脑或手机的“粉丝”才有可能转发、评论并持续关注你的微博。

（二）传播深度与关键传播点

一条优秀的、吸引人的微博，转发数量是惊人的。如果想将数据分析得更加专业，那二次转发、三次转发等都应在监测范围内。在监测过程中，若发现当某位“粉丝”转发你的微博后，产生的二次转发远超平均值，一定要去看这个“粉丝”的微博。为什么转发到他这里，二次转发的人多了起来？是他微博的影响力大，还是转发时有与众不同的技巧？这些都值得去了解并分析。

（三）“粉丝”特质

“粉丝”特质分析包括该“粉丝”的“粉丝”数、关注数、发微博次数、转发次数等基本内容，但是这些特质只能分析得到最基本的“粉丝”信息。其实微博是个功能强大的社交化平台，除了这些显而易见的数据，还可以得到更多的信息，比如性别、爱好、所在地区、关注内容等，能有效获取“粉丝”的性别比例、地域分布、兴趣爱好等关键信息。再进一步，从已得到的“粉丝”数据中，完全可以挖掘出潜在“粉丝”，因为你已经知道喜欢你微博的是男性还是女性，喜欢你微博的人分布在哪儿，喜欢你微博的人同时还喜欢什么。这些无疑都将成为发展“粉丝”过程中宝贵的信息。

除了以上几点，微博的数据分析还可以着眼于自身人脉、“粉丝”人脉、“粉丝”影响力等诸多方面。对微博进行更加细致的数据分析，不仅可以更好地发展自身微博，还可进一步拓展微博营销。

任务实施

一、运用西瓜数据分析微博营销效果

很多微博用户没有经常关注各博主的微博，如果想尽快了解他们近期的运营情况，则要查的内容太多，完全不知道从何下手。有没有简单的解决方法？2019 年西瓜数据的微博诊断功能上线：一键生成微博诊断报告，快速了解运营状况，更好地分析投放价值。微博诊断功能是针对微博账号近 7 天或近 1 个月的运营情况生成诊断报告，提供微博综合得分、近期微博的数据分析以及留言热词等内容。

下面，以某博主的月诊断报告为例，为大家进行详细介绍。

（一）微博综合得分

每份诊断报告都会对微博账号进行综合评分，综合得分可以反映周期内这个微博的运营质量，综合得分越高，说明微博运营质量越好。得分项目具体细分成如图 2-37 所示的六项内容。每个项目的分值，表现博主在不同方面的运营结果。从图 2-37 中这个博主的综合得分来看，这个微博的运营情况是正常的，但其中活跃度与原创度的分数略显不足。这说明博主近期的发博频率较低，而且博文内容的原创占比不够。接着往下看报告内容，可以找到其分数较低的原因。

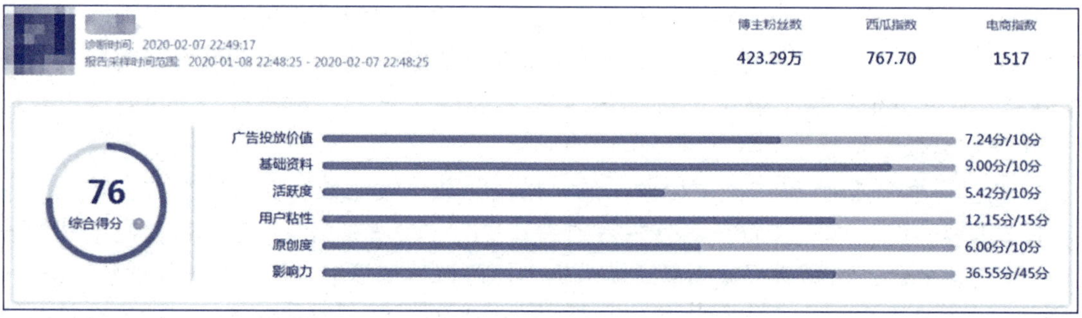

图 2-37　微博综合得分

（二）微博数据概览

主要是对博主近期的微博数据进行汇总，包括发博频率、平均互动数据以及评论数前三名的微博详情，如图 2-38 所示。通过这部分数据可以了解到博主的近期互动情况，同时发博数据也印证了活跃度的分值。

（三）广告价值分析

分析博主的广告价值时，除了要了解其基础的运营情况，还要了解博主近期都接了什么广告、具体的广告内容以及“粉丝”的互动态度，这样才能更全面地分析其广告价值。如图 2-39 所示是诊断报告中对于博主的广告微博识别（包含广告微博、疑似广告微博），可以了解到该博主近期微博中广告占比 40%，而且主要的广告互动数据是非常不错的。

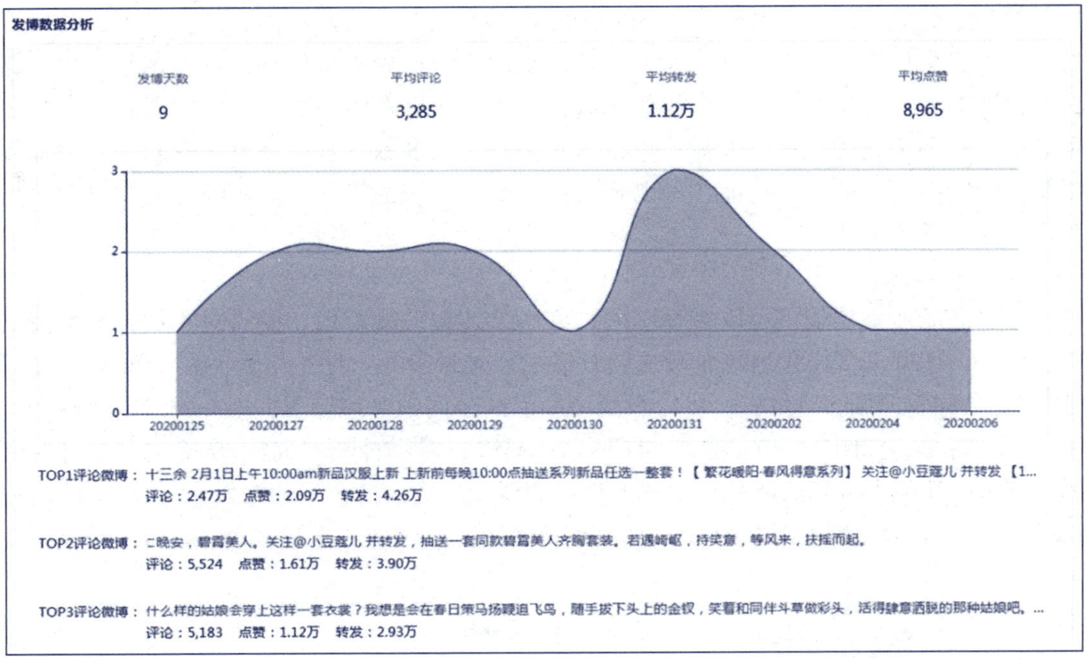

图 2－38　微博数据概览

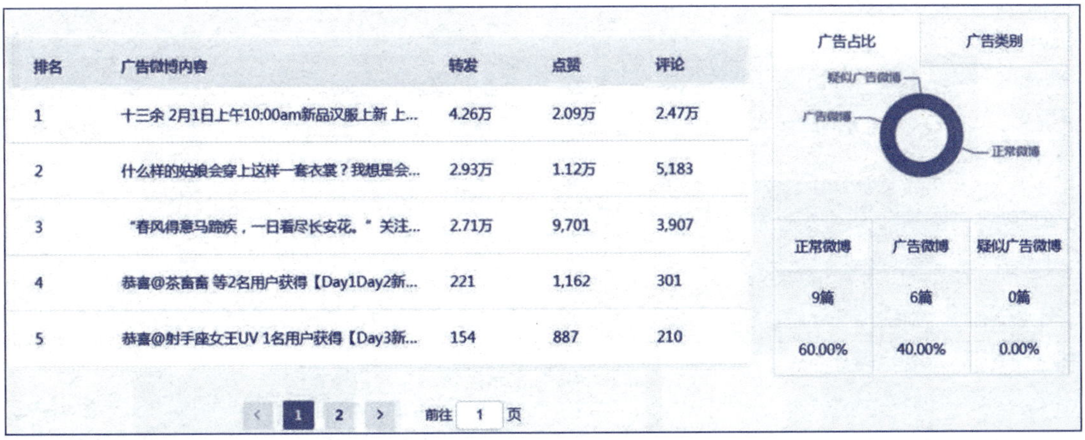

图 2－39　诊断报告中的广告微博识别

同时，可以结合留言热词来判断“粉丝”对于近期广告的态度。要知道，“粉丝”对博主的信任度以及对广告的接受度，会直接影响广告转化效果。从热词中的“好看”“想要”“许愿”“中奖”等词来看，“粉丝”对于近期产品的认可度、接受度是较好的，并且愿意积极参与博主发起的抽奖活动。在诊断报告的最后，还有系统智能匹配的同行业相似博主，点击“查看更多”按钮还可以查看更多的相似博主。

二、运用西瓜数据分析电商数据

微博作为国内最活跃的社交媒体之一，拥有庞大的用户基础、丰富的营销资源，据《微博营销品牌影响白皮书》显示，在提升商品购买意愿方面，有无微博达人的营销，效果差异是十分显著的。微博电商达人的号召能够有效提升用户对商品的喜爱度，“粉丝”的晒单留言会促使更多用户进行深入互动，从而产生口碑示范效果，带动销量转化。那么，什么类型的商品在微博上投放效果好，投入广告更有潜力呢？怎样搜索到全微博爆款商品，找到合适的带货达人呢？想必这些都是绝大多数广告主会思考的问题。西瓜数据微博版的电商数据分析功能，可以解决选品困扰，快速找到适合在微博上投放的商品和优质的带货达人。

（一）商品搜索

通过商品搜索功能，可以查看不同类型商品的相关微博数、投放博主数、售价情况等，另外，还可以多样化地自主筛选粉丝数量、地域分布、博主是否需要带黄 V 或红 V 等。点击页面右侧的“详情”，可以看到该商品的全网销量趋势图、相关微博以及商品具体的投放博主，如图 2－40、图 2－41 所示。另外，“投放博主”这个功能也是不可忽视的，它可以让你了解到该商品在微博上投放的博主类型、博主推荐次数、“粉丝”评论互动情况等，从而快速找到适合自己产品的同类型博主，如图 2－42 所示。

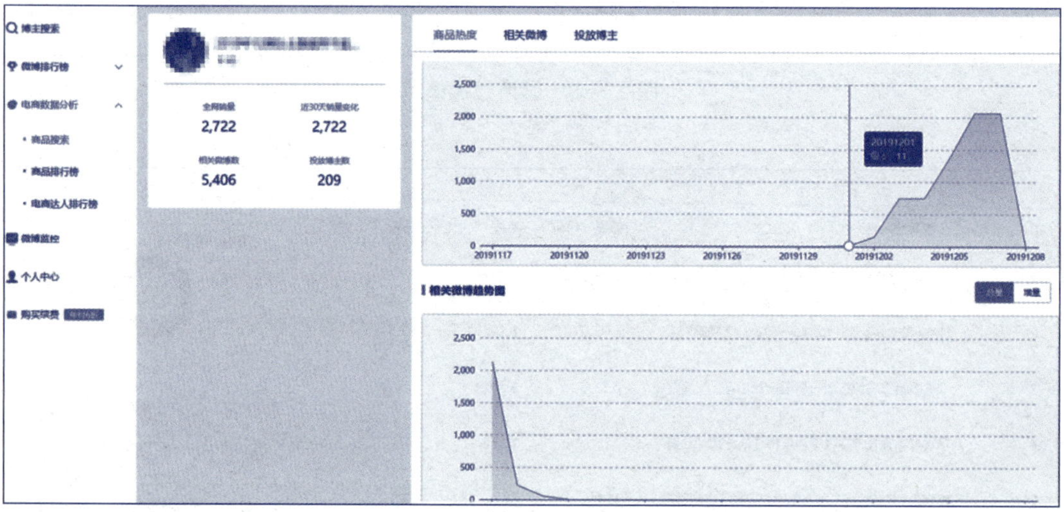

图 2－40　商品详情

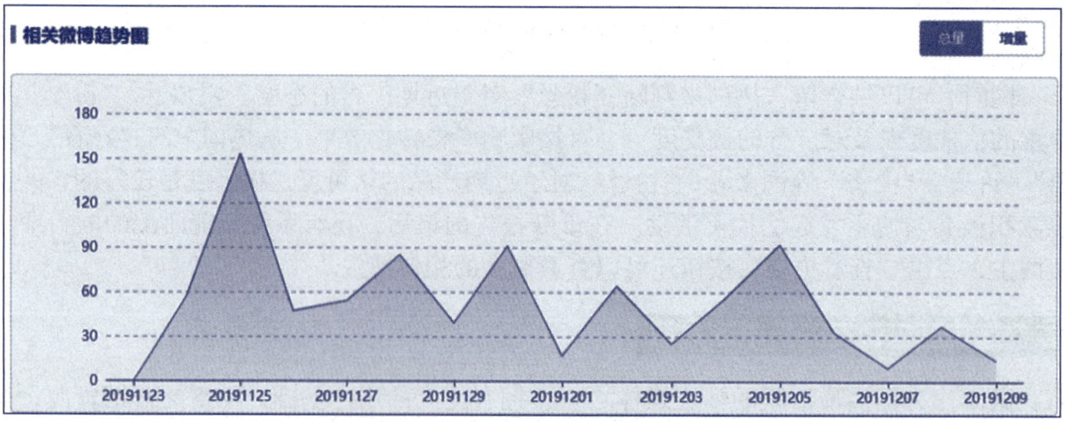

图 2－41　相关微博趋势图

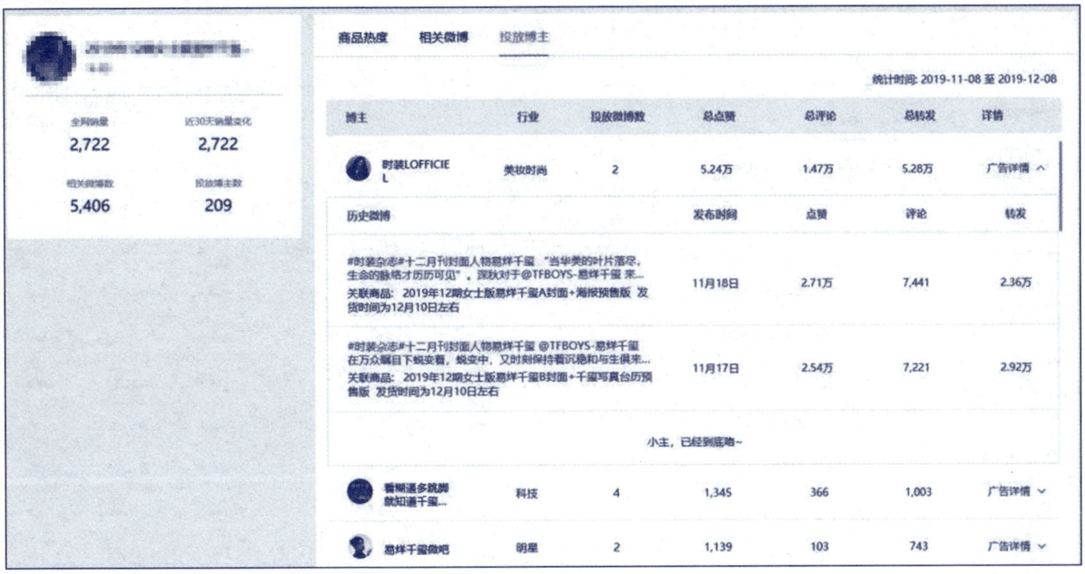

图 2－42　投放博主

（二）商品排行榜

商品排行榜支持日、周、月三种榜单的切换查看，同时可通过选择想要的商品类型，进一步筛选商品榜单。每个榜单都可以直观地查看商品的相关微博数、微博总点赞数等数据，能够及时掌握微博用户喜欢的品类，以及这些热卖商品在微博上的动态，如图 2－43 所示。

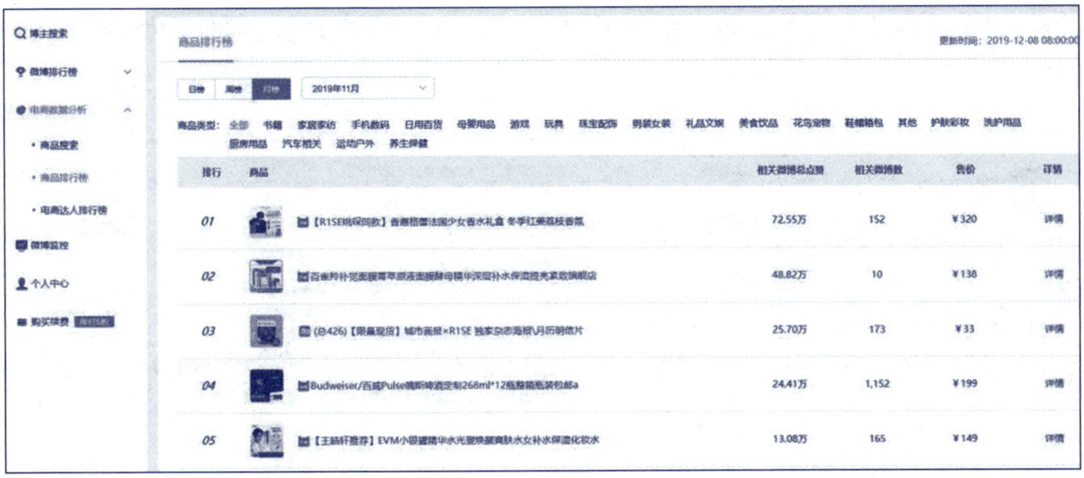

图 2－43　商品排行榜

（三）电商达人排行榜

电商达人排行榜不仅支持日、周、月三种榜单的切换查看，而且这个榜单是依据博主电商指数来排名的。电商指数是系统对微博达人广告微博数据分析得出的综合评分，能更客观地评价博主带货能力。通过榜单，可以直观地查看每个博主的电商指数、发博数、评论数等数据，从而找到目前热门的带货达人，如图 2－44 所示。

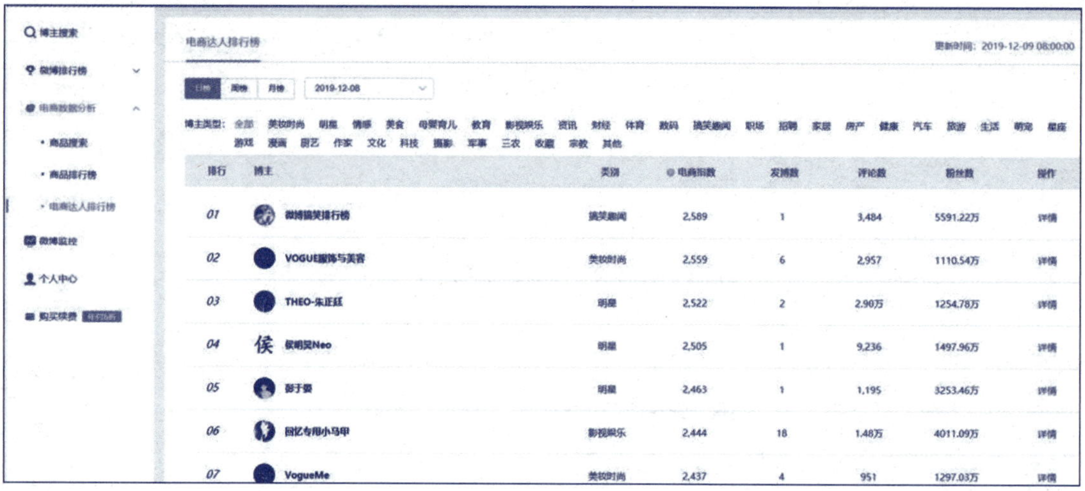

图 2－44 电商达人排行榜

（四）其他功能

如果想查看更详细的数据，可以点击右侧的“详情”，还可以查看达人的数据统计情况，对某个感兴趣的带货达人进行多维度分析，例如微博数据概览、历史微博、具体的广告微博数据、粉丝画像等，如图 2－45 所示。“粉丝画像”功能有实时更新的“铁粉”数以及活跃“粉丝”数，这是广告主在投放前的关键参考指标，可以由此知晓博主的用户黏性及带货能力。与此同时，“粉丝画像”功能还展示了男女分布比例、“粉丝”量级分布，如图 2－46 所示，可以让广告主了解博主的精准用户群体。

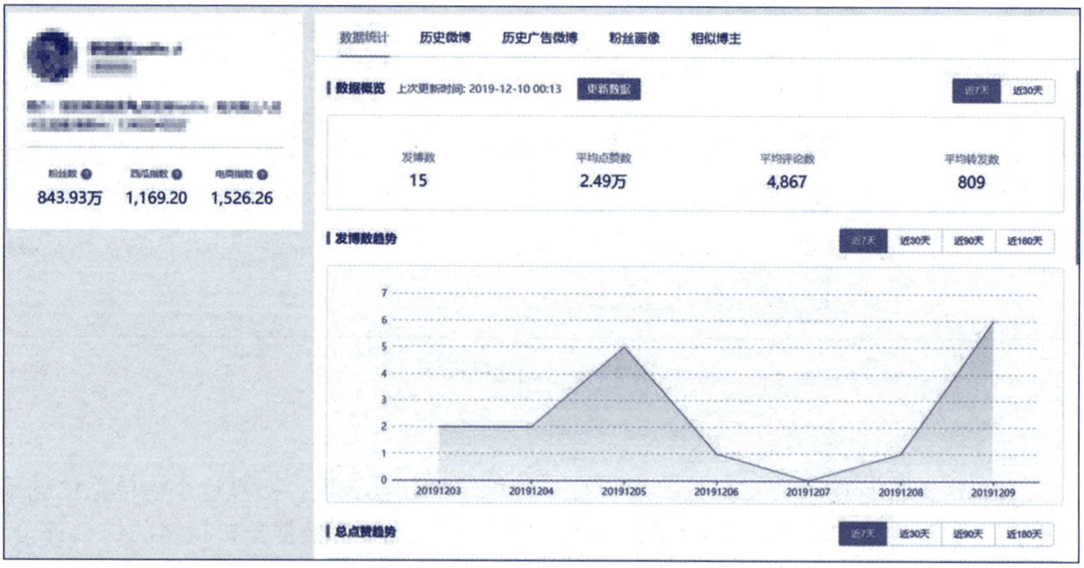

图 2－45 博主详情

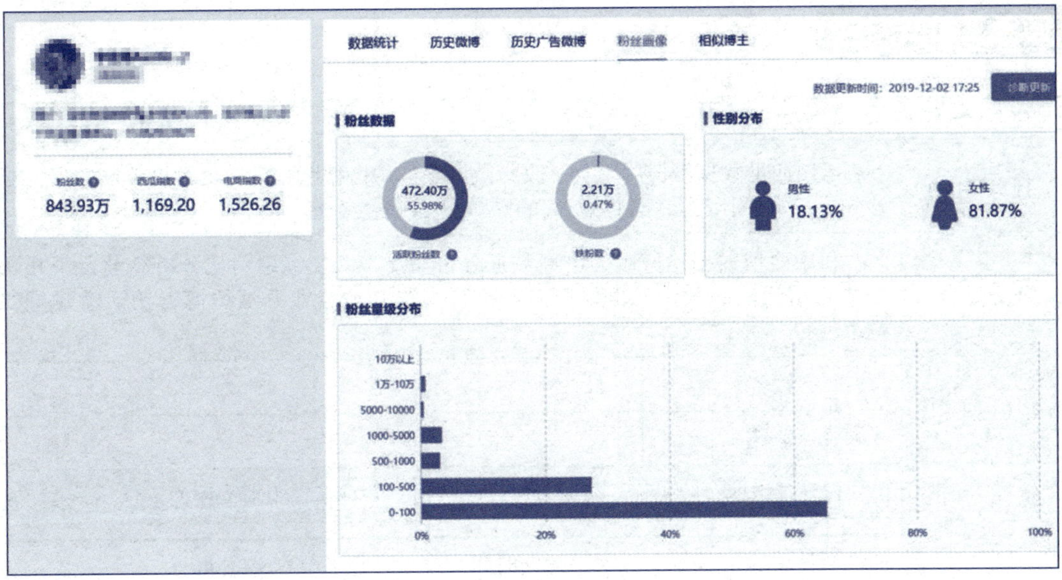
数据统计
历史微博
历史广告微博
粉丝画像
相似博主
数据更新时间：2019-12-02 17:25
843.93万
1,169.20
1,526.26
粉丝数据
472.40万
55.98%
活跃粉丝数
2.21万
0.47%
铁粉数
性别分布
男性
18.13%
女性
81.87%
粉丝量级分布
10万以上
1万-10万
5000-10000
1000-5000
500-1000
100-500
0-100
0%
20%
40%
60%
80%
100%

图 2－46　粉丝画像

任务工单 5

<table>
<tr><td>任务名称</td><td colspan="8">分析微博营销的实施效果</td></tr>
<tr><td>任务目的</td><td colspan="8">运用西瓜数据微博版工具，收集微博账号的微博营销活动的月度诊断数据，能够分析微博营销活动的整体效果和产品的电商销售效果。</td></tr>
<tr><td>任务提示</td><td colspan="8">利用西瓜数据微博版的电商数据分析功能，既要纵向对比分析企业自身开展微博营销活动的效果，也要横向对比自身与其他企业开展微博营销活动效果的差距。</td></tr>
<tr><td rowspan="2">第（　）组</td><td colspan="4">姓名</td><td></td><td></td><td></td><td></td></tr>
<tr><td colspan="4">学号</td><td></td><td></td><td></td><td></td></tr>
<tr><td rowspan="2">任务实操</td><td colspan="8">1. 登录微博，收集你的微博月度诊断数据，并在下表中填写相关信息。</td></tr>
<tr><td colspan="8">
<table>
<tr><td>微博名称</td><td></td><td>诊断时间</td><td></td><td>综合得分</td><td></td></tr>
<tr><td>“粉丝”数</td><td></td><td>西瓜指数</td><td></td><td>发博天数</td><td></td></tr>
<tr><td>平均评论</td><td></td><td>平均转发</td><td></td><td>平均点赞</td><td></td></tr>
<tr><td>正常微博篇数</td><td></td><td>广告微博篇数</td><td></td><td>疑似广告微博篇数</td><td></td></tr>
<tr><td>诊断结论</td><td colspan="5"></td></tr>
</table>
2. 自主选择某件商品，运用西瓜数据微博版的电商数据分析功能，将月度相关数据填入下表中。
<table>
<tr><td>商品名称</td><td></td><td>分析时间</td><td></td></tr>
<tr><td rowspan="4">全网销售情况</td><td>全网销量</td><td colspan="2"></td></tr>
<tr><td>近 30 天销量变化</td><td colspan="2"></td></tr>
<tr><td>相关微博数</td><td colspan="2"></td></tr>
<tr><td>投放博主数</td><td colspan="2"></td></tr>
<tr><td rowspan="2">商品销量第一的微博情况</td><td>相关微博数</td><td colspan="2"></td></tr>
<tr><td>微博总点赞数</td><td colspan="2"></td></tr>
<tr><td rowspan="6">排行第一的电商达人微博情况</td><td>博主名称</td><td colspan="2"></td></tr>
<tr><td>类别</td><td colspan="2"></td></tr>
<tr><td>电商指数</td><td colspan="2"></td></tr>
<tr><td>发博量</td><td colspan="2"></td></tr>
<tr><td>评论数</td><td colspan="2"></td></tr>
<tr><td>“粉丝”数</td><td colspan="2"></td></tr>
</table>
</td></tr>
</table>

考核评价

评价说明：在本次任务完成后，由任课教师主导，采用学习过程评价与学习结果评价相结合，综合运用自我评价、小组评价及教师评价三种方式，由教师确定三种评价方式分别占总成绩的比例，并加权计算出学生个人本次任务的考核评价分。

任务完成考核评价表			
项目名称	项目二　微博营销	任务名称	任务五　分析微博营销效果
班级		学生姓名	
评价方式	评价内容	分值	成绩
自我评价	任务工单 5 的完成情况	70	
	对知识和技能的掌握程度	10	
	我胜任了小组内的工作	20	
	合计		
小组评价	本小组的本次任务完成质量	30	
	个人本次任务完成质量	30	
	个人参与小组活动的态度	20	
	个人的合作精神和沟通能力	20	
	合计		
教师评价	个人所在小组的任务完成质量	30	
	个人本次任务完成质量	30	
	个人对所在小组的参与度	20	
	个人对本次任务的贡献度	20	
	合计		
总评＝自我评价 ×（　）%＋小组评价 ×（　）%＋教师评价 ×（　）%＝			

思政园地

故意编造、传播虚假信息要承担法律责任

黟县发生一起编造虚假信息，在网络上散布的案件。2020年1月25日，有网民在微博、网站论坛发布标题为《一大巴车武汉人逃到我们“深山老林”避难了，真的很可恶可恨》的帖子，点击量达33万，造成不良社会影响。黟县公安机关第一时间巡查到这一信息后，立即开展立案调查，并将涉嫌制造谣言、扰乱社会秩序的余某抓获归案，经查该帖子所述内容均为谣言。因其散布谣言，黟县公安局依法对余某采取刑事拘留强制措施。

《最高人民法院关于审理编造、故意传播虚假恐怖信息刑事案件适用法律若干问题的解释》中的相关规定如下：

第三条　编造、故意传播虚假恐怖信息，严重扰乱社会秩序，具有下列情形之一的，应当依照刑法第二百九十一条之一的规定，在五年以下有期徒刑范围内酌情从重处罚：

（一）致使航班备降或返航；或者致使列车、船舶等大型客运交通工具中断运行的；

（二）多次编造、故意传播虚假恐怖信息的；

（三）造成直接经济损失二十万元以上的；

（四）造成乡镇、街道区域范围居民生活秩序严重混乱的；

（五）具有其他酌情从重处罚情节的。

第四条　编造、故意传播虚假恐怖信息，严重扰乱社会秩序，具有下列情形之一的，应当认定为刑法第二百九十一条之一的“造成严重后果”，处五年以上有期徒刑：

（一）造成三人以上轻伤或者一人以上重伤的；

（二）造成直接经济损失五十万元以上的；

（三）造成县级以上区域范围居民生活秩序严重混乱的；

（四）妨碍国家重大活动进行的；

（五）造成其他严重后果的。

第五条　编造、故意传播虚假恐怖信息，严重扰乱社会秩序，同时又构成其他犯罪的，择一重罪处罚。

第六条　本解释所称的“虚假恐怖信息”，是指以发生爆炸威胁、生化威胁、放射威胁、劫持航空器威胁、重大灾情、重大疫情等严重威胁公共安全的事件为内容，可能引起社会恐慌或者公共安全危机的不真实信息。

资料来源：大律师网．故意编造、传播虚假疫情信息要承担什么法律后果？．（2020-03-16）[2021-06-10]．http://www.maxlaw.cn/shijian/ymyq/973682042907.shtml.

03

项目三

微信营销

案例导入

2020 年是企业微信营销爆发的元年

2020 年以来，面对新冠肺炎疫情的冲击，微信作为新生产工具，以丰富、完善的生态能力和数字化工具在稳企业、稳就业上发挥了积极作用。值得一提的是，2020 年可以说是企业微信营销爆发的元年。据企业微信官方数据显示：2019 年 12 月，企业微信服务 6 000 万微信用户；2020 年 5 月，企业微信服务 2.5 亿微信用户，5 个月内增长达 4 倍。数百万企业用企业微信提供更专业的服务，其中，中国 500 强企业已有 80% 开通了企业微信，每天超过 470 万系统连接在企业微信上。

2020 年是特殊的一年，疫情暴发，线下渠道受阻，不少企业开始加速线上运营的进程。可以说，2020 年企业营销的关键就是线上化。而企业微信是企业搭建线上运营系统性价比最高的方式之一，它具备强大的员工管理系统，打通个人微信，将微信生态所有触点打通，特别适合受疫情影响较大的企业使用。不少企业使用企业微信已提升了效率和业绩，例如，天虹百货通过企业微信连接 300 万会员，活动优惠券核销率提升 888%；屈臣氏通过企业微信连接超过 80 万顾客，客单价提升 7%；大参林通过企业微信连接 50 万顾客，复购带动业绩提升 126%。

由此可见，尽早开通企业微信，抓住红利期，可以帮助企业更好地实现线上获客与变现。

资料来源：腾讯微信，中国信通院. 2019—2020 微信就业影响力报告.（2020-05-14）[2021-06-10]. http://www.caict.ac.cn/kxyj/qwfb/ztbg/202005/P020200514604388340272.pdf.

案例思考：

1. 除企业微信外，微信生态还包括哪些工具？
2. 为什么说 2020 年是企业微信营销爆发的元年？

任务一

认识微信营销

<table>
<tr><td>项目名称</td><td>项目三　微信营销</td><td>任务名称</td><td>任务一　认识微信营销</td></tr>
<tr><td rowspan="3">学习目标</td><td>知识目标</td><td colspan="2">• 了解微信的特点；
• 理解微信营销的优势；
• 了解微信公众平台的账号类型；
• 了解微信营销的生态平台。</td></tr>
<tr><td>能力目标</td><td colspan="2">• 能够对比分析个人微信号与微信公众平台；
• 能够对比分析订阅号、服务号、企业微信。</td></tr>
<tr><td>思政目标</td><td colspan="2">• 2020 年美国《财富》杂志公布了 100 个“现代最伟大的设计”排行榜，其中，微信入选“现代最伟大的设计”全球排名最高的社交软件。通过本任务的学习，能够增强学生的民族自豪感和对社会主义事业必胜的信念。</td></tr>
<tr><td>任务描述</td><td colspan="3">微信凭借庞大的用户量吸引了客户的眼球，客户的注意力在哪里，商机就在哪里。微信营销是网络经济时代企业对营销模式的创新，是伴随着微信而产生的一种网络营销方式。微信为什么能成为最受欢迎的社交应用呢？微信营销能为企业带来哪些好处呢？微信营销生态平台有哪些工具？订阅号与服务号到底有什么不同？本次任务将会为你一一解惑。</td></tr>
<tr><td>任务准备</td><td colspan="3">1. 在智能手机上安装微信 App；
2. 关注知名的微信订阅号、服务号、企业微信、小程序。</td></tr>
<tr><td>实施提醒</td><td colspan="3">微信营销的工具非常丰富，包括朋友圈、微信支付、个人号、订阅号、服务号、企业微信、小程序等。企业开展微信营销前，要了解和熟悉每个工具的特点和作用，综合运用多个营销工具以发挥最好的功效。</td></tr>
</table>

知识充电站

知识充电站

一、了解微信

微信（WeChat）是目前国内应用最广泛的社交软件之一，是由腾讯公司于2011年1月推出的，它是一个为智能终端提供即时通信服务的免费应用程序。截至2020年3月，微信的月活跃账户数11.65亿，足以说明微信拥有强大的产品能力和良好的用户体验。微信具有超强的用户黏性，已成为企业非常依赖的社交营销平台，朋友圈、微信支付、公众号、小程序等微信产品成为企业重要的营销工具。因此，了解微信和微信营销的基本知识，是新媒体营销人员的必备技能。

课堂讨论

在移动互联网时代，微信开始渗透到人们生活的方方面面，改变了一些生活方式，请尝试填写表3-1。

表3-1　微信带给人们新的生活方式

微信出现之前	微信出现之后
QQ聊天	微信聊天
逢年过节发祝福短信	给微信好友发微信红包
打电话	
社交场合互换名片	
拍照片发微博	
网上购物用支付宝	

二、了解微信营销的优势

一般而言，微信在企业网络营销过程中的优势主要体现在以下几个方面。

（一）平台功能强大

微信除了社交软件的常规功能之外，还具有城市服务、购物、生活缴费、游戏、公益、旅游出行等诸多功能，为企业网络营销提供了广阔的平台和机遇。

（二）用户定位准确

利用微信平台，不仅企业能够主动添加用户，而且用户可以主动关注企业的公众号，很大程度上保证了“粉丝”的质量和黏性，用户群也更具针对性，便于企业进行精准营销。例如，关注房屋装修类公众号的用户大多都有房屋装修的需求等。

（三）营销模式多样

依托朋友圈，企业和个体微商可以向用户推送产品的文字、图片、视频等；依托企业或个体微信公众号，定期推送产品软文，可以以生动活泼的图片、文风向用户传递产品信息。

（四）节约营销成本

除了流量费之外，微信营销没有其他额外支出，营销成本低，而且用户参与度高、互动性强。用户可以在企业微信公众号的帖子里留言，交流产品使用心得，企业也会为用户推送一些产品使用技巧及服务类内容等。

任务实施

一、掌握微信营销生态平台的类型

（一）个人微信

随着自媒体时代的到来，人人都可以成为内容的创作者，个人微信号的营销价值也变得越来越大。而要利用它来做微营销，一定要基于人性来考虑。个人微信号不仅可以与好友产生多种形式的交流与互动，而且可以打造自己的个人 IP，还可以衍生出社群电商、社群 KOL、朋友圈营销等一系列可变现的做法。一个有 5 万名好友的个人微信号，其影响力相当于一个有 50 万“粉丝”的订阅号。

（二）微信公众号

2012 年 8 月微信公众平台上线，2013 年 8 月微信公众号细分为订阅号和服务号，2014 年 9 月新增了企业号。

微信公众号是开发者或个人、商家在微信公众平台上申请的应用账号，该账号与 QQ 账号互通，在平台上能实现与特定群体之间进行文字、图片、语音、视频的全方位沟通和互动，进而形成一种主流的线上线下微信互动营销方式。

（三）微信小程序

微信小程序是一种不需要下载和安装即可在微信上使用的应用，它实现了应用“触手可及”的梦想，用户扫一扫或搜一下即可打开应用。小程序全面开放申请后，企业、政府机构、媒体、其他组织或个人的开发者，均可申请注册小程序。微信小程序、微信订阅号、微信服务号、微信企业号是并行的体系。经过近几年的发展，已经有超过 150 万的开发者加入微信小程序的开发，微信小程序应用数量超过了 100 万，覆盖 200 多个细分的行业。

课堂讨论

从微信运营的角度而言，个人微信号与微信公众平台存在明显的区别，请尝试填写表 3－2。

表 3－2　个人微信号与微信公众平台的对比

对比项	个人微信号	微信公众平台
使用方式	以手机端为主	
功能	加好友、发消息、打电话、朋友圈、位置、支付功能	
用户导入	可自动导入手机通信录，系统会提示通信录中开通微信的账号，这就建立了初步的通信录和朋友圈	
圈子定位	熟人圈子，主要是你认识的朋友	
推广方式	面对面加好友或建群，或者通过朋友推荐的名片加好友	

任务实施

二、剖析微信公众号的区别

（一）订阅号

公众平台订阅号，旨在为用户提供信息，任何组织和个人都可以申请。对个人用户而言，只能申请订阅号。订阅号每天（24 小时内）仅可以发送 1 条群发消息。

（二）服务号

公众平台服务号，旨在为用户提供服务，仅企业或组织机构可以申请服务号。服务号 1 个月（自然月）内仅可以发送 4 条群发消息，还可申请自定义菜单。

订阅号的消息只能集合在“订阅号消息”文件夹里展示，用户需要点击文件夹才能看到具体的消息；而服务号的消息是直接展示在用户列表里，同时认证服务号还能进行模板消息的发送，如图 3－1 所示。

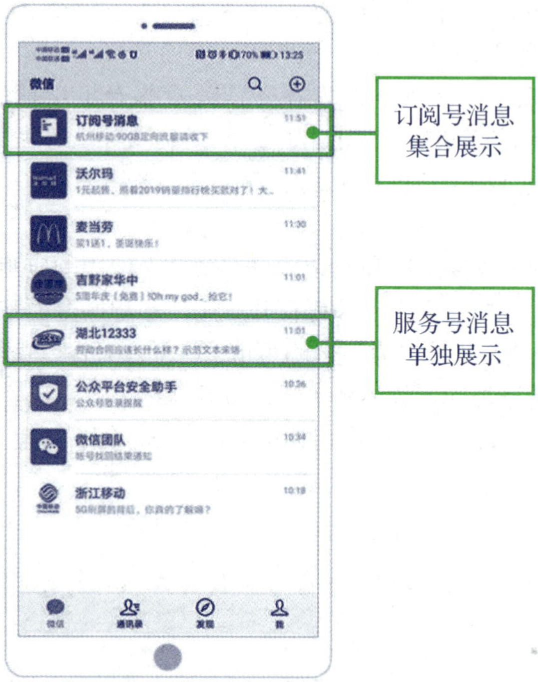

图 3－1　订阅号、服务号的消息展示

（三）企业微信

公众平台企业微信（原企业号），旨在帮助企业、政府机关、学校、医院等企事业单位和非政府组织建立与员工、上下游合作伙伴及内部 IT 系统间的连接，并能有效地简化管理流程，提高信息的沟通和协同效率，提升对一线员工的服务及管理能力。

任务工单 1

<table>
<tr><td>任务名称</td><td colspan="5">对比分析订阅号、服务号与企业微信</td></tr>
<tr><td>任务目的</td><td colspan="5">订阅号、服务号与企业微信，都是微信公众号的具体类别。通过对比分析订阅号、服务号与企业微信，能够深入掌握各自的特点和作用，以便为企业选择合适的微信公众号平台。</td></tr>
<tr><td>任务内容</td><td colspan="5">1. 登录微信公众平台（https://mp.weixin.qq.com/），深入了解订阅号、服务号与企业微信的特点。
2. 分别从适用人群、消息发送量、群发消息显示区域、菜单是否允许外链、是否支持微信支付、是否支持高级开发、申请费用等方面，对比订阅号、服务号与企业微信。</td></tr>
<tr><td>任务提示</td><td colspan="5">还可以从验证关注者身份、消息保密、定制应用等方面，深入分析订阅号、服务号与企业微信的区别。</td></tr>
<tr><td rowspan="2">第（　）组</td><td>姓名</td><td></td><td></td><td></td><td></td></tr>
<tr><td>学号</td><td></td><td></td><td></td><td></td></tr>
<tr><td rowspan="3">任务实操</td><td colspan="5">1. 分别从适用人群、消息发送量、群发消息显示区域、菜单是否允许外链、是否支持微信支付、是否支持高级开发、申请费用等方面，对比订阅号、服务号与企业微信，将对比情况填入下表中。</td></tr>
<tr><td colspan="5">
<table>
<tr><th>类型</th><th>订阅号</th><th>服务号</th><th>企业微信</th></tr>
<tr><td>适用人群</td><td></td><td></td><td></td></tr>
<tr><td>消息发送量</td><td></td><td></td><td></td></tr>
<tr><td>群发消息显示区域</td><td></td><td></td><td></td></tr>
<tr><td>菜单是否允许外链</td><td></td><td></td><td></td></tr>
<tr><td>是否支持微信支付</td><td></td><td></td><td></td></tr>
<tr><td>是否支持高级开发</td><td></td><td></td><td></td></tr>
<tr><td>申请费用</td><td></td><td></td><td></td></tr>
</table>
</td></tr>
<tr><td colspan="5">2. 请详细说明服务号与企业微信的区别。</td></tr>
</table>

考核评价

评价说明：在本次任务完成后，由任课教师主导，采用学习过程评价与学习结果评价相结合，综合运用自我评价、小组评价及教师评价三种方式，由教师确定三种评价方式分别占总成绩的比例，并加权计算出学生个人本次任务的考核评价分。

任务完成考核评价表			
项目名称	项目三　微信营销	任务名称	任务一　认识微信营销
班级		学生姓名	
评价方式	评价内容	分值	成绩
自我评价	表 3－1 的完成情况	10	
	表 3－2 的完成情况	10	
	任务工单 1 的完成情况	40	
	对知识和技能的掌握程度	20	
	我胜任了小组内的工作	20	
	合计		
小组评价	本小组的本次任务完成质量	30	
	个人本次任务完成质量	30	
	个人参与小组活动的态度	20	
	个人的合作精神和沟通能力	20	
	合计		
教师评价	个人所在小组的任务完成质量	30	
	个人本次任务完成质量	30	
	个人对所在小组的参与度	20	
	个人对本次任务的贡献度	20	
	合计		
总评＝自我评价 ×（　　）%＋小组评价 ×（　　）%＋教师评价 ×（　　）%＝			

任务二 搭建微信营销平台

<table>
<tr><td>项目名称</td><td colspan="2">项目三 微信营销</td><td>任务名称</td><td>任务二 搭建微信营销平台</td></tr>
<tr><td rowspan="3">学习目标</td><td>知识目标</td><td colspan="3">• 了解微信公众平台的区别；
• 理解微信公众平台的选择方法；
• 了解公众平台注册的主体类型；
• 了解公众平台的注册上限；
• 了解微信公众平台的认证流程。</td></tr>
<tr><td>能力目标</td><td colspan="3">• 能够选择微信公众平台的类型；
• 能够注册订阅号、服务号；
• 能够认证微信公众号。</td></tr>
<tr><td>思政目标</td><td colspan="3">• 注册企业公众号，必须绑定企业法人信息或取得企业授权，有利于培养学生遵纪守法的意识。公众号账号的名称和定位要健康文明，引导学生主动践行社会主义核心价值观。</td></tr>
<tr><td>任务描述</td><td colspan="4">微信公众平台是企业进行微信营销不可或缺的工具。那么，微信公众平台的三种类型到底有哪些区别？选择微信公众平台的类型时应该考虑哪些因素呢？哪些主体可以注册微信公众平台？微信公众平台的注册与认证流程是怎样的？本次任务将会为你一一解惑。</td></tr>
<tr><td>任务准备</td><td colspan="4">1. 个体工商户营业执照法人的银行卡信息；
2. 企业的对公账户信息；
3. 企业的营业执照信息；
4. 企业公众号认证费 300 元。</td></tr>
<tr><td>实施提醒</td><td colspan="4">微信公众号的注册是免费的，除个人订阅号无法申请认证外，企业订阅号与服务号需要缴纳认证审核费用 300 元 / 次。认证成功后，用户的账号名称、认证标识及认证信息将会被保留一年。从第二年开始，每年按 300 元缴纳认证费用。</td></tr>
</table>

知识充电站

一、认识微信公众平台

我们在申请微信公众号时，是该选择订阅号，还是选择服务号、企业号呢？这就需要深入了解它们之间的区别，根据企业或个人的实际需求而定。需求定位确定了，就能确定合适的公众号类型。微信公众号几种类型的具体对比情况如表 3－3 所示。

表 3－3　微信公众号类型的对比

对比项	订阅号	服务号	企业微信
定位	为用户提供信息传播服务	给企业和组织提供相关服务	企业的专业办公管理工具，提供丰富、免费的办公应用
适用人群	个人、媒体、政府机构或其他组织	媒体、企业、政府机构或其他组织	企业、政府机构、事业单位或其他组织
知名账号	中国教育报 电子商务研究中心	中国银行信用卡 海南航空	海尔集团 上海通用汽车
类型	个人订阅号 企业订阅号	认证服务号 未认证服务号	—
认证费用	个人订阅号不需要认证 企业订阅号认证费 300 元 / 年	认证费 300 元 / 年	认证费 300 元 / 年

二、选择微信公众平台的类型

简单来说，订阅号就相当于报纸（个人和媒体都可以发表新闻文章），服务号就相当于公司网站，企业号就相当于 OA（协同办公软件）。

以下建议供选择公众号的类型时参考：

（1）如果想用公众平台发送信息，做宣传推广，建议选择订阅号。

（2）如果想用公众平台进行商品销售，建议选择服务号后续可认证再申请微信支付商户。

（3）如果想用来管理企业内部员工、团队，建议申请企业微信。

注意：订阅号通过微信认证后有一次升级为服务号的入口的机会，升级成功后类型不可再变。服务号不可变更为订阅号。

三、了解公众平台注册的主体与上限

（一）了解公众平台注册的主体

可以参考“组织机构代码证”上的机构类型，来选择公众平台注册的主体类型。

注册主体的常见说明如表 3－4 所示。

表 3－4　公众平台注册的主体类型

注册选择类型	组织机构类型
企业类型	个人独资企业、企业法人、企业非法人、非公司制企业法人、全民所有制企业、农民专业合作社、企业分支机构、合伙企业、个体户、个体工商户、个体经营
媒体类型	事业单位媒体、其他媒体、电视、广播、报纸、杂志、网络媒体等
其他组织	免费类型（基金会，外国政府机构驻华代表处）
	社会团体（社会团体法人、社会团体分支或代表机构、其他社会团体、群众团体）
	民办非企业、学校、医院等
	其他组织（宗教活动场所、农村村民委员会、城市居民委员会、自定义区、其他未列明的组织机构）
政府单位	事业单位（事业单位法人、事业单位分支或派出机构、其他事业单位）
	政府机关（国家行政机关法人、国家权力机关法人、民主党派、政协组织、人民解放军、武警部队、其他机关）

温馨提示：

（1）若组织机构代码证上“机构类型”为企业法人、企业非法人，请勿选择“其他组织类型”进行登记；

（2）若“个体工商户”无“对公账号”，请选择“微信认证”完成注册并认证公众号；

（3）微信认证选择认证类型时，请参考表 3－4 中注册类型，并根据“组织机构代码证”上显示的机构类型进行选择即可。

（二）了解公众平台的注册上限

在互联网信息内容主管部门的指导下，为加强账号管理，自 2018 年 11 月 16 日起，注册上限调整为：

（1）同一个邮箱只能申请 1 个公众号。

（2）同一个手机号码可绑定 5 个公众号。

（3）同一身份证注册个人类型公众号数量上限为 1 个。

（4）同一企业、个体工商户、其他组织注册公众号数量上限为 2 个。

（5）同一政府、媒体类型可注册和认证 50 个公众号。

四、了解微信公众平台的认证

微信认证是指注册和认证公众号同时进行，申请后公众号即为认证加“V”的公众账号。若后续账号需要微信认证，也可选择微信认证方式来注册公众号。微信认证服务审核费为 300 元 / 次 · 年。

温馨提示：

（1）个体工商户无对公账户，可提供营业执照上法人的银行卡信息申请认证。

（2）企业必须要有对公账户，请先办理对公账户再申请公众号或认证。

（3）事业单位如无对公账户，可以使用结算中心或财政账户支付验证（如国库集中收付结算中心等），也可以使用证书上法人的对私银行卡号及姓名。

（4）政府单位若没有对公账号，可以在“机构开户银行”“机构银行账号”栏填写“无”。

微信认证流程如图 3－2 所示。

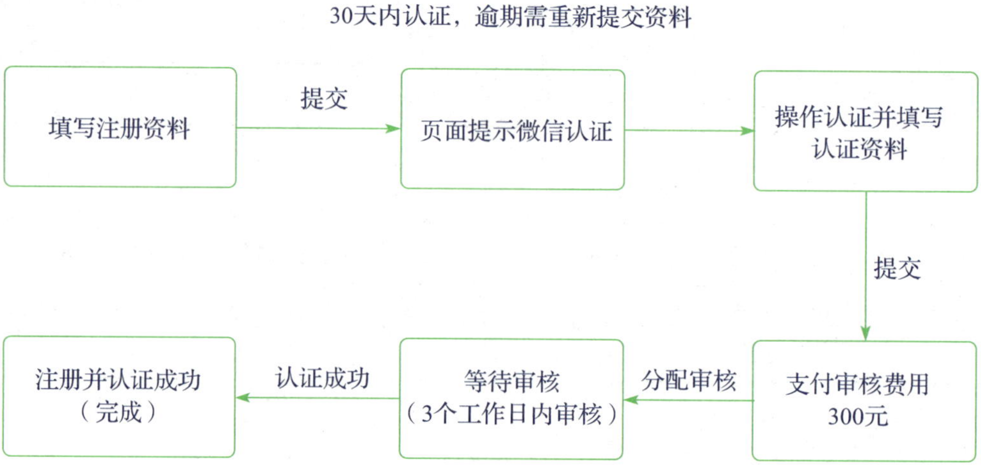

图 3－2　微信认证流程图

任务实施

一、个人注册公众平台

（1）打开微信公众平台官网（https://mp.weixin.qq.com），点击右上角的“立即注册”。

（2）选择账号类型，填写账号基本信息，登录邮箱，查看激活邮件，填写邮箱验证码激活。

（3）了解订阅号、服务号和企业微信的区别后，选择想注册的账号类型，如图 3－3 所示。

图 3－3　账号类型及区别

（4）信息登记。选择“个人”类型之后，填写身份证信息，如图 3－4 所示。

（5）填写账号基本信息，包括账号名称、功能介绍、运营地区，如图 3－5 所示。

二、企业注册公众平台

在企业注册公众平台的过程中，从登录微信公众平台首页一直到激活邮件，这些环节与个人注册公众平台是相同的。不同的是，企业需要选择“企业”主体来进行后续的操作。

（1）账号的注册与邮件激活，参照个人注册公众平台的操作步骤。

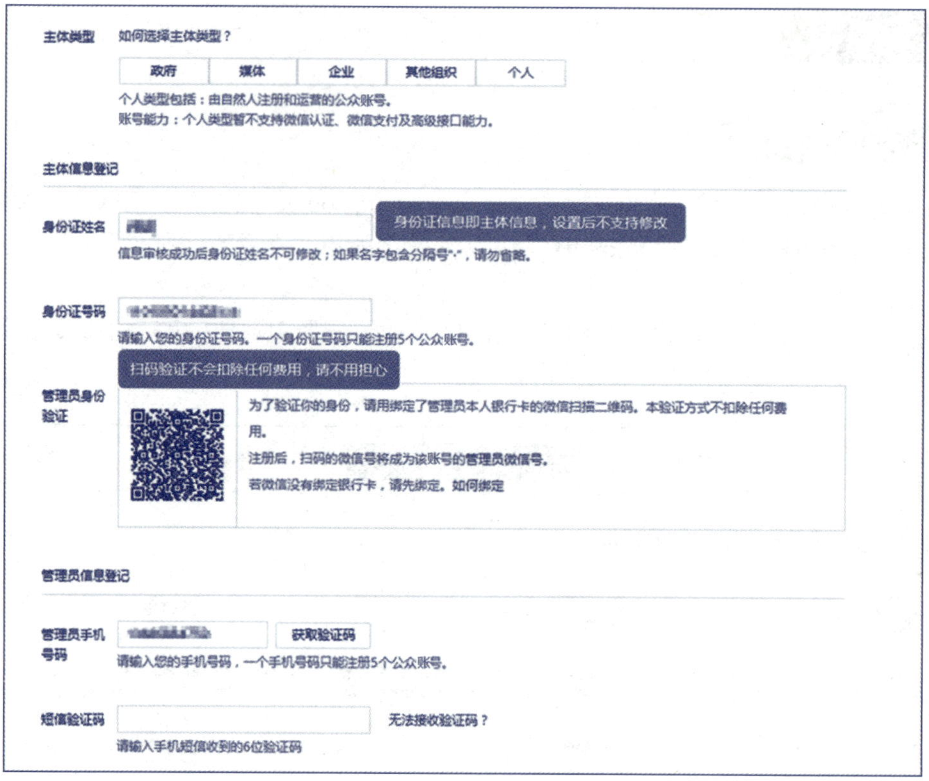

图 3－4　填写个人信息

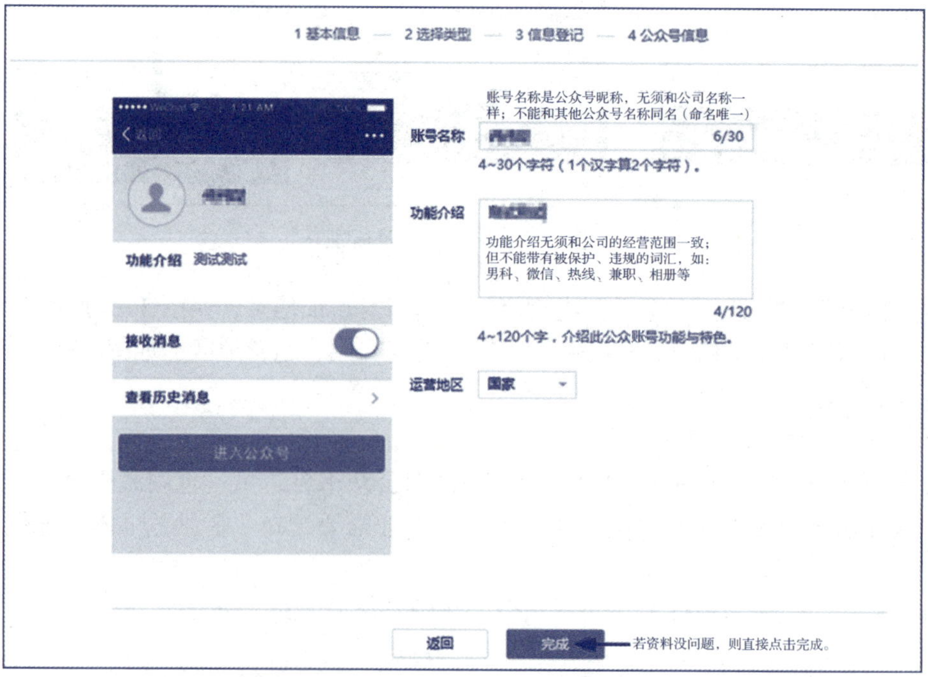

图 3－5　填写账号基本信息

（2）信息登记。公司需选择“企业”类型，然后填写企业名称、营业执照注册号，选择验证方式，如图 3－6 所示。

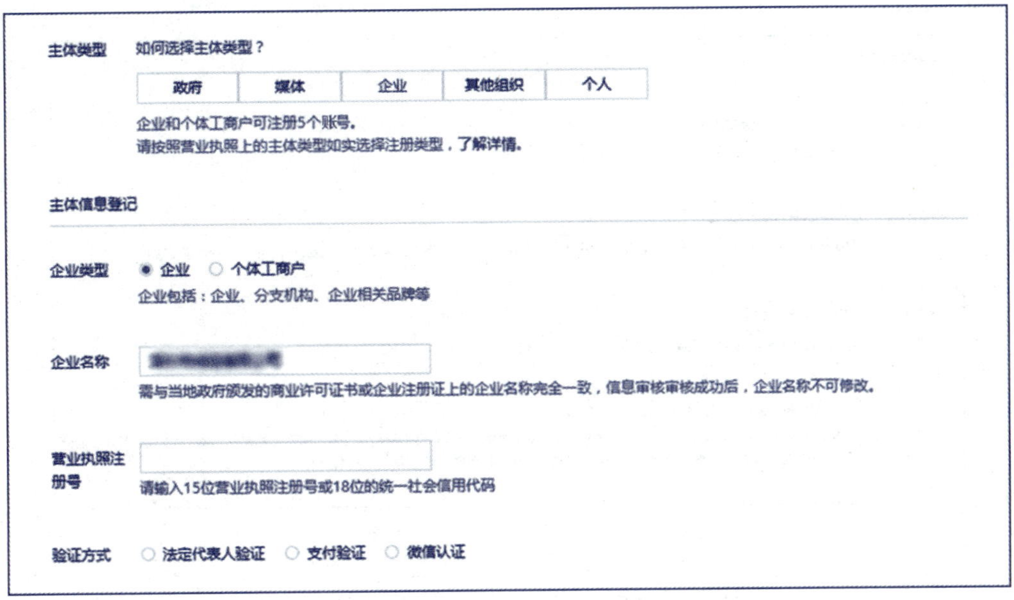

图 3－6　企业信息登记

如果选择“个体工商户”类型，则填写企业名称、营业执照注册号，选择验证方式，如图 3－7 所示。

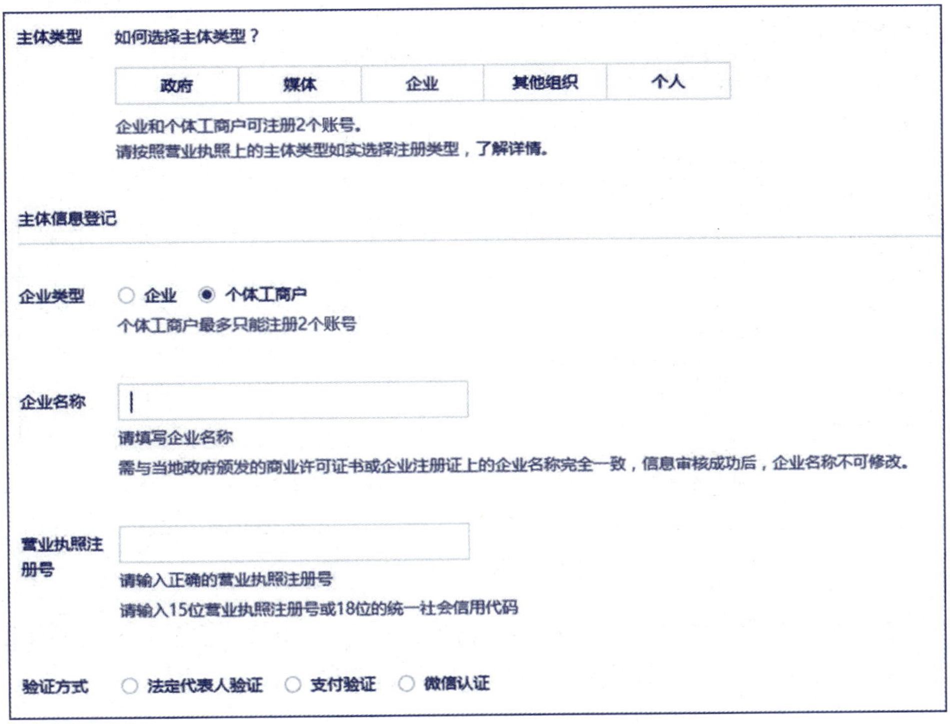

图 3－7　个体工商户信息登记

三、认证微信公众平台

（1）点击微信认证，如图 3－8 所示。微信认证注册方式是人工审核。

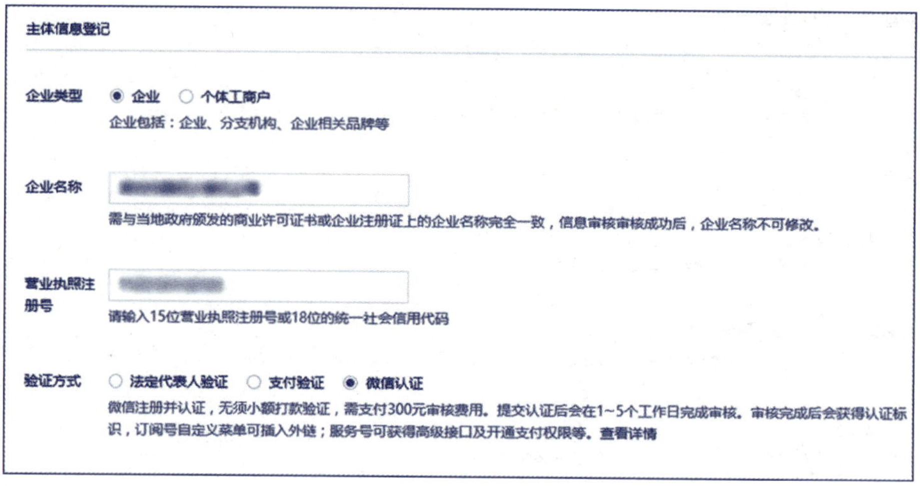

图 3－8　选择微信认证方式

（2）填写认证联系人信息，如图 3－9 所示。个体工商户的联系人必须为法人。除个体工商户外，其他类型的联系人不一定为法人，但必须是公司在职员工。

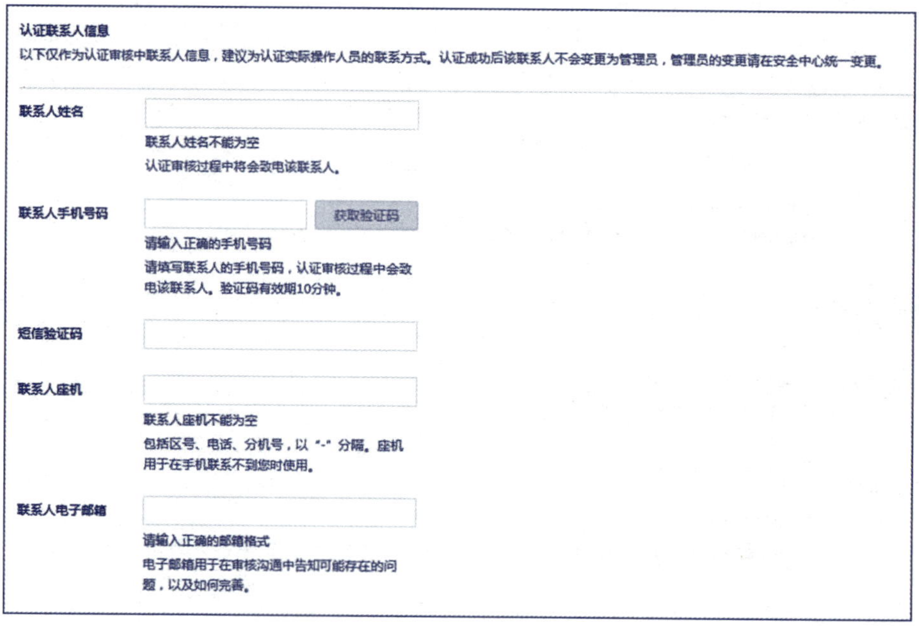

图 3－9　填写认证联系人信息

（3）填写账号名称、功能介绍，选择运营地区。要在 30 天（自然日）内操作微信认证，认证通过后，则注册并认证成功，账号可以开始正常使用。

任务工单 2

任务名称	注册订阅号与服务号
任务目的	通过注册订阅号与服务号，掌握微信公众号的注册流程，能够为个人、企业注册并开通微信公众号，能够策划合适的账号名称和账号定位。
任务内容	1. 登录微信公众平台（https://mp.weixin.qq.com/），了解个人订阅号、企业订阅号的注册流程。 2. 注册订阅号，并策划合适的账号名称和账号定位。 3. 登录微信公众平台，了解服务号的注册流程。 4. 注册服务号，并策划合适的账号名称和账号定位。
任务提示	无论是订阅号、服务号，还是企业微信，账号名称的要求都是 3 ～ 30 个字符，功能简介是 4 ～ 120 个字符。

第（ ）组					
	姓名				
	学号				

任务实操

1. 以自己的身份信息，注册一个个人订阅号。将实操过程的主要步骤截图。

2. 将上述的个人订阅号相关信息填入下表中。

账号名称		账号定位	
功能介绍		运营地区	

3. 以小组为单位，帮助企业或个体户注册微信服务号。将实操过程的主要步骤截图。

4. 将上述的微信服务号相关信息填入下表中。

企业类型	□企业 / □个体工商户	账号定位	
企业名称		营业执照注册号	
验证方式		运营地区	
账号名称		功能介绍	

考核评价

评价说明：在本次任务完成后，由任课教师主导，采用学习过程评价与学习结果评价相结合，综合运用自我评价、小组评价及教师评价三种方式，由教师确定三种评价方式分别占总成绩的比例，并加权计算出学生个人本次任务的考核评价分。

任务完成考核评价表			
项目名称	项目三　微信营销	任务名称	任务二　搭建微信营销平台
班级		学生姓名	
评价方式	评价内容	分值	成绩
自我评价	任务工单 2 的完成情况	60	
	对知识和技能的掌握程度	20	
	我胜任了小组内的工作	20	
	合计		
小组评价	本小组的本次任务完成质量	30	
	个人本次任务完成质量	30	
	个人参与小组活动的态度	20	
	个人的合作精神和沟通能力	20	
	合计		
教师评价	个人所在小组的任务完成质量	30	
	个人本次任务完成质量	30	
	个人对所在小组的参与度	20	
	个人对本次任务的贡献度	20	
	合计		
总评 = 自我评价 ×（　）% + 小组评价 ×（　）% + 教师评价 ×（　）% =			

任务三

制作公众号图片

<table>
<tr><td>项目名称</td><td colspan="2">项目三　微信营销</td><td>任务名称</td><td>任务三　制作公众号图片</td></tr>
<tr><td rowspan="3">学习目标</td><td>知识目标</td><td colspan="3">• 了解公众号图片的作用；
• 了解公众号图片的种类及尺寸。</td></tr>
<tr><td>能力目标</td><td colspan="3">• 利用创客贴网站制作公众号封面首图；
• 利用创客贴 App 制作公众号文章横版海报；
• 利用创客贴微信小程序制作封面首图。</td></tr>
<tr><td>思政目标</td><td colspan="3">• 在实操环节以“抗击新冠肺炎”为主题，培养学生深刻领会抗击新冠肺炎斗争为中华民族精神新时代化提供了新的历史条件，由此积累和创造出新的民族精神财富，如凝心聚力、科学防疫、不忘初心、沉心静气等精神。</td></tr>
<tr><td>任务描述</td><td colspan="4">图片是让公众号文章内容变得生动的重要利器，直接影响读者点开文章的阅读量和引流效果。本任务将会带你了解微信公众号图片的作用、公众号图片的类型和尺寸，以及如何制作微信公众号图片。</td></tr>
<tr><td>任务准备</td><td colspan="4">1. 关注一个知名的微信公众号，熟悉公众号文章各种图片的尺寸规格；
2. 登录创客贴网站（https://www.chuangkit.com/），注册账号。</td></tr>
<tr><td>实施提醒</td><td colspan="4">不管是“点击关注公众账号”的图片素材还是公众号里的插图设计都很重要，因此在制作公众号图片的时候，需要了解微信公众号图片的类型和尺寸，好看的效果图可以更好地赢得大家的好感。在微信公众号文章的内容营销开展之前，需要策划选择使用哪些种类的图片，以便做出排版优美、图文并茂的公众号文章。</td></tr>
</table>

知识充电站

一、认识微信公众号图片的作用

图文并茂的文章不仅受到“粉丝”的喜欢，也是公众号文章编辑的必备条件，所以一定要好好利用图片。一般而言，针对公众号文章使用图片多少这一问题可以从两方面来理解，一方面是平台推送的图文消息的多少，另一方面是文章中排版所用图片的多少，图片数量对平台“吸粉”引流能够起到一定的作用。

二、了解公众号图片的类型及尺寸

对于微信公众号运营者来说，在微信公众平台上发出的文章内容，要让用户第一眼就能看到最好的图片显示效果，这样才能吸引用户点击浏览正文的内容。下面具体介绍公众号文章常见的图片类型及尺寸。

（一）公众号的封面图片

封面图片分为一级图片（首图）和二级图片（次图）。其中，一级图片的尺寸为 900 × 383 像素（宽 × 高），二级图片为 200 × 200 像素，格式为 jpg、png、gif，文件大小在 10M 以内。一般情况下，图片格式建议用 jpg。如图 3－10、图 3－11 所示分别是某个微信公众号封面的首图、次图。

图 3－10　公众号的首图

图 3－11　公众号的次图

（二）正文里的图片

对于公众号正文里的图片，微信官方没有具体的尺寸限制，一般宽度设为 900 像素，高度任意，格式和文件大小与封面图片的要求相同，支持动态 gif 图片。

1. 关注二维码的图片

尺寸大小为 900 × 500 像素，如图 3－12 所示。

2. 文章中的方形配图

尺寸大小为 1 024 × 1 024 像素，如图 3－13 所示。

3. 文章中的横版配图

尺寸大小为 1 024 × 768 像素，如图 3－14 所示。

4. 文章中的竖版配图

尺寸大小为 1 280 × 1 920 像素，如图 3－15 所示。

图 3－12　关注二维码的图片

图 3－13　文章中的方形配图

图 3－14　文章中的横版配图

图 3－15　文章中的竖版配图

课堂讨论

微信公众号文章的配图多种多样，每种配图的尺寸也不一样，请尝试填写表 3－5。

表 3－5　公众号配图的类型及尺寸

公众号配图类型	尺寸（像素）	公众号配图类型	尺寸（像素）
公众号首图	900×383	小程序封面	
公众号次图	200×200	文章配图（横版）	1 024×768
表情包		文章配图（竖版）	1 280×1 920
横版海报		文章配图（方形）	1 024×1 024
关注二维码	900×500	动态分割线	
引导关注		微信红包	
在看提示		方形二维码	
热文链接		视频封面	

任务实施

一、认识创客贴平台

创客贴是一款在线平面设计工具，平台内有大量封面设计模板，封面模板设计场景涵盖微信朋友圈、微博、Kindle、电子邮件、简历、PPT 等。创客贴的客户端包括：创客贴移动端 App、创客贴 PC 客户端、创客贴微信小程序，如图 3－16 所示。

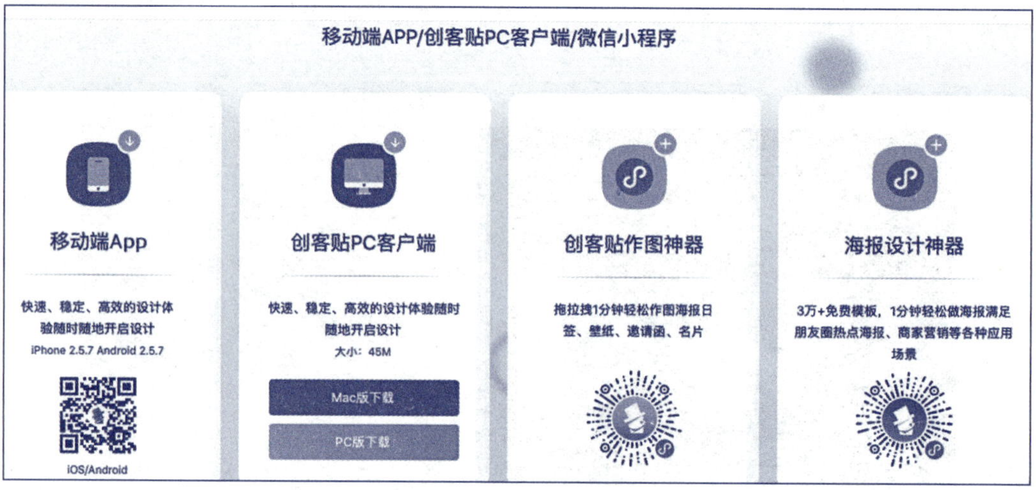

图 3－16　创客贴客户端

二、制作公众号封面首图

（一）注册账号

在浏览器的地址栏输入 https://www.chuangkit.com，进入“创客贴”首页。为更好地使用该网站中的素材，需要注册账号。

（二）选择素材

点击首页中出现的“免费使用”按钮，即可进入素材选择页面。

（三）选择封面首图

在“我的场景”里，选择第 1 项，即“公众号封面首图”，如图 3－17 所示。

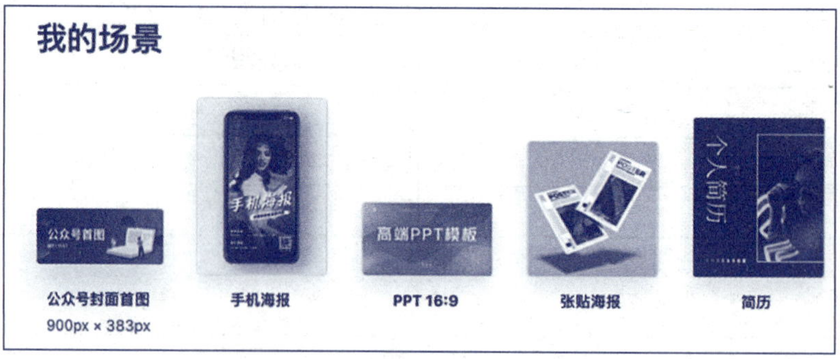

图 3－17　选择公众号封面首图场景

（四）选择合适的模板

鼠标移动至选择的模板上就有使用的标志出现，点击即可开始使用。由于背景图片是可换的，因此不需要模板一定契合主题和时间节点，可以自由使用。

（五）编辑图片

单击“公众号微信首图”，进入相应的编辑界面。左侧是工具栏，有“模板”“素材”“文字”“背景”“工具”“上传”等，右侧为编辑框，右上方为常规使用工具。选中某一个模板、图案、文字等，它就会出现在编辑框中，如图 3－18 所示。

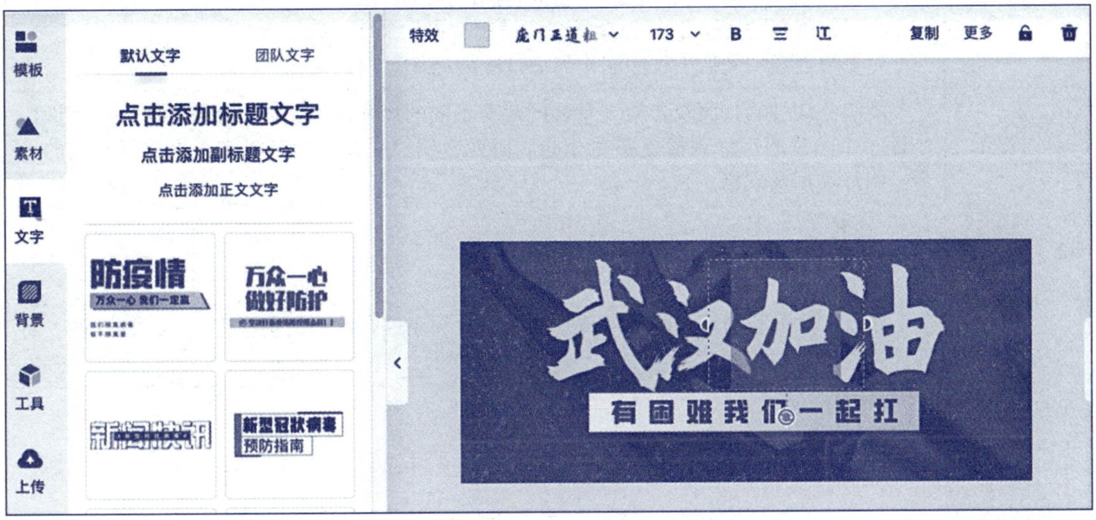

图 3－18 编辑图片

（六）个性化编辑

在“模板”中选中一个需要的排版格式后，就可以对其进行个性化编辑，包括字体样式、背景图片、图案添加等，如图 3－19 所示。

图 3－19 个性化编辑

（七）下载图片

封面图片确认编辑完成后，可以点击右上方的“下载”字样，就会弹出下载对话框，这时可以根据自己的需要选择保存的样式和格式，然后单击“确定”按钮，也可以单击左上方的“文件”中的“另存为”字样，保存在自己的电脑中。

任务工单 3

任务名称	利用创客贴制作公众号文章图片				
任务目的	通过用创客贴制作公众号文章图片的实践操作，能够分别利用创客贴网站和创客贴微信小程序制作公众号封面首图，能够利用创客贴 App 制作公众号文章横版海报。				
任务内容	1. 登录创客贴网站，注册账号。 2. 了解微信公众号封面首图、文章横版海报、小程序封面首图的尺寸规格。 3. 熟悉创客贴网站制作公众号封面首图的操作过程。 4. 了解创客贴 App 制作公众号文章横版海报的操作过程。 5. 了解创客贴微信小程序制作封面首图的操作过程。				
任务提示	微信公众号的封面及各篇文章的图片有不同的尺寸规格，创客贴网站、App 和微信小程序中图片的尺寸规格也不尽相同。因此，用户在设计图片时应正确选择对应的平台、图片类型及规格。				
第（　）组	姓名				
	学号				
任务实操	1. 以“抗击新型冠状肺炎疫情”为主题，利用创客贴网站制作公众号封面首图。将实操过程的主要步骤截图。				
	2. 以“抗击新型冠状肺炎疫情”为主题，利用创客贴 App 制作公众号文章横版海报。将实操过程的主要步骤截图。				
	3. 以“抗击新型冠状肺炎疫情”为主题，利用创客贴微信小程序制作公众号封面首图。将实操过程的主要步骤截图。				

任务工单3

考核评价

评价说明：在本次任务完成后，由任课教师主导，采用学习过程评价与学习结果评价相结合，综合运用自我评价、小组评价及教师评价三种方式，由教师确定三种评价方式分别占总成绩的比例，并加权计算出学生个人本次任务的考核评价分。

任务完成考核评价表			
项目名称	项目三　微信营销	任务名称	任务三　制作公众号图片
班级		学生姓名	
评价方式	评价内容	分值	成绩
自我评价	表 3-5 的完成情况	20	
	任务工单 3 的完成情况	60	
	对知识和技能的掌握程度	10	
	我胜任了小组内的工作	10	
	合计		
小组评价	本小组的本次任务完成质量	30	
	个人本次任务完成质量	30	
	个人参与小组活动的态度	20	
	个人的合作精神和沟通能力	20	
	合计		
教师评价	个人所在小组的任务完成质量	30	
	个人本次任务完成质量	30	
	个人对所在小组的参与度	20	
	个人对本次任务的贡献度	20	
	合计		
总评 = 自我评价 ×（　）% + 小组评价 ×（　）% + 教师评价 ×（　）% =			

任务四

实施微信营销活动

<table>
<tr><td>项目名称</td><td colspan="2">项目三　微信营销</td><td>任务名称</td><td>任务四　实施微信营销活动</td></tr>
<tr><td rowspan="3">学习目标</td><td>知识目标</td><td colspan="3">• 了解微信公众号定位的类型；
• 了解微信营销的用户定位策略；
• 了解微信营销活动策划的关键点；
• 了解微信营销活动的类型。</td></tr>
<tr><td>能力目标</td><td colspan="3">• 能够注册微信小程序；
• 能够利用微信小程序开店。</td></tr>
<tr><td>思政目标</td><td colspan="3">• 微信公众平台上假货泛滥、高仿横行的现象屡禁不止。通过本次任务学习，引导学生在网络平台上诚信经营，尊重他人的知识产权，为营造和谐有序的市场经营环境做出自己的贡献。</td></tr>
<tr><td>任务描述</td><td colspan="4">微信营销活动的定位，直接影响微信营销活动的实施效果。本任务将会带你了解微信营销的账号定位、用户定位以及微信营销活动的类型，熟悉微信营销活动策划的关键点。在此基础上，学习微信小程序的注册流程以及开店流程。</td></tr>
<tr><td>任务准备</td><td colspan="4">1. 思考拟注册的微信公众号的功能和作用；
2. 关注一个你最感兴趣的微信小程序。</td></tr>
<tr><td>实施提醒</td><td colspan="4">实施微信营销活动的关键点是微信营销的定位。运营者应根据自身的实际情况，深入剖析微信公众号的账号定位、目标定位及营销活动目标。此外，运营者可综合运用多种营销活动方式，提高微信营销活动的效果。</td></tr>
</table>

知识充电站

一、找准微信公众号的定位

微信创始人张小龙曾说过："你如何使用微信，决定了微信对你而言，它到底是什么。"对微信公众号的定位思考到不到位，直接关系一个公众平台的兴衰存亡。只有对公众号进行精准定位，才能创造出更大的价值。

一般而言，微信公众号的定位分为以下几种。

（一）销售型

依据坤鹏论的理论体系，即"五力合一营销型网站建设系统"，销售型公众号要具备以下五个要点：

（1）展示力。将产品独特的卖点、优势展示出来。

（2）公信力。让用户对你的企业、产品产生信任。

（3）说服力。通过页面使用户对产品产生强烈的购买欲望，促成订单。

（4）引导力。如果用户不主动成交，那么就引导用户咨询，或者留下联系方式。

（5）推广力。在账号中要设计能够引导用户口碑传播的策略及内容。

（二）服务型

服务型公众号，是为了给用户提供有品质的服务，以提升口碑、增加黏性、产生复购。在服务内容方面，企业需要根据自身实际的业务情况、用户需求来策划服务内容，比如咨询服务、查询服务、答疑服务、投诉服务、维修服务等。

（三）展示型

展示型公众号，更多的是侧重于展示功能，目的是让目标用户更加深入地了解企业。如果是展示企业的信息，则要将企业的灵魂展示出来，比如故事、背景、文化等。如果是展示企业的形象，则要将企业的精、气、神展示出来，包括企业的背景、实力、文化等。如果是企业的产品，则要将产品的差异化展现出来，比如企业的产品有何卖点，具有什么特点和属性等。

（四）"吸粉"型

"吸粉"型公众号的特点是围绕目标用户的需求来设计，目的就是聚集潜在用户。比如名称为"O2O实战策略"的公众号，目标用户以传统企业为主，提供电子商务、网络营销、移动营销、O2O、微商等内容，都是传统企业关注的焦点。

（五）媒体型

媒体型公众号，旨在将公众号当成一个媒体去打造和运营。比如各种媒体的官方公众号，以及想打造自媒体的企业账号、个人账号。

二、明确微信营销的用户定位

对于企业微信公众号而言，"粉丝"的数量是一个重要的指标。只有对用户进行精准定位，才能吸引到数量众多的"粉丝"。那么，微信营销应该如何定位目标客户呢？需要我们知晓以下几个策略。

知识充电站

（一）通过地域锁定目标用户

在通过地域搜索目标用户的时候，商家必须要注意所销售的商品是高档商品还是中低档商品。例如高档商品主要是针对高端人士，在搜索目标的时候，需要围绕高档住宅区或者高端街区展开用户搜索。

（二）通过人群属性定位目标用户

企业可以凭借用户分类来知晓人群属性，比如爱好、性格等相同的人群。根据这些属性来定位目标用户，找准切入点进行用户的汇总。拥有精准的“粉丝”，企业便可以通过这些“粉丝”不断挖掘出更多同类型“粉丝”。

（三）通过共同目标来定位目标用户

什么是共同目标？比如有减肥目标的人群逐渐增多，这类人群的爱好、性格、地域各不相同，但是目标是相同的，那就是减肥。因此，企业要想定位目标用户，不妨挖掘当前比较主流的话题或者关注点，这样才可以更精准地找准目标用户。

三、了解微信营销活动策划的关键点

微信营销活动策划的重要性不言而喻，它既可以提高“粉丝”活跃度，又可以提升营销转化率。一般来说，开展微信营销活动策划，需要关注以下几个关键点。

（一）细致的群体分析

运用微信公众号的后台数据以及私人账号和社群运营过程中的统计数据，尽量对用户群体做细致的分析，包括用户群体的性别比例、年龄层次、消费习惯、爱好、地域等，归纳出用户线上的生活、消费和娱乐习惯，进而制定活动方案。

（二）灵活的激励机制

灵活的激励机制关系“吸粉”的数量和质量，比如采用什么激励手段来吸引和调动“粉丝”积极参与营销活动，可以是奖品、价格折扣，也可以是为“粉丝”提供服务和发展机会，还可以利用情感纽带以及心理共鸣点来留住“粉丝”。

（三）简便的活动流程

移动互联网的一大特点就是方便、快捷，企业策划的营销活动在页面细节和流程上也应当符合这一特性。例如，尽量少让用户做烦琐的信息填写和频繁点击的动作，步骤越少、操作越简单越好。

（四）有效的活动互动

企业在开展营销活动前，要有充分的预热期和保留余温，以提升用户的参与感和互动性。在预热期开启该活动的广告推送，尽量让现有用户都清楚活动的内容、形式等信息，以便用户形成心理期待。此外，要把握好活动结果的公示，调动用户形成圈子，增加互动和转化为精准“粉丝”的过程，增强“粉丝”的黏着度。

（五）创意的活动形式

创意就是不能流于俗套，从文章推送到活动海报都应该充满新意，进而引发用户的关注。没有创意的活动内容很可能会淹没在浩瀚的信息海洋之中，无法吸引用户的眼球，更谈不上传播效果。

四、认识微信营销活动的类型

目前，微信平台最常见的活动形式有下述九种。

（一）集赞有奖

集赞有奖是指让用户分享海报、文章至朋友圈，集齐 N 个赞就能获取奖品的活动，如图 3－20 所示。引导用户转发海报或者文章至朋友圈，集赞后发至微信公众号后台，人工审核发送奖品。

活动的关键点包括以下几点：

（1）从内容丰富性考虑，文章要比海报好；从传播角度考虑，海报要比文章好；从“涨粉”效果考虑，海报要比文章好。

（2）关于集赞人数的设置，可设置阶梯奖励，100 以内一般容易完成。

此活动适合：新店开业，线上宣传，线下到店兑换礼品。

（二）任务裂变

任务裂变是目前公众号“涨粉”用得最多的一种方式，它是指通过奖品吸引用户参与活动，用户邀请 N 个好友关注后可获得奖品的活动。如图 3－21 所示是某商家开展的“1 元抢 130 根签签”代金券免费送的主题活动。

活动的关键点包括以下几点：

（1）活动曝光的人群越多，渠道曝光效果越大。

（2）奖品吸引力越大，活动的参与度越高。

（3）建议任务设定人数范围在 10 ～ 30 人。

此活动适合：微信公众号“涨粉”，能在短时间内收获大量“粉丝”。

图 3－20 集赞有奖

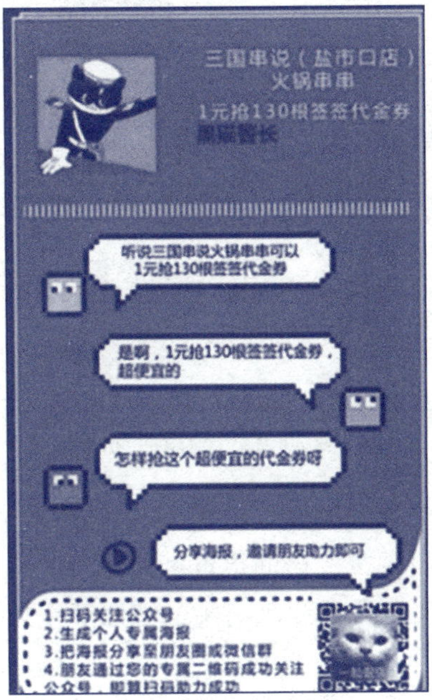

图 3－21 任务裂变

（三）分销活动

分销活动是指企业的产品支持用户生成专属的链接，好友通过用户的链接购买产品，用户可获得佣金的活动。这种活动在知识付费类产品的推广中最为常见，如图 3－22 所示是某课程分销的活动。

以课程分销为例，讲解以下几个关键点：

（1）需求的场景。比如求职类的比运营类的课程更好卖，因为求职类的覆盖人群范围更广。

（2）讲师的水平。一个好的老师会自带流量，用户也更信服，付费的概率就更高。

（3）课程的文案。好的文案不仅能打动人心，也能让人乐意付费。

（4）课程的渠道。很多课程在分销时会选择与 KOL 机构合作推广，因为渠道越多曝光量越大，课程最终的销售量越多。

此活动适合：售卖知识付费类产品、周边产品。

（四）问卷测试

问卷测试活动是指用户输入自己的姓名，便可以生成一份自己的测试报告，甚至可以分享炫耀的活动。这种活动一般较多出现在节假日、某个热点时间节点，比如春节、国庆节、高考等，如图 3－23 所示。

图 3－22　分销活动

图 3－23　问卷测试

活动的关键点包括以下几点：

（1）善于借助热点事件或节假日。

（2）内容生动有趣，能彰显个性。

（3）提供分享方式，满足炫耀心理，有利于传播。

（4）尽量结合品牌，为产品导流。

此活动适合：在热点节日，增加品牌曝光。

（五）打卡

打卡活动是指用户每天完成指定任务，生成海报或链接，然后分享到朋友圈的活动。常见的活动有：早起打卡、阅读打卡等，一般用关卡或奖励激励用户每天打卡，企业的品牌和产品也因此能得到多次曝光。

活动的关键点包括以下几点：

（1）设置打卡后才能解锁新的课程或者内容。

（2）可设置先交钱或者定金，完成打卡任务返现。

（3）降低门槛，设置阶梯奖励，完成2天、5天、10天得相应奖励。

此活动适合：学习类账号、短期训练营类产品、小程序拉新活动。

（六）抽奖活动

抽奖活动是指企业将生成的抽奖活动的H5链接或二维码，分享至微信朋友圈或聊天群等，吸引用户参与的活动。通过抽奖活动，吸引用户关注微信公众号，便于企业收集用户信息进行精准营销。企业可采用线上抽奖、线下兑奖的形式，有效地吸引用户到店，提升门店客流量。

活动的关键点包括以下几点：

（1）大奖能够吸引用户。

（2）中奖率高，提升用户的参与度。

此活动适合：实体门店提升客流量、公众号拉新活动。

（七）投票活动

投票活动是让用户拉好友为自己投票，赢取奖品的活动。该活动的特点是以奖品吸引用户参与，因此需要防止用户“刷票”，最好提前声明，避免纠纷。

活动的关键点包括以下几点：

（1）重点加大活动的曝光力度，吸引更多用户参与。

（2）设置实时排行榜，让用户看到自己的名次，刺激用户不断拉人。

（3）设置每人每天的点赞次数，刺激用户拉新人。

此活动适合：企业利用微信小号尝试。

（八）拼团活动

拼团活动是让用户邀请好友与自己拼团，最终以低价购买商品的活动。企业可以提供线上拼团、线下自提的方式，尽量吸引用户到店。由于拼团的价格优惠较大，能够刺激用户参与拼团，从而提高销量。

活动的关键点包括以下几点：

（1）设置较大的拼团力度。

（2）拼团商品的品牌知名度越高越好。

此活动适合：有实际销售产品的商家。

（九）砍价活动

砍价活动是让用户邀请其他用户给自己砍价，最终免费获取商品的活动。这是拼多多网站常用的方法。

活动的关键点包括以下几点：

（1）控制需要砍价的人数，最终的价格要有诱惑力。

（2）刚开始砍价力度应尽量大，让用户心血澎湃，后续再减缓砍价力度。

（3）产品质量要过关，及时发货，提高用户的满意度。

此活动适合：产品拉新、新产品试用。

任务实施

一、注册微信小程序

（1）打开电脑浏览器，在搜索框输入“微信公众号”，进入微信公众平台官网。在微信公众平台官网页面，点击右上角的“立即注册”。

（2）点击“小程序”，输入邮箱、密码，确认密码，输入验证码，勾选“你已阅读并同意《微信公众平台服务协议》及《微信小程序平台服务条款》”，点击“注册”，如图 3－24 所示。

图 3－24　填写账号密码信息

（3）登录注册的邮箱账号，进入邮箱查看邮件，点击地址并激活小程序账号，如图 3－25 所示。

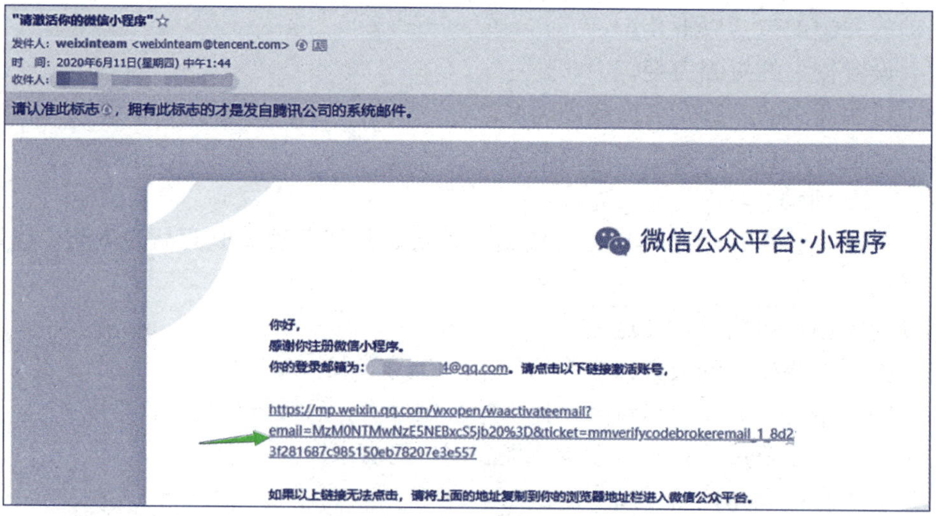

图 3－25　激活小程序账号

任务实施

(4) 填写“主体信息登记”。若选择“个人”，则只需填写身份证姓名、身份证号码、管理员手机号码、短信验证码等信息，点击“下一步”，如图 3 - 26 所示。

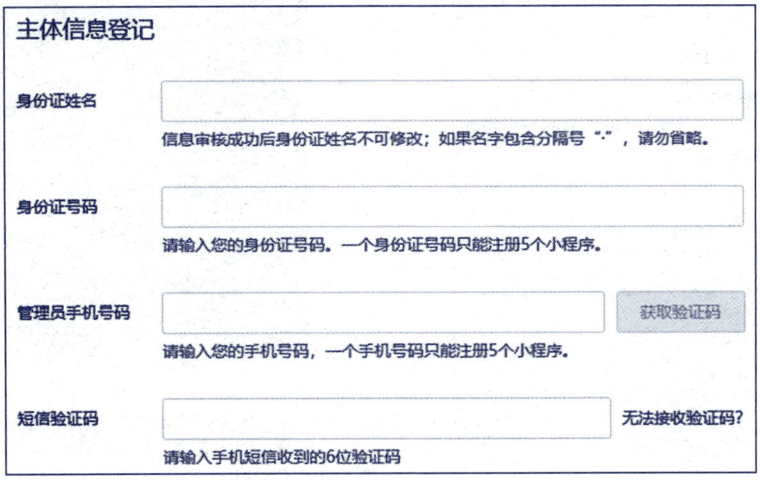

图 3 - 26　个人信息登记

(5) 若选择“企业”，则需要填写企业名称、营业执照注册号等信息，如图 3 - 27 所示。

图 3 - 27　企业信息登记

二、利用微信小程序开店

(1) 点击微信右上角的“搜索”图标，在搜索框内输入“妙铺店家”。选择“妙铺店家”微信小程序，点击进入小程序，如图 3 - 28 所示。

(2) 根据提示完成注册之后就进入个人店铺了，如图 3 - 29 所示。

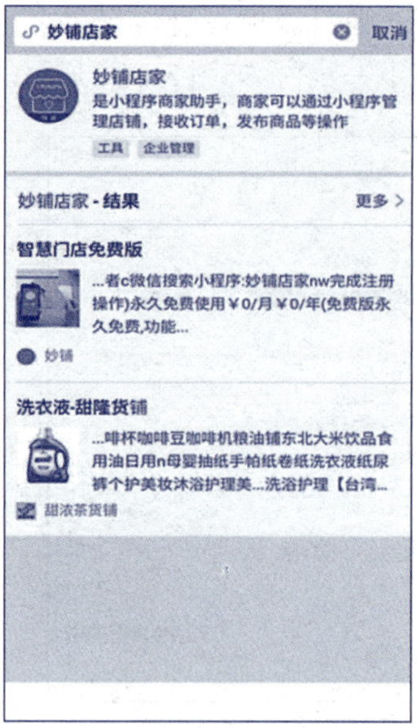

图 3-28　选择“妙铺店家”小程序

图 3-29　注册登录

（3）点击“店铺”，选择“商品管理”，可以看到商品管理菜单，选择“新增商品”，如图 3-30 所示。

（4）根据提示填写各项信息，可以增加商品，如图 3-31 所示。

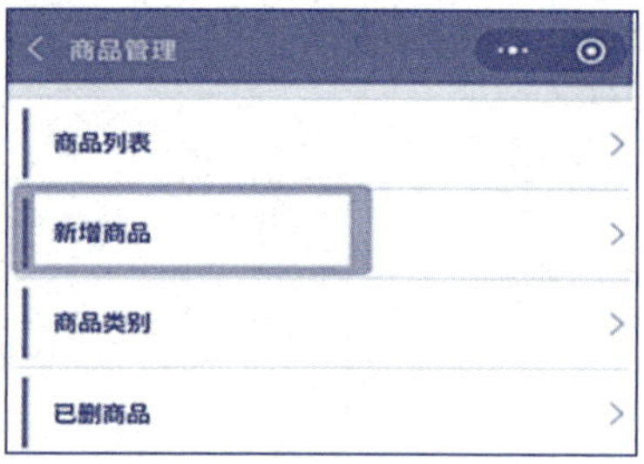

图 3-30　商品管理界面

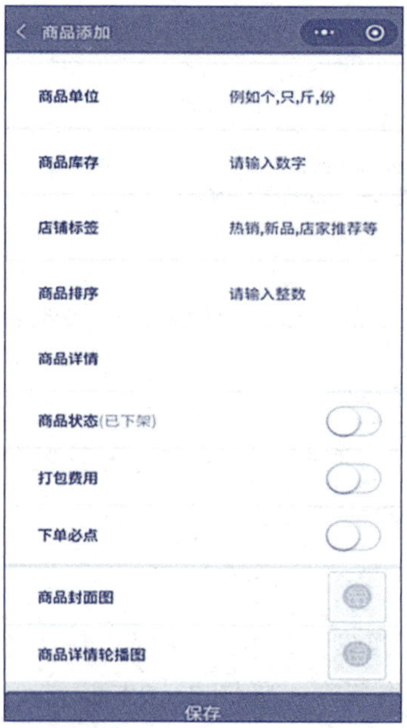

图 3-31　增加商品

任务工单 4

<table>
<tr><td>任务名称</td><td colspan="5">微信小程序注册与开店</td></tr>
<tr><td>任务目的</td><td colspan="5">通过本次实践操作，能够对微信公众号进行定位，能够注册微信小程序，并在小程序上开通店铺。</td></tr>
<tr><td>任务内容</td><td colspan="5">1. 登录微信公众平台，了解微信小程序的注册流程。
2. 以个人和企业身份，注册微信小程序。
3. 能够搜索具有开店功能的微信小程序。
4. 在微信小程序上开店，添加商品。</td></tr>
<tr><td>任务提示</td><td colspan="5">一个邮箱仅能注册一个微信小程序。在微信公众平台上，具有开店功能的微信小程序有很多，可根据自己的实际需求、各个小程序的开店功能等，选择合适的微信小程序开设店铺。</td></tr>
<tr><td rowspan="2">第（　）组</td><td>姓名</td><td></td><td></td><td></td><td></td></tr>
<tr><td>学号</td><td></td><td></td><td></td><td></td></tr>
<tr><td rowspan="6">任务实操</td><td colspan="5">1. 对拟注册的微信公众号进行定位。将相关信息填入下表。</td></tr>
<tr><td colspan="5"><table><tr><td>微信公众号名称</td><td></td><td>微信公众号的定位（类型）</td><td></td></tr><tr><td>目标客户定位</td><td></td><td>微信营销活动的类型</td><td></td></tr></table></td></tr>
<tr><td colspan="5">2. 准备好个人身份信息材料，注册微信小程序。将操作过程截图。</td></tr>
<tr><td colspan="5"></td></tr>
<tr><td colspan="5">3. 准备好个人开店材料，在微信小程序上开店。将操作过程截图。</td></tr>
<tr><td colspan="5"></td></tr>
</table>

考核评价

评价说明：在本次任务完成后，由任课教师主导，采用学习过程评价与学习结果评价相结合，综合运用自我评价、小组评价及教师评价三种方式，由教师确定三种评价方式分别占总成绩的比例，并加权计算出学生个人本次任务的考核评价分。

任务完成考核评价表			
项目名称	项目三　微信营销	任务名称	任务四　实施微信营销活动
班级		学生姓名	
评价方式	评价内容	分值	成绩
自我评价	任务工单 4 的完成情况	60	
	对知识和技能的掌握程度	20	
	我胜任了小组内的工作	20	
	合计		
小组评价	本小组的本次任务完成质量	30	
	个人本次任务完成质量	30	
	个人参与小组活动的态度	20	
	个人的合作精神和沟通能力	20	
	合计		
教师评价	个人所在小组的任务完成质量	30	
	个人本次任务完成质量	30	
	个人对所在小组的参与度	20	
	个人对本次任务的贡献度	20	
	合计		
总评 = 自我评价 ×（　）% + 小组评价 ×（　）% + 教师评价 ×（　）% =			

任务五

分析微信营销效果

项目名称	项目三　微信营销	任务名称	任务五　分析微信营销效果
学习目标	知识目标	• 了解公众号数据分析的重要性； • 了解公众号数据分析的意义； • 了解公众号数据分析的具体指标。	
	能力目标	• 能够分析微信公众号的营销活动效果。	
	思政目标	• 培养学生利用数据分析工具获取客观真实数据的能力，弘扬实事求是的精神品质，同时引导学生养成诚信经营的商业道德。	
任务描述	搭建的公众号运营一段时间后，需要学会看数据分析，数据分析能够帮助我们去做一些改进。比如每天推送的图文消息，究竟有多少人浏览，有多少人转发。设置了自定义菜单之后，这个自定义菜单究竟每天有多少人点击，哪个菜单用户比较喜欢，哪个菜单用户不喜欢，进而可以配合数据分析来做优化。上述问题，将在本次任务中一一进行讲解。		
任务准备	利用微信公众号发表若干数量的文章。		
实施提醒	微信公众平台的后台分析数据存在两大弊端：一是只能进行基础数据的查看，很难进行关联分析；二是仅能查看自身公众号数据，无法监测到竞品账号或者行业内优秀账号的数据。因此，为了更好地分析微信公众号数据，运营者可以使用西瓜数据、清博指数等第三方数据分析工具，从而做好细致且深入的数据分析工作。		

知识充电站

知识充电站

一、了解公众号数据分析的重要性

公众号的数据是反映公众号运营情况的一个重要指标，因此公众号数据的精准性也关系着运营分析的精准性。在大数据时代，判断一个微信公众号是否运营得当，需要依靠数据去分析。

公众号的核心价值在于优质内容的创作，但人们往往忽略优质内容除了好文笔之外，还有一次次数据反馈后的纠错与打磨。如今许多运营者将关注点放在如何“涨粉”、互推、裂变、拉新留存等方面，却忽视了公众号本身的数据分析与研究。通过数据分析可以有的放矢地找到微信营销出现问题的原因，由此可见数据分析对于公众号运营的重要性。

二、认识公众号数据分析的意义

通过对公众号的数据进行分析，能够帮助运营者发现运营中存在的问题，以便优化各项运营数据，从而更好地运营公众号。具体来说，微信公众号数据分析具有以下意义：

（1）了解公众号的用户增长趋势和用户属性特征，有利于运营者构建“粉丝”群体画像。

（2）分析图文阅读量的增长变化趋势，能够分析出用户的内容喜好，以便优化内容及找准推送时间。

（3）对用户来源的渠道分析和图文消息的传播渠道分析，能够判断用户的来源途径和核心用户所在渠道，便于产品传播造势。

课堂讨论

通过微信公众号后台，可以了解到哪些数据指标？请在表 3-6 中相应的选项后打钩。

表 3-6　微信公众号后台的数据指标

新增关注数	
取消关注数	
净增关注人数	
单篇图文阅读量	
全部图文阅读量	
微信菜单点击数	

任务实施

一、公众号数据分析模块

公众号后台的数据分析模块，包括用户分析、消息分析、菜单分析、图文分析、接口分析、网页分析。其中，大部分的数据分析应用前 4 个功能即可。

二、用户分析

用户分析包括用户增长分析和用户属性分析。通过对用户增长进行分析，运营者可了解账号用户增长的趋势与原因，而通过对用户属性进行分析，运营者能更加熟悉用户情况。

（一）用户增长分析

1. 关键指标

用户增长包含 4 个关键指标，即新增关注人数、取消关注人数、净增关注人数、累积关注人数。新增关注人数和取消关注人数是每天实时“涨粉”和“掉粉”的数据，净增关注人数 = 新增关注人数 – 取消关注人数，而累积关注人数是当前实时关注总人数。在这 4 个指标中，运营者需要重点关注新增关注人数，以便准确判断用户的增长趋势。

2. “掉粉”原因

峰值数据是我们在分析用户增长时需要特殊注意的情况。当“涨粉”/“掉粉”在某一天达到波峰时，一定要引起关注，特别是当推送后就“掉粉”的情况发生时，通常说明两种原因：用户有问题、文章有问题。

（1）用户问题通常分为两种：一种是“路人粉”，也就是通过活动或者领奖来关注的，因此当推送文章时他们没有产生兴趣，取消关注也是必然；后一种则是“精准粉”，通常是精准用户。

（2）文章问题导致的“掉粉”其实很少，除非是账号定位很不明确，推文质量也良莠不齐。采用前人经验撰写的标题、文章总不会太差，不至于一推送就因为文章质量而取关，所以不要妄自菲薄，过于焦虑。如果遇到大批量“掉粉”问题，那么首先要抓住峰值数据。

3. 关注来源

关注来源也是分析用户增长的主要指标，如图 3 – 32 所示。主要的关注来源包括以下几个方面：

（1）搜索关注：说明账号有一定影响力或者来自微信之外第三方平台的推荐。

（2）扫码关注：主要来自线上、线下活动（线下二维码物料，或线上海报、文中二维码）。

（3）图文关注：靠文章内容吸引用户。

（4）支付关注：一般是开通支付功能的服务号，线下店面支付时同时关注公众号。

（二）用户属性分析

利用用户属性可以分析出关注用户的性别、语言、年龄、省份、城市 5 个属性。其中，重点需要了解的是性别、城市属性。

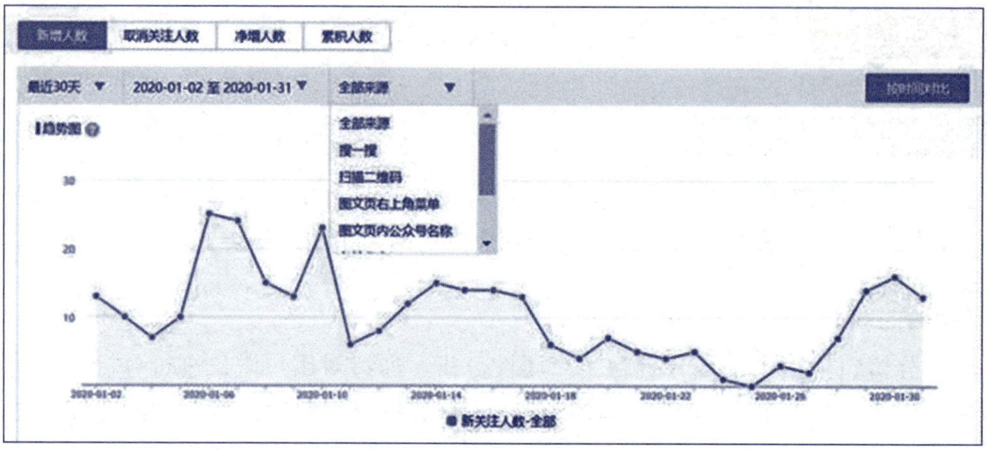

图 3－32　关注来源分析

如果公众号的类别是汽车指南，那么肯定是男性用户居多，年龄为 25 ～ 46 岁，具备一定经济能力；而情感类的公众号用户则大多是女性。这些都不会存在问题，那么什么会是问题呢？比如区域美食推荐的公众号活动期间，出现非本地区域用户突增，这就需要引起关注了。

三、消息分析

消息分析主要包括两个指标：引导用户关键词回复、用户主动互动消息。

（一）引导用户关键词回复

引导用户关键词回复设置是指导公众号运营的重要指标。比如，教育机构公众号中，回复特定关键词获得测试题；运营教学公众号中，回复关键词获得运营增长指南。这些都是运营者引导用户留存的重要方法，也可以直观展示出文章的质量。

（二）用户主动互动消息

用户主动互动消息更需要重视，这类人往往是意见领袖。提高互动率往往是公众号质量提升的开端，应及时设置相应的“自定义关键词”，如图 3－33 所示，提高公众号服务用户的意识。

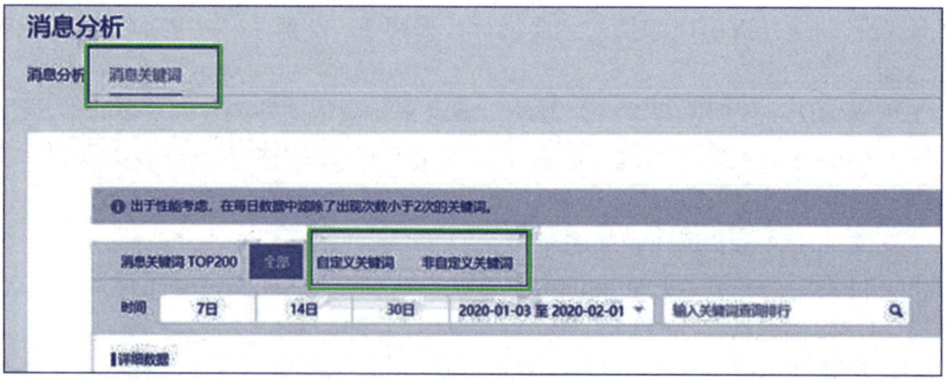

图 3－33　消息关键词

四、菜单分析

通过对菜单栏某个按钮的点击次数进行监控，及时调整按钮的位置和文案，使链接到按钮的内容获得更多点击，如图 3－34 所示。如果通过数据分析，发现某个按钮压根没人点击，那么就应该去掉该按钮。

图 3－34　菜单栏

目前，许多运营者把自定义菜单设置得特别新奇，比如“有趣”“有料”“有内容”，配合公众号文章底部的互动，可以起到很好的作用。

通常要留存、分析 30 天的菜单点击数据。图 3－35 是某餐饮企业 30 天公众号菜单的数据。一级菜单“会员中心”点击量最高，“更多”作为一级菜单指向太模糊，该列菜单包含“门店信息”和“加入我们”，均有一定点击量，可以考虑将“更多”改为“联系我们”，提高“门店信息”和“加入我们”的曝光。而一级菜单“好食材”的点击量几乎可以忽略，可以尝试寻找更多用户的“痛点”与“痒点”，替换“好食材”菜单。

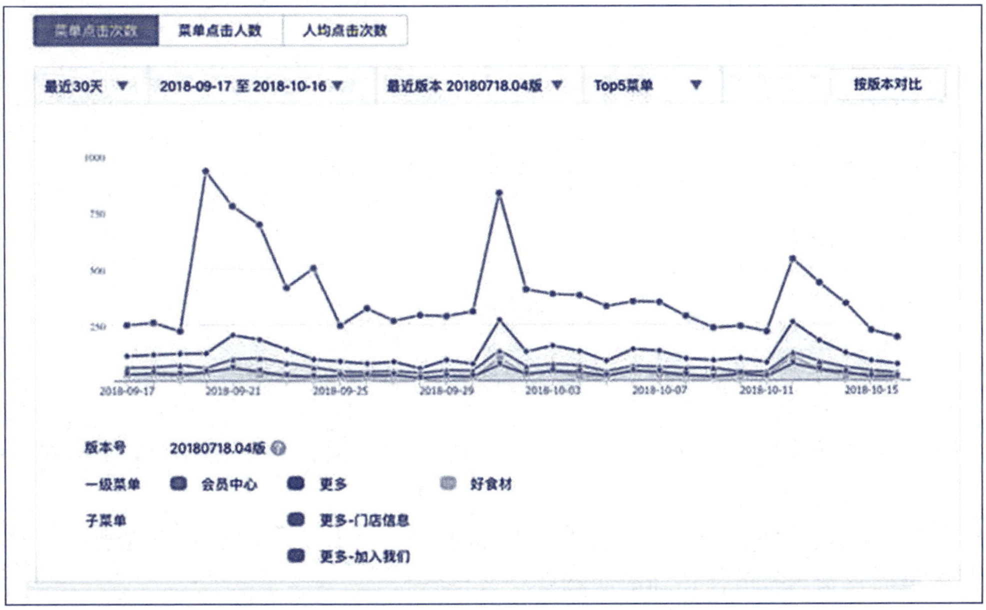

图 3－35　菜单点击次数

五、图文分析

（一）关键指标

单篇图文的数据分析详情页有 5 个关键指标：送达、公众号会话阅读、从公众号分享到朋友圈 / 社群、在朋友圈 / 社群再次分享、在朋友圈阅读。

这 5 个关键指标可以构成一个标准的转化漏斗模型，通过数据可以很直观地展现一篇文章的传播途径，即推送文章—会话内打开文章—会话分享到朋友圈 / 社群—“粉丝”好友在此扩散—获得广泛传播。

其中前三个指标（送达、会话阅读、首次社群 / 朋友圈分享）定义为一次传播，后两个指标定义为二次传播。公众号文章阅读量 = 一次传播 + 二次传播，通过观察转化率漏斗数据，可以很容易地判断出一篇文章是否具有传播性，它的阅读量是来源于已关注用户还是朋友圈分享。

一篇精心准备的文章往往二次传播 > 一次传播。这里需要注意的是由于“搜一搜”功能目前并不完善，所计量的数据并没有计算在内。

（二）数据概况

通过单篇图文“数据概况”中的饼图，可以分析出文章标题与内容的关系，进而对运营做出调整。这里要引入“阅读量 & 朋友圈分享占比”四象限图，如图 3 - 36 所示。

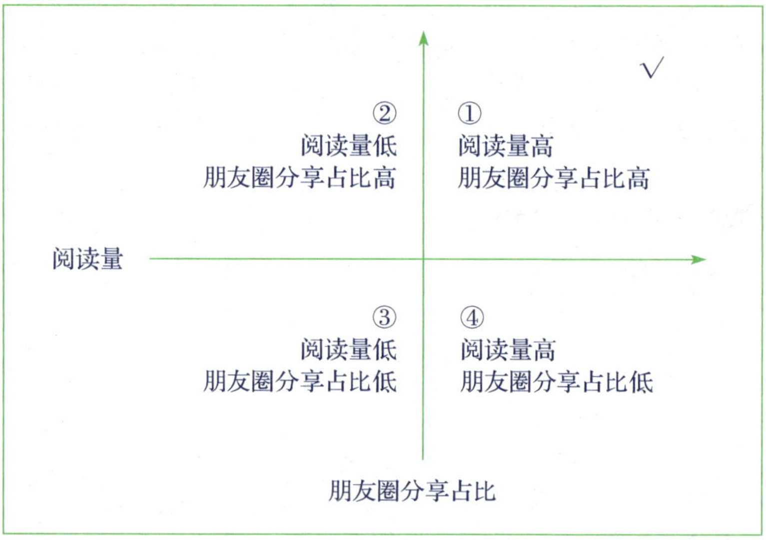

图 3 - 36 “阅读量 & 朋友圈分享占比”四象限图

通过认识“阅读量 & 朋友圈分享占比”四象限图，可以清晰地分析文章标题与内容的关系度。

（1）阅读量高、朋友圈分享占比高：标题吸引人、内容质量上乘。这是我们追求的文章最高境界，是具有最佳传播潜质的爆款文章。

（2）阅读量低、朋友圈分享占比高：说明标题虽然不够吸引人，但看过文章内容的人都觉得不错，乐意分享朋友圈。这时需要反思以后的标题如何优化。

（3）阅读量低、朋友圈分享占比低：标题、内容都不好，标题让人没有点击欲望，内容差。这种情况是喜欢看的人少，愿意分享朋友圈的人就更少。

（4）阅读量高、朋友圈分享占比低：这在一些大号运营中很常见，文章的内容很一般，阅读量高全凭“标题党”及已关注“粉丝”的打开量。“粉丝”看到标题起得太好了，点开看完文章后觉得远远没达到标题描述的预期，便不想转发。

任务工单 5

任务名称	微信公众号数据分析
任务目的	通过本次实践操作，能够对微信公众号的营销活动进行数据分析，以便优化公众号的运营。
任务内容	1. 登录微信公众平台，进入数据统计分析模块。 2. 绑定某个公众账号。 3. 依次对微信公众号进行用户分析、消息分析、菜单分析、图文分析。 4. 简要撰写数据分析报告。
任务提示	为了更好地分析微信公众号数据，建议使用西瓜数据、清博指数等第三方数据分析工具，获取更多运营数据。

第（ ）组				
姓名				
学号				

任务实操

1. 对微信公众号进行用户分析，将相关信息填入下表。

微信公众号名称			
新增关注人数		取消关注人数	
净增关注人数		累积关注人数	
搜索关注人数		扫码关注人数	
图文关注人数		支付关注人数	
用户的性别		语言	
年龄		城市	

2. 对微信公众号进行图文分析，将相关信息填入下表。

微信公众号名称			
送达量		会话阅读量	
首次社群 / 朋友圈分享量		在朋友圈 / 社群再次分享量	
在朋友圈阅读量		文章标题与内容的关系度	

3. 简要撰写数据分析报告，不少于 1 000 字。

考核评价

评价说明：在本次任务完成后，由任课教师主导，采用学习过程评价与学习结果评价相结合，综合运用自我评价、小组评价及教师评价三种方式，由教师确定三种评价方式分别占总成绩的比例，并加权计算出学生个人本次任务的考核评价分。

任务完成考核评价表

项目名称	项目三　微信营销	任务名称	任务五　分析微信营销效果
班级		学生姓名	
评价方式	评价内容	分值	成绩
自我评价	表 3-6 的完成情况	20	
	任务工单 5 的完成情况	50	
	对知识和技能的掌握程度	10	
	我胜任了小组内的工作	20	
	合计		
小组评价	本小组的本次任务完成质量	30	
	个人本次任务完成质量	30	
	个人参与小组活动的态度	20	
	个人的合作精神和沟通能力	20	
	合计		
教师评价	个人所在小组的任务完成质量	30	
	个人本次任务完成质量	30	
	个人对所在小组的参与度	20	
	个人对本次任务的贡献度	20	
	合计		
总评 = 自我评价 ×（　）% + 小组评价 ×（　）% + 教师评价 ×（　）% =			

思政园地

微信营销相关法律解读

一、《中华人民共和国广告法》解读

现行的《中华人民共和国广告法》(以下简称《广告法》)是2021年4月29日修正施行的。

在我们从事新媒体运营工作时,《广告法》中以下规定是需要特别注意的:

(1)《广告法》第二条规定:在中华人民共和国境内,商品经营者或者服务提供者通过一定媒介和形式直接或者间接地介绍自己所推销的商品或者服务的商业广告活动,适用本法。

解读:在涉及企业品牌介绍、产品介绍时,要注意是否违反《广告法》的相关规定,特别是广告文案、产品软文、电商网站文案。

(2)根据《广告法》第九条的规定,广告中不得使用“国家级”“最高级”“最佳”等用语。

(3)不得利用不满十周岁的未成年人作为广告代言人。

(4)广告代言人不得为其未使用过的商品或者未接受过的服务作推荐、证明。

(5)在互联网页面以弹出等形式发布的广告,应当显著标明关闭标志,确保一键关闭。

(6)违反《广告法》的规定,发布虚假广告的,由市场监督管理部门责令停止发布广告,责令广告主在相应范围内消除影响,处广告费用3倍以上5倍以下的罚款。广告费用无法计算或者明显偏低的,处20万元以上100万元以下的罚款。

二、相关法律法规解读

2017年5月2日,国家互联网信息办公室(以下简称网信办)发布了新版《互联网新闻信息服务管理规定》(以下简称《规定》),并于2017年6月1日起开始实施。2017年6月7日北京市网信办依法约谈微博、今日头条、腾讯、一点资讯、优酷、网易、百度等网站,责令其依据相关法律法规、网站内容管理规定及用户协议关闭违规账号。随后各网站开始了清理行动,依法关停了一批违反法律法规的账号。

从事新媒体运营工作时,《规定》中的以下几条规定是需要特别注意的:

(1)《规定》第二条规定:本规定所称新闻信息,包括有关政治、经济、军事、外交等社会公共事务的报道、评论,以及有关社会突发事件的报道、评论。

解读:这一条明确了新闻信息的定义。针对政治、经济、军事、外交等社会公共事务领域的内容慎发,建议在没有相关资质的情况下不要涉及以上领域。

(2)《规定》第五条规定:通过互联网站、应用程序、论坛、博客、微博、公众账号、即时通信工具、网络直播等形式向社会公众提供互联网新闻信息服务,应当取得互联网新闻信息服务许可,禁止未经许可或超越许可范围开展互联网新闻信息服务活动。前款所称互联网新闻信息服务,包括互联网新闻信息采编发布服务、转载服务、传播平台服务。

解读：这条规定涉及的监管平台几乎已经涵盖了目前所有的主流信息分发渠道，同时也规定未经许可不能转载、传播《规定》第二条所涉及的内容领域。

（3）《规定》第十六条规定：互联网新闻信息服务提供者和用户不得制作、复制、发布、传播法律、行政法规禁止的信息内容。

解读：新媒体运营在转载或传播违反法律法规的内容时，即使不是原创作者，也需要承担法律责任，因此在转载内容时需核对信息的真实性与合法性。

04

项目四

短视频营销

- 任务一　认识短视频营销
- 任务二　开通短视频账号
- 任务三　制作短视频
- 任务四　实施短视频营销
- 任务五　分析短视频营销效果

案例导入

李子柒新媒体品牌运营

“90后”李子柒在四川绵阳北川的一个小山村，编织了自己的“归园田居”梦。那一段段充满田园诗意的视频，不仅治愈了很多中国人，也“火”到了国外视频网站。其成功秘诀有以下3点：

1. 深耕新媒体内容领域

打造个性化IP品牌“李子柒”，品牌的内容定位是古风美食、中国传统技艺的制作。其视频主要有两大类：一类与吃相关，另一类与传统文化相关。李子柒视频的背景是青葱绿山、田野、溪流、果园和古朴的农家小院，作为视频中的主角，她日出而作，日落而息，她的美食与季节交融，春耕秋收，从地头到餐桌的中间环节，都由李子柒亲自完成。“李子柒”品牌内容的个性化体现在展现带有古风色彩的田园式生活。

2. 多媒体平台投放，建立传播矩阵

“李子柒”品牌的内容投放有微信、微博、抖音、快手、小红书、B站、美拍等多个媒体平台。在微信上，“李子柒”品牌以公众号的形式进行运营，运营内容包括短视频、软文、图片等。微博作为“李子柒”品牌运营的主要平台，“粉丝”达到1 451万，建立了用户对品牌的忠诚度。在抖音上，李子柒靠着优质的内容输出，截止到2021年3月，李子柒在抖音平台上的“粉丝”数量累计达5 429.7万，快手上的“粉丝”量达1 002.6万。各个平台互相关联，打破信息孤岛，通过不断分享，形成传播矩阵，以微博、微信为主导，其他媒体平台做辅助，进行运营传播。

3. 专业新媒体运营团队

“李子柒”通过新媒体运营团队，输出优质、独特的内容，在传承中国传统文化、树立国人文化自信的同时，打造个性化IP品牌，牢牢抓住消费者的注意力，着力于培养忠诚消费者。根据目标消费者的特点，建立新媒体传播矩阵，通过树立品牌独特的价值观，使消费者与品牌之间产生沟通元，为企业利用新媒体平台开展运营活动提供了示范。

资料来源：齐鲁晚报．李子柒：一个商业故事．(2019-12-15)[2021-06-10]．https://sjb.qlwb.com.cn/qlwb/content/20191215/ArticelA08003FM.htm.

案例思考：

1. 李子柒新媒体运营的平台有哪些？
2. 李子柒新媒体运营的短视频有哪些特色？

任务一

认识短视频营销

<table>
<tr><th>项目名称</th><th colspan="2">项目四　短视频营销</th><th>任务名称</th><th>任务一　认识短视频营销</th></tr>
<tr><td rowspan="3">学习目标</td><td>知识目标</td><td colspan="3">• 了解短视频的概念、特点；
• 理解短视频营销的优势；
• 了解短视频行业的发展历程；
• 认识短视频平台。</td></tr>
<tr><td>能力目标</td><td colspan="3">• 能够对比分析主流短视频平台；
• 能够对比分析抖音企业号和快手服务号。</td></tr>
<tr><td>思政目标</td><td colspan="3">• 我国的快手、抖音等短视频平台用户数量高居世界前列，甚至走出国门，成为欧美国家网民下载量最多的短视频 App。通过本任务的学习，学生能够感受到我国科技事业的蓬勃发展，激起爱国热情和民族自豪感。</td></tr>
<tr><td>任务描述</td><td colspan="4">与在线视频和直播等视频形式相比，短视频更符合移动化和社交化趋势，应用场景也更为丰富，传播速度快，内容短，观看时长限制少。那么，短视频营销有何优势？短视频行业经历了哪些发展阶段？主流短视频平台各自的目标客户、产品定位、运营定位又有哪些不同呢？本任务将会为你一一解惑。</td></tr>
<tr><td>任务准备</td><td colspan="4">1. 在智能手机上安装快手 App；
2. 在智能手机上安装抖音 App；
3. 在智能手机上安装西瓜视频 App。</td></tr>
<tr><td>实施提醒</td><td colspan="4">目前市场上存在数量众多的短视频平台，而且各平台的运营定位不尽相同，因此开展短视频营销前，要了解和熟悉每个平台的特点和定位，综合运用多个短视频平台以发挥最好的功效。</td></tr>
</table>

知识充电站

知识充电站

一、认识短视频

短视频即短片视频，是一种新型的互联网内容传播方式，一般是指在网络新媒体上传播的时长在 5 分钟以内的视频。因短视频适合在各种新媒体平台上播放，适合在移动状态和短时休闲状态下观看，且其内容较短，可以单独成片，也可以成为系列栏目，短、平、快的大流量传播内容逐渐获得各大平台、“粉丝”和资本的青睐。与短视频相比，长视频是时长超过半个小时的视频，以影视剧为主。短视频多由用户自己制作，长视频则主要由专业公司制作。

随着“网红”经济的出现，网络视频行业逐渐崛起一批优质的 UGC（user generated content，用户原创内容）制作者，快手、抖音、今日头条、微博、秒拍纷纷入局短视频行业，募集了一批优秀的内容制作团队入驻。据 2020 年 10 月发布的《2020 中国网络视听发展研究报告》显示，短视频已成为仅次于即时通信的第二大网络应用，用户规模达 8.18 亿，近九成网民使用短视频。

课堂讨论

短视频与长视频在很多方面有着明显的区别，请从视频时长、视频制作者、视频观看时段、视频涉及领域、传播特点、社交属性几个方面进行对比，填写表 4－1。

表 4－1　短视频与长视频的对比

对比项	长视频	短视频
视频时长	30 分钟以上	
视频制作者	专业公司	
视频观看时段	整块时间	
视频涉及领域	网络影视剧	
传播特点	传播速度较慢	
社交属性	较强	

二、了解短视频的特点

在当下短视频盛行的时代，很多人都有这样一种疑问：为什么相对于传统视频来讲，短视频更能吸引大家的注意力，更受人欢迎？这源于短视频具有以下特点。

（一）时长短，内容丰富

短视频时长一般控制在 15 秒至 5 分钟，时间短，非常适合大家在闲暇时间观看，同时各类型的内容都可以通过短视频表达出来，而且相对于文字、图片来说，视频能够带给用户更好的视听体验。因为时长有限，就需要创作者们花费更多的心思，去吸引观众，于是一条短视频里就需要放入大量的精彩内容，所以虽然短视频短小，但是它的内容还是完整的，俗话说“浓缩就是精华”，这句话用在短视频的范畴可以说是非常合适的。

（二）制作过程简单

在短视频诞生之前，大家对于制作视频的第一印象应该就是电视剧，因为在我们的认知中，制作视频是需要专业团队才能做到的事情，门槛极高。随着短视频的兴起，用户自己可以通过手机自行拍摄，通过简单的处理就可以上传至网络，收获流量，收获关注，于是创作者大量增加。短视频之所以能逐步发展起来，靠的就是这些创作者，当人人都能参与制作的时候，大家的兴趣就会被调动起来。

（三）有创意

在任何时候，有创意的内容总是会让人眼前一亮，对于短视频来说更是如此。现在的短视频创作百花齐放，吸引着人们去观看，如果想在其中脱颖而出，就需要大量的想法和创意。许多充满个性和创意的短视频，会让人看完一遍还觉得不过瘾，想再看一遍，这就是短视频的优秀之处。

（四）传播性强

由于短视频的制作门槛低，发布渠道多样，可以很轻松地实现直接在平台上分享自己制作的视频，以及观看、评论、点赞他人的视频，因而容易促成裂变式传播和在熟人间传播。丰富的传播渠道和方式能够让短视频传播的力度更大、范围更广、交互性更强。在快节奏的生活方式下，大多数人在获取日常信息时习惯追求“短、平、快”的消费方式。短视频传播的信息观点鲜明、内容集中、言简意赅，容易被用户理解与接受，一个短短的视频，播放量会比长篇视频播放量高得多。

（五）方便营销

与其他营销方式相比，短视频营销可以准确地找到目标用户，更加精准。因为不同身份、年龄的人看的视频类型不同，可以根据想吸引的用户去精准垂直制作视频，更方便带出货品。目前多数短视频运营平台都会植入广告，用户在看短视频的时候经常会“刷”到广告，短视频中或者直播中还会插入购物链接，方便大家在观看视频的同时购买自己所需要的商品，也能达到更好的营销效果。

三、理解短视频营销的优势

相比于其他网络营销方式，短视频营销具有以下优势。

（一）灵活的互动性，沟通更方便

短视频营销吸取了网络营销互动性很强的优点。几乎所有的短视频都可以进行单向、双向甚至多向的互动交流，对于用户而言，他们可以通过与企业发布的短视频进行互动，从而对企业的品牌进行传播，或者表达自己的意见和建议；对于企业而言，短视频的这种优势能够帮助企业获得用户的反馈信息，从而更有针对性地对产品或服务进行改进。这种互动性使得短视频能够快速传播，还能使得企业的营销效果实现有效提升。

（二）低成本打造高效传播

与传统的广告营销少则几百万元多则几千万元的资金投入相比，短视频营销的成本算是比较低的，即制作的成本低、传播的成本低及维护的成本低。虽然制作短视频的门槛很低，但是随着用户对短视频内容的要求逐步提高，如果想要借助短视频获得良好的营销效果，就必须要以专业化团队的力量作为支撑。

（三）购物方式快捷方便

短视频是一种时长较短的图文、影音结合体，因此短视频营销能够带给消费者单纯图文、音频所不能提供的感官上的冲击，这是一种更为立体、直观的感受。短视频营销的效果比较显著，一是因为画面感更强，二是因为短视频可与电商、直播等平台结合，实现更

加直接的赢利。它的高效性就体现在消费者可以边看短视频，边对产品进行购买。

（四）锁定目标用户，精准营销

与其他类型的营销方式相比较，短视频营销还具有指向性强这一优势，因为它可以准确地找到企业的目标受众，从而达到精准营销的目的。短视频平台通常都会设置搜索框，对搜索引擎进行优化，目标用户一般都会在短视频平台上通过关键词进行搜索，漫无目的闲逛的可能性不大，这一行为使得短视频营销更加精准。

（五）迅速传播，激发兴趣

短视频营销还拥有传播速度快、难以复制的优势，所以短视频能够迅速地在网络上传播开来，再加上其时长短，适合现在快节奏的生活，因此更能赢得广大受众的青睐和欢迎。此外，用户在与短视频进行互动的过程中，不仅可以点赞、评论，还可以转发。一条内容精彩的短视频，如果能够引发广大用户的兴趣并被他们积极转发，那么就很有可能达到病毒式传播的效果。

四、了解短视频行业的发展历程

短视频行业萌芽于 2011 年，而后在智能手机、移动互联网、4G 和 5G 技术的发展推动下，行业实现爆发式增长，现已形成“两超多强”的竞争格局，商业模式逐渐成熟，变现手段多样化。Mob 研究院整理了中国短视频行业的发展演进情况，如今短视频行业已进入成熟稳定期。

（一）萌芽发展期（2011—2015 年）——“从无到有”短视频平台兴起

随着移动互联网的发展、智能手机普及、4G 技术的提升，短视频行业从无到有，用户习惯逐渐养成，关注度逐步攀升。

这一时期的行业发展大事件有：

2011 年 3 月，快手推出“GIF 快手”；

2013 年 7 月，快手由工具应用转型为短视频社区；

2013 年 9 月，腾讯推出微视。

（二）增长爆发期（2016—2017 年）——“从有到多”短视频应用大爆发

短视频应用爆发式增长，掀起短视频全民化风潮。字节跳动横空出世，依靠智能算法抢占大批用户，占据风口。PGC（professional generated content，专业生产内容）、MCN（multi-channel network，多频道网络）机构入局，内容专业化程度提升，行业走向正规化。

这一时期的行业发展大事件有：

2016 年 9 月，抖音上线；

2017 年 6 月，头条视频升级为西瓜视频；

2017 年 11 月，好看视频上线。

（三）成熟稳定期（2018 年至今）——“从多到优”抖音和快手杀出重围

市场格局逐渐稳定，形成“南抖音、北快手”的两超多强的格局，商业模式逐渐成熟且变现手段多样化，短视频直播电商爆发，“巨头”们以视频号为切入点，对短视频平台发起挑战。

这一时期的行业发展大事件有：

2020 年 1 月，微信视频号内测；

2020 年 8 月，小红书上线视频号。

任务实施

一、剖析知名短视频平台

目前，5G时代已经到来，短视频绝对是当下和未来的主力风口，抖音、快手、美拍、微视、秒拍等短视频平台受到了用户的欢迎。下面介绍几个主流的短视频平台。

（一）抖音

抖音是字节跳动科技有限公司今日头条旗下的一款短视频应用软件。

1. 发展历程

（1）抖音于2016年9月上线，2017年春节后大举压上资源，基于产品优秀的数据表现，今日头条很快决定将各种流量明星、BD（business development，商务拓展）推广资源，全力导向这个可以提升公司品牌的新项目。因此，抖音很快成为今日头条的战略级产品。

（2）2017年11月，今日头条以10亿美元收购北美音乐短视频社交平台Musical.ly，与抖音合并。

（3）2018年4月，抖音对系统进行全面升级。

（4）2020年1月，火山小视频和抖音正式宣布进行品牌整合升级，火山小视频更名为抖音火山版，并启用全新图标。

2. 客户群体

抖音用户男性与女性较均衡，男性19～24岁、41～45岁的用户偏好度高，女性19～30岁用户偏好度高，新一线、三线及以下城市表现亮眼。

3. 平台运营定位

专注年轻人音乐短视频社区平台，以潮流音乐、舞蹈、表演等内容形式，搭配超多原创特效、滤镜、场景切换等，帮助用户打造“刷爆”朋友圈的模型短视频。

4. 平台特点

抖音平台的特点是中心化。抖音的目标是打造爆款，引起病毒式传播。平台内的流量主要倾斜给“头部”KOL，观众与博主之间的界限非常明确。抖音的算法设置会使用户感觉这个平台是为自己量身定制的，推荐页的视频会越来越垂直，越来越符合用户的喜好。

（二）快手

快手是北京快手科技有限公司旗下的产品。

1. 发展历程

（1）2011年3月，快手诞生，当时叫“GIF快手”，用于制作、分享GIF图片。

（2）2013年7月，“GIF快手”从工具转型为短视频社区。由于产品转型，App名称中也去掉了“GIF”，改名为“快手”。

（3）2017年11月，快手App的日活跃用户数已经超过1亿，进入“日活亿级俱乐部”，总注册用户数据已经超过7亿，每天产生超过1 000万条新视频内容。

（4）2021年2月5日，快手正式登陆港交所，市值达1.39万亿港元。

2. 客户群体

快手用户呈现年轻化特征，24岁及以下的人群和25～30岁的人群占比较高，且近

60% 用户为男性，三线及以下城市用户比例远高于全网水平。快手的用户相对比较下沉，比起其他短视频平台，主要用户收入低、年龄低、学历低，从地域上看三四线城市年轻人、农村用户居多。这与快手坚持的主线“专注普通人的生活，给普通人展示自己的舞台”有关。

3. 平台运营定位

快手的平台运营定位是用于用户记录和分享生产、生活的平台，是记录和分享大家真实生活的平台。在快手可以发现真实有趣的世界。

4. 平台特点

快手平台的特点是去中心化。快手的目标是打造一个平民舞台，为大家提供一个分享生活的平台，用户发布的视频内容也比较接地气。快手追求的是公平算法，让更多人获得曝光，提升每一个人的参与感。从这一角度来说，快手平台更像是一个交流的社区，大家既是观看者，又是参与者，两者之间的界限较为模糊。

课堂讨论

快手和抖音是最热门的短视频平台，请从视频呈现方式、产品定位、目标用户、人群特征、运营模式、平台特点等方面进行对比，填写表 4－2。

表 4－2　快手与抖音的对比

对比项	快手	抖音
视频呈现方式	竖屏	
产品定位	记录、分享生活	
目标用户	三四线城市年轻人、农村用户居多	
人群特征	自我展现意愿强、好奇心强	
运营模式	规范社区、内容把控	
平台特点	去中心化	

（三）西瓜视频

西瓜视频是字节跳动科技有限公司旗下的个性化推荐视频平台，以“点亮对生活的好奇心”为标语。

1. 发展历程

（1）2016 年 5 月，西瓜视频的前身“头条视频”正式上线。

（2）2017 年 6 月，用户量破 1 亿，DAU（daily active user，日活跃用户数量）破 1 000 万。

（3）2017 年 6 月 8 日，头条视频正式升级为西瓜视频。

（4）2018 年 2 月，西瓜视频累计用户人数超过 3 亿，日均使用时长超过 70 分钟，日均播放量超过 40 亿。

2. 客户群体

西瓜视频的用户性别差异不大，但男性占比相对较高，为 54.4%。年龄分布上，40 岁以下用户占 7 成以上，其中 31 ～ 35 岁和 25 ～ 30 岁的用户占比较高，分别为 25.2%、

21.2%，由此可见中青年为西瓜视频的主要用户。另外，用户的城市等级分布偏低线城市，二三四线城市的用户占比总计达 64.9%，但一线和新一线城市的用户在近年来呈增长趋势，其中重庆、北京、上海等为典型城市。

3. 平台运营定位

2020 年开始，西瓜视频主打“中视频”的概念，即时长在 1 分钟至 30 分钟的视频内容，与抖音以 UGC 竖屏为主的“短视频”进行了区分，中视频绝大多数是横屏、PGC。

4. 平台特点

与抖音、快手争夺竖屏市场不同，西瓜视频争夺的是横屏市场。横屏视频的内容源是数码摄像机和摄像机，面向已有的存量内容和优质精选的内容。

课堂讨论

西瓜视频、快手和抖音在平台运营定位上有所不同，请从视频呈现方式、产品定位、目标用户、视频类型等方面进行对比，填写表 4－3。

表 4－3 西瓜视频和快手、抖音的对比

对比项	西瓜视频	快手	抖音
视频呈现方式		竖屏	
产品定位		记录、分享生活	
目标用户		三四线城市年轻人、农村用户居多	
视频类型		短视频	

二、洞察抖音企业号与快手服务号的异同

（一）相同点

（1）功能介绍：电话配置、地理位置、品类标识、优惠券、门店认领、@聚合页、商家课堂等，都可以通过直播、视频挂链接卖货变现。

（2）流量资源：广告充值投放、企业流量扶持。

（3）效果洞察：主页数据分析、视频数据分析、“粉丝”画像、舆论监测优化营销方案。

（4）认证费用：都是 600 元。

（二）不同点

快手服务号的商家功能页面主要在手机端，直接在手机上可以完成各项功能设置。而抖音的企业号管理中心主要是在电脑网页版，要先在电脑登录后台开启各项功能开关，才能同步手机端的功能设置。

任务工单 1

<table>
<tr><td>任务名称</td><td colspan="5">对比分析抖音企业号与快手服务号</td></tr>
<tr><td>任务目的</td><td colspan="5">抖音和快手都是行业领先的短视频 + 直播平台。通过对比抖音企业号与快手服务号，能够深入掌握各自的特点和使用人群，以便企业能够针对不同的平台创造合适的内容。</td></tr>
<tr><td>任务内容</td><td colspan="5">1. 打开快手 App，选择一个知名的企业账号，了解其使用人群、数据能力、功能模块、申请费用、外显模式等情况。
2. 打开抖音 App，选择一个知名的企业账号，了解其使用人群、数据能力、功能模块、申请费用、外显模式等情况。</td></tr>
<tr><td>任务提示</td><td colspan="5">从快手和抖音的平台特性来看，分析抖音企业号与快手服务号的内容创作应该怎么去做。</td></tr>
<tr><td rowspan="2">第（　）组</td><td>姓名</td><td></td><td></td><td></td><td></td></tr>
<tr><td>学号</td><td></td><td></td><td></td><td></td></tr>
<tr><td rowspan="4">任务实操</td><td colspan="5">1. 分别从使用人群、数据能力、功能模块、申请费用、外显模式等方面分析抖音企业号与快手服务号的规则，将对比情况填入下表中。</td></tr>
<tr><td colspan="5"><table>
<tr><th>对比项</th><th>快手企业号</th><th>抖音企业号</th></tr>
<tr><td>使用人群</td><td></td><td></td></tr>
<tr><td>数据能力</td><td></td><td></td></tr>
<tr><td>功能模块</td><td></td><td></td></tr>
<tr><td>申请费用</td><td></td><td></td></tr>
<tr><td>外显模式</td><td></td><td></td></tr>
</table></td></tr>
<tr><td colspan="5">2. 谈一谈抖音企业号、快手服务号与普通账号的区别。</td></tr>
<tr><td colspan="5"></td></tr>
</table>

考核评价

评价说明：在本次任务完成后，由任课教师主导，采用学习过程评价与学习结果评价相结合，综合运用自我评价、小组评价及教师评价三种方式，由教师确定三种评价方式分别占总成绩的比例，并加权计算出学生个人本次任务的考核评价分。

任务完成考核评价表			
项目名称	项目四　短视频营销	任务名称	任务一　认识短视频营销
班级		学生姓名	
评价方式	评价内容	分值	成绩
自我评价	表 4-1 的完成情况	10	
	表 4-2 的完成情况	10	
	表 4-3 的完成情况	20	
	任务工单 1 的完成情况	40	
	对知识和技能的掌握程度	10	
	我胜任了小组内的工作	10	
	合计		
小组评价	本小组的本次任务完成质量	30	
	个人本次任务完成质量	30	
	个人参与小组活动的态度	20	
	个人的合作精神和沟通能力	20	
	合计		
教师评价	个人所在小组的任务完成质量	30	
	个人本次任务完成质量	30	
	个人对所在小组的参与度	20	
	个人对本次任务的贡献度	20	
	合计		
总评 = 自我评价 × (　) % + 小组评价 × (　) % + 教师评价 × (　) % =			

任务二

开通短视频账号

<table>
<tr><td>项目名称</td><td>项目四　短视频营销</td><td>任务名称</td><td>任务二　开通短视频账号</td></tr>
<tr><td rowspan="3">学习目标</td><td>知识目标</td><td colspan="2">• 了解快手账号设置的内容；
• 理解快手账号的定位；
• 了解加 V 认证的概念、权益、类型；
• 了解加 V 认证的申请条件。</td></tr>
<tr><td>能力目标</td><td colspan="2">• 能够对快手账号进行定位；
• 能够注册快手账号，并申请加 V 认证。</td></tr>
<tr><td>思政目标</td><td colspan="2">• 申请快手账号加 V 认证，必须提交账号运营者的身份信息。通过学习本任务，引导学生做一个遵纪守法的人，账号的名称和定位要健康文明，符合社会主义核心价值观的要求。</td></tr>
<tr><td>任务描述</td><td colspan="3">快手的蓝 V 就是企业号，越来越多在快手平台开展营销的商家注册了企业号，那么企业账号应该如何注册？如何查看企业账号是否满足了加 V 认证的全部条件？怎样申请加 V 认证？本任务将会为你一一解惑。</td></tr>
<tr><td>任务准备</td><td colspan="3">1. 在智能手机上安装快手 App；
2. 整理申请个人账号加 V 认证的相关材料；
3. 整理申请企业账号加 V 认证的相关材料。</td></tr>
<tr><td>实施提醒</td><td colspan="3">快手拥有巨大的短视频、直播流量入口，有流量的地方就有收益，很多商家自然会到快手平台进行商业推广，企业加 V 认证可以将商家规范起来，既让用户可以推广，又让平台可以管理。因此，企业注册账号后，应尽量申请加 V 认证。</td></tr>
</table>

知识充电站

一、了解快手的账号设置

（一）确定账号名和头像

（1）头像要符合自己选定的领域。

（2）账号名要符合自己深耕的领域。

（二）简介

尽量简单、简短、精炼，突出特点和态度。用关键词来吸引用户关注，可以介绍账号的特点。

（三）背景图

体现自身特色，最好与所要发展的领域相关。

（四）作品封面

作品的封面风格应统一，并突出每一期的重点，展现出内容生产的能力和态度。

二、理解快手的账号定位

（一）发掘自身特点

1. 真实

发掘自己所要发展的领域，综合考量自身、工作和生活的特点并放大，形成一个有记忆点的、连贯的、合理的逻辑，自我认知真实、不伪造，只有做擅长做的事，才能持续输出优质内容。

2. 可持续

在创意的基础上保持可持续化的生产力，吸引用户的注意力，培养用户的阅读习惯。

3. 数据复盘

不断地做用户的复盘，进行内容的迭代升级，避免一成不变的发展。了解用户画像，及时做整体数据的复盘。在人设上不断地完善升级，做贴近目标用户需求的内容。

4. 超级符号

增强账号、人设辨识度，在一个垂直领域创作，可以设计具有超强辨识度的口号、背景音乐、音效等，和其他创作者形成差异化，逐渐形成自己的 IP。

（二）找准用户群体

从未来发展规划倒推账号定位，明确用户群体的定位和需求（兴趣点），让内容与用户更有共鸣、代入感。抓住用户“痛点”，一个鲜明的人设会让用户更喜欢你。

（三）内容设计

1. 用户互动环节

写视频脚本时应设计好和用户互动的环节，比如让用户评论想看的内容，一方面会有源源不断的符合用户兴趣点的选题，另一方面用户也会觉得自己的意见被看到了，这样的互动更有利于增加用户的黏性。

2. 埋“梗”

在段子里加上只有用户才懂的“梗”，制造用户优越感，提高用户黏性，同时让新用户产生好奇心去翻看以前的作品，了解这个“梗”背后的故事，用户会用更多的时间去了解你。

3. 关注收获

在作品里直接激发用户的关注欲望，告诉用户关注你能获得什么。

4. 下期预告

添加下期作品的预告和更新时间。

5. 更新频率稳定

保持固定、稳定的更新频率，作品越多越能带来更多的机会。

6. 内容风格一致

内容风格应保持一致，在设定好的定位和人设的框架里去设计作品。建议在发布第一个作品之前，准备好能连续发布一周的作品库存。

三、认识快手账号加 V 认证

（一）加 V 认证的概念

加 V 认证代表着唯一的头像标识，是身份的识别，如图 4-1 所示，可以让你的“粉丝”在找你的时候不迷路。快手平台的加 V 认证分为黄 V 和蓝 V，黄 V 主要是针对平台内优质的生产创作者（个人），蓝 V 主要是针对媒体机构类等非营利性组织以及企业账号。

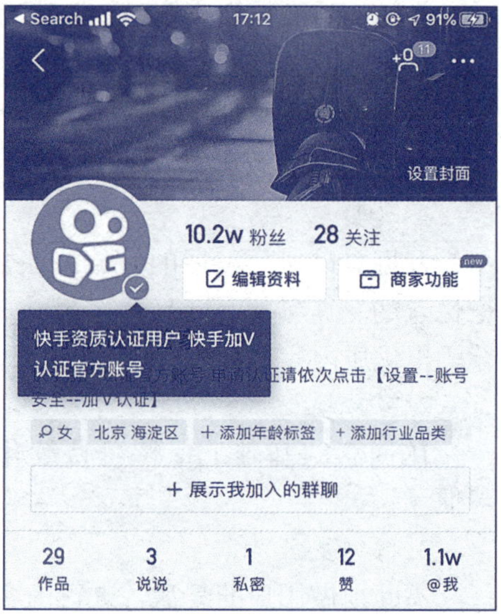

图 4-1 快手账号加 V 认证

（二）加 V 认证的权益

1. 昵称保护

加 V 之后，账号昵称是唯一的，若想用的昵称被普通用户占用，加 V 用户申请修改通过审核后则可直接进行使用。但如果想用的昵称被加 V 用户优先使用，则采用先到先得的方式使用该昵称。

2. 原创保护

无须再担心自己的作品被其他用户盗用，加了社区创作者的标签后，用户直接会进入原创保护。

3. 数据分析

登录 https://cp.kuaishou.com/#/profile，可查看“粉丝”数据分析、监控数据，了解运营效果。

4. 新功能优先体验

在新功能发布之前，加 V 用户可优先享受新功能。

5. 流量曝光

V 标志在三大主页面全部展示，一方面会在推荐内容中展示 V 标用户，从产品上给用户更多的曝光机会，另一方面不同类型的用户认证后将有机会获得官方的一对一运营以及额外的专属流量扶持。

（三）加V认证的类型

1. 社区创作者

目前涉及的领域有：搞笑幽默、Vlog（video blog，视频网络日志）、游戏、短剧、动漫、音乐、运动、舞蹈、广场舞、摄影、测评、美食、萌宠、颜值、美妆、时尚、旅游、校园、农业、汽车、房产、科技、教育、收藏、读书、情感、星座命理、区域、生活技巧、设计、书画、手工、曲艺、人文艺术、健康科普、母婴育儿、科普、商业财经等。

备注：其他自定义适用于用户的内容不在以上类别中的情况，其他类均为用户自行选择。

2. 公众人物

偏向于身份认证，是针对一些知名人士的身份识别，以避免冒充。

3. 国家公职人员

偏向于身份认证，比如警察、律师类的职业认证，认证信息同公众人物，都是自定义可编辑的。

4. 其他机构

针对体育团体、“粉丝”团、俱乐部等组织。

5. 国家机构

针对党委、政府、人大、政协、法院、检察院，以及省部级、厅局级、县处级等非营利性组织。

6. 媒体

报纸、杂志、媒体网站、新媒体、电视、电台、通讯社、机构自媒体、影视娱乐等具有媒体属性的账号。

四、了解加V认证的申请条件

（一）社区创作者的申请条件

（1）绑定手机号码。

（2）完成实名认证。

（3）近期无违规行为。

（4）“粉丝”数 >1 万。

（5）近一个月作品数≥ 5。

需要提交以下材料：运营者的身份证正反面照片；手持身份证正面的照片。

（二）公众人物的申请条件

（1）绑定手机号码。

（2）完成实名认证。

（3）近期无违规行为。

（4）“粉丝”数 >1 万。

（5）近一个月作品数≥ 5。

需要提交以下材料：

（1）运营者是本人的，需要提交：运营者的身份证正反面照片；手持身份证正面的照片；微博个人页面已经认证的截图（如某知名人士来入驻且运营人是本人）。

（2）运营者非本人的，需要提交：运营者的身份证正反面照片；手持身份证正面的照片；微博个人页面已经认证的截图（如某知名人士来入驻但是运营人为其经纪人）；授权书。

（三）国家公职人员的申请条件

（1）绑定手机号码。

（2）完成实名认证。

（3）近期无违规行为。

（4）至少发布一个作品。

需要提交以下材料：运营者的身份证正反面照片；手持身份证正面的照片；国家公职人员在职证明。

（四）媒体机构类的申请条件

（1）绑定手机号码。

（2）完成实名认证。

（3）近期无违规行为。

（4）至少发布一个作品。

需要提交以下材料：运营者的身份证正反面照片；手持身份证正面的照片；营业执照或事业单位法人证书；申请公函。

任务实施

一、注册快手账号

（1）打开手机中的快手 App，点击左上角的“登录”，如图 4-2 所示。

（2）登录界面的下方有很多登录的方式，如手机号登录、QQ 登录、微信登录等，如图 4-3 所示。

图 4-2　快手界面

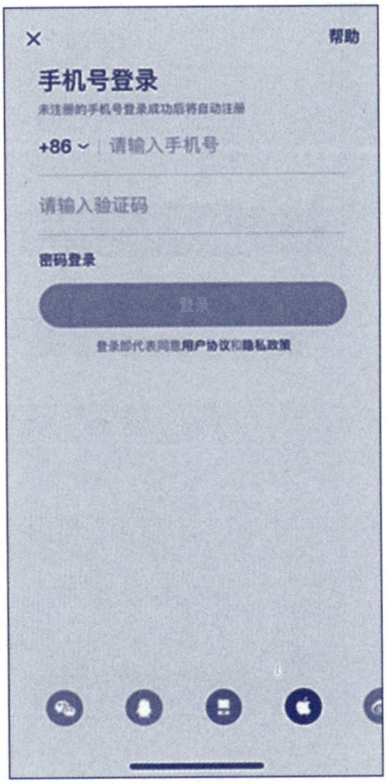

图 4-3　账号登录

（3）选择 QQ 登录后，会出现 QQ 号的选择，选择一个 QQ 号后点击“QQ 授权登录”，如图 4-4 所示。

（4）根据自己的需求选择是否授权如图 4-5 所示的两种情况，点击“完成 QQ 授权”。

（5）登录后会提示绑定手机号，输入手机号和验证码，点击“确定”，如图 4-6 所示。

这样就成功注册了快手账号，在更多界面可以看到自己注册的账号，如图 4-7 所示。

图 4-4　QQ 授权登录

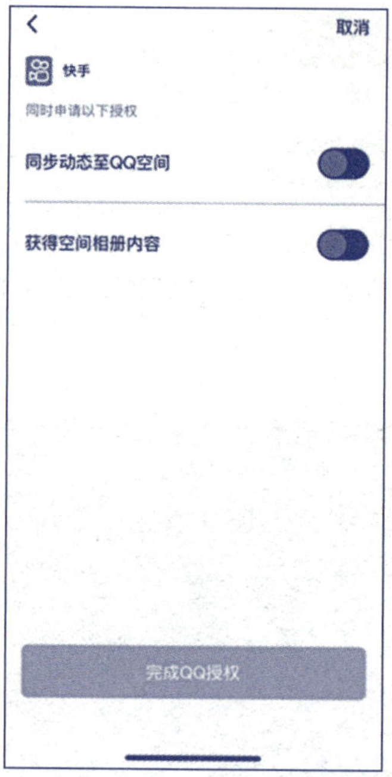

图 4-5　完成 QQ 授权

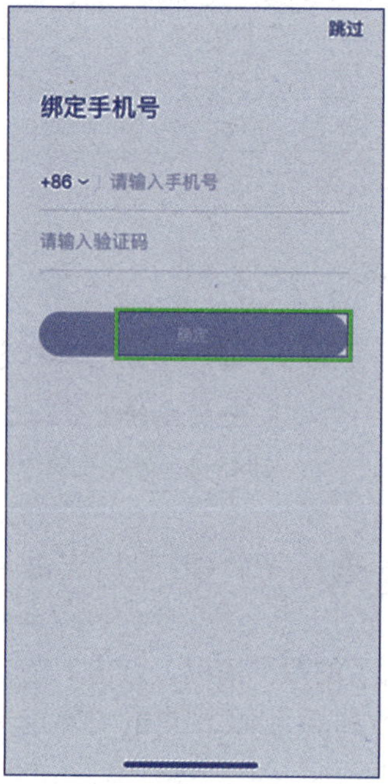

图 4-6　绑定手机号

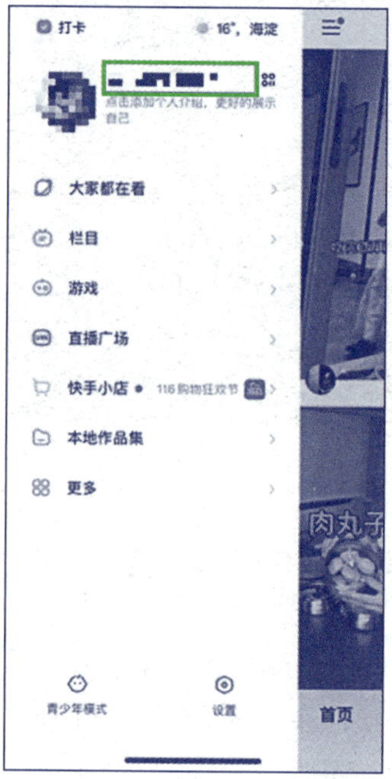

图 4-7　完成账号注册

二、快手加 V 认证

（1）点击如图 4-8 所示界面下方的“设置”选项。

（2）在如图 4-9 所示的界面中点击“账号与安全”。

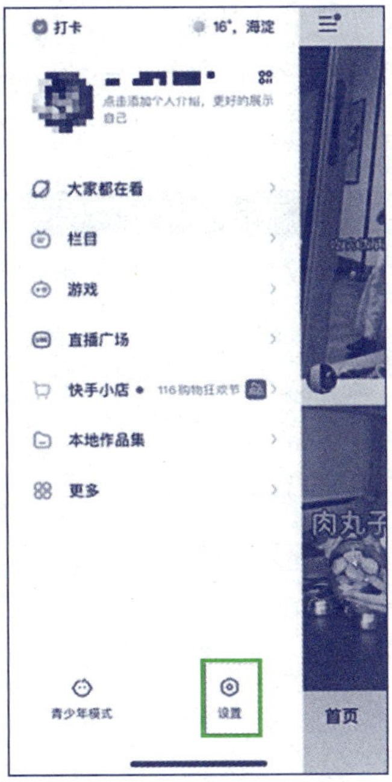

图 4－8　点击设置

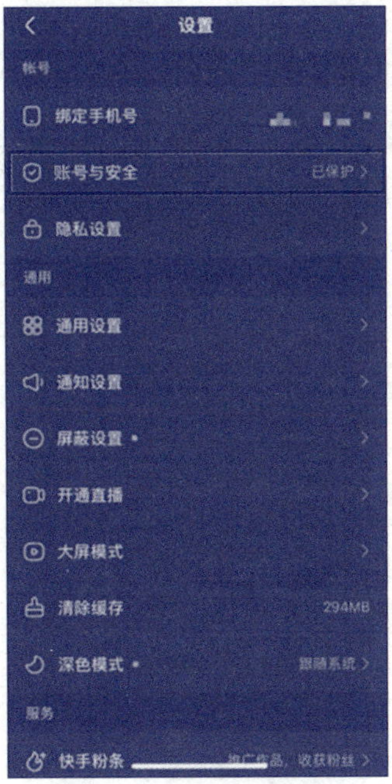

图 4－9　设置界面

（3）在如图 4－10 所示的界面中点击“实名认证”，出现认证页面。

（4）快手用户认证的页面有个人认证（社区创作者、公众人物、国家公职人员）、企业认证和机构认证（国家机构、媒体机构、其他机构），如图 4－11 所示。根据自己的实际情况，选择你想要认证的方式。

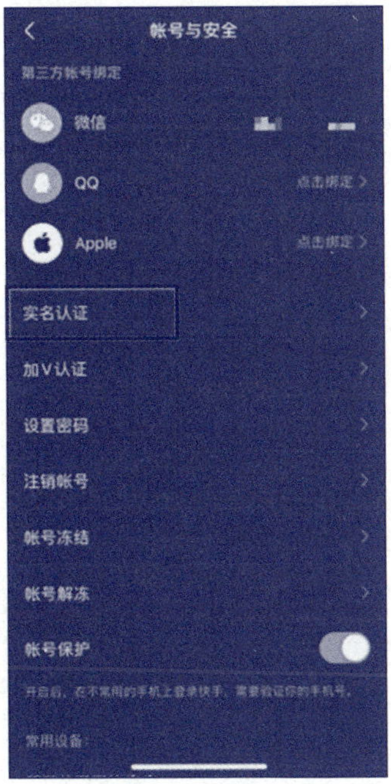

图 4－10　账号与安全界面

图 4－11　选择认证方式

（5）以“社区创作者”为例，满足所列条件就可以申请认证，如图 4 - 12 所示。

（6）认证成功后，将会获得“加 V 标识、搜索优先、官方推荐、原创保护”特权，如图 4 - 13 所示。

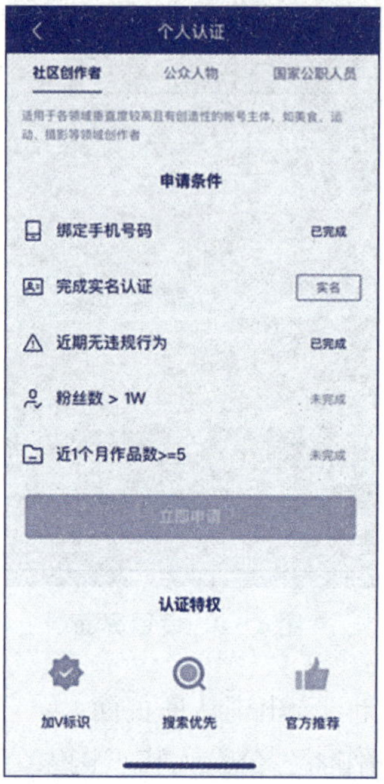

图 4 - 12　申请认证

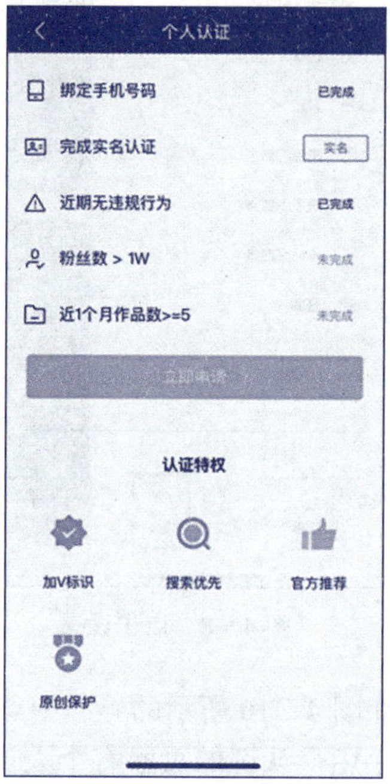

图 4 - 13　认证特权

任务工单 2

<table>
<tr><td>任务名称</td><td colspan="5">快手账号的注册与认证</td></tr>
<tr><td>任务目的</td><td colspan="5">通过注册快手账号，掌握快手个人账号与企业账号的注册过程，能够为个人、企业注册并设置快手账号，能够为个人账号、企业账号申请加 V 认证。</td></tr>
<tr><td>任务内容</td><td colspan="5">1. 注册快手账号；
2. 个人账号申请加 V 认证；
3. 企业账号申请加 V 认证。</td></tr>
<tr><td>任务提示</td><td colspan="5">无论是个人账号还是企业账号，在申请加 V 认证前，必须满足全部申请条件。近 1 个月作品数大于等于 5 个，“粉丝数”大于等于 1 万，便可以申请加 V 认证。</td></tr>
<tr><td rowspan="2">第（　）组</td><td>姓名</td><td></td><td></td><td></td><td></td></tr>
<tr><td>学号</td><td></td><td></td><td></td><td></td></tr>
<tr><td rowspan="4">任务实操</td><td colspan="5">1. 以自己的身份信息，注册一个快手账号；满足全部申请条件后，申请加 V 认证。将实操过程的主要步骤截图。</td></tr>
<tr><td colspan="5"></td></tr>
<tr><td colspan="5">2. 以企业的身份信息，注册一个快手账号；满足全部申请条件后，申请加 V 认证。将实操过程的主要步骤截图。</td></tr>
<tr><td colspan="5"></td></tr>
</table>

考核评价

评价说明：在本次任务完成后，由任课教师主导，采用学习过程评价与学习结果评价相结合，综合运用自我评价、小组评价及教师评价三种方式，由教师确定三种评价方式分别占总成绩的比例，并加权计算出学生个人本次任务的考核评价分。

任务完成考核评价表

项目名称	项目四　短视频营销	任务名称	任务二　开通短视频账号
班级		学生姓名	
评价方式	评价内容	分值	成绩
自我评价	任务工单 2 的完成情况	60	
	对知识和技能的掌握程度	20	
	我胜任了小组内的工作	20	
	合计		
小组评价	本小组的本次任务完成质量	30	
	个人本次任务完成质量	30	
	个人参与小组活动的态度	20	
	个人的合作精神和沟通能力	20	
	合计		
教师评价	个人所在小组的任务完成质量	30	
	个人本次任务完成质量	30	
	个人对所在小组的参与度	20	
	个人对本次任务的贡献度	20	
	合计		
总评 = 自我评价 ×（　）% + 小组评价 ×（　）% + 教师评价 ×（　）% =			

任务三

制作短视频

<table>
<tr><td>项目名称</td><td colspan="2">项目四　短视频营销</td><td>任务名称</td><td>任务三　制作短视频</td></tr>
<tr><td rowspan="3">学习目标</td><td>知识目标</td><td colspan="3">• 了解短视频的内容定位、软文策划方法；
• 了解短视频脚本制作的七要素；
• 了解短视频构图的方法；
• 理解短视频拍摄的基本流程；
• 理解短视频剪辑的基本流程。</td></tr>
<tr><td>能力目标</td><td colspan="3">• 能够对短视频进行策划；
• 能够拍摄短视频；
• 能够剪辑短视频。</td></tr>
<tr><td>思政目标</td><td colspan="3">• 不能抄袭他人短视频的内容，引导学生养成尊重知识产权的良好素养，短视频的定位和内容要健康文明，符合社会主义核心价值观的要求。</td></tr>
<tr><td>任务描述</td><td colspan="4">短视频的制作主要分为前期策划、中期拍摄、后期制作三大步骤。前期拍摄包含内容定位、软文策划、脚本制作三个准备动作；中期拍摄包含拍摄的准备和拍摄两个关键动作；后期制作包含剪辑、特效、音效、封面、标题、导出六个关键动作。本次任务将会带你完成整个制作过程。</td></tr>
<tr><td>任务准备</td><td colspan="4">1. 在智能手机上安装快手 App；
2. 观看快手上感兴趣的短视频；
3. 在智能手机上安装快影 App。</td></tr>
<tr><td>实施提醒</td><td colspan="4">要做好视频营销，视频策划是相当重要的一个步骤。有必要做好调研，慎重对待短视频的内容定位、软文策划、脚本制作。</td></tr>
</table>

知识充电站

一、策划短视频

（一）内容定位

内容定位是指短视频的内容方向和目标确定，是在服务于用户群体的基础上，通过内容本身来进行人设完善和优质信息输出。这是短视频创作的核心。

在进行内容创作前，我们首先应明确什么样的内容能吸引用户的注意力。

1. 能引起共鸣和认同

这一定位多是指热点式，从众心理会使用户不由自主地与多数人保持一致。追热点是吸引用户观看的最简单途径。

2. 引起好奇心和思考

介绍用户未知领域或新鲜新奇的内容，或在视频封面、开头等设置刁钻问题，通过用户对真相的追求来吸引用户观看。

3. 欲望和利益刺激

无利而不往，吸引用户的视频往往能使用户从视频中获取价值，例如情绪价值、认同价值等。

总的来说，短视频创作者可以结合自身的兴趣和特长，选择要创作的内容细节，结合热点进行长期创作，实现内容持续高质产出，从而增加账号权威和忠诚度。如果创作者不知道如何挖掘热点，如何进行内容定位，可以使用由快手官方出品的手机剪辑软件——快影，它不仅是年轻人的视频创作平台，而且是引领潮流的内容生态发源地。在“教你上热门”模块，有最前沿的互联网热点和短视频制作技巧，帮助创作者获知内容定位，如图 4－14 所示。

图 4－14 “教你上热门”模块

（二）软文策划

找准内容定位后，接下来要进行的是视频文案的撰写。视频文案是一个视频的内核，但由于短视频的时长较短，往往为 1～2 分钟，对创作者精简概括的能力要求较高，因此创作难度较大。那么，如何能抓住视频的核心要点，通过文案快速吸引用户的注意力？接下来主要从视频文案的开头、中间、结尾进行拆解。

1. 视频开头文案——抓住黄金 3 秒

视频开头的文案是最为重要的，如何利用黄金 3 秒，吸引用户眼球，是文案策划的关键。在视频开头可以通过设置悬念、给用户留下疑问的方式，让用户想通过视频的后续内容探清答案到底是什么、究竟会发生什么事情、结局会怎么样等，如“生活小妙招：油烟机滤油格难清理怎么办？”。

2. 视频中间文案——增加完播率

视频中间文案要求尽可能短小精悍，避免长篇叙事，符合“短、平、快”“短、精、深”特点的文案，能够在一定程度上增加视频的完播率。

3. 视频结尾文案——引发用户关注、互动

在视频的最后，可以通过文案引导用户进行点赞、关注、分享等行为。

（1）引导关注，如“加关注，下次更新早知道！”。

（2）引导点赞，如“认同的朋友们给我个赞”。

（3）引发评论互动，如“还想知道什么内容，评论区告诉我！”。

（三）脚本制作

在前面内容准备好后，需要进行脚本的制作。在脚本中，我们要对每一个镜头进行细致的设计，用镜头讲故事。用简洁的画面语言写出每个画面所讲的内容。所以需要知道什么时间，什么地点，画面中出现什么，镜头应该怎样运用，景别是什么样的，该准备什么服、化、道，这些方面构成了“短视频脚本七要素”：镜头景别、画面内容、台词、时长、运镜、音效、道具。

1. 镜头景别

拍摄前思考要用远景、全景、中景、近景、特写当中的哪一种，如图 4－15 所示。

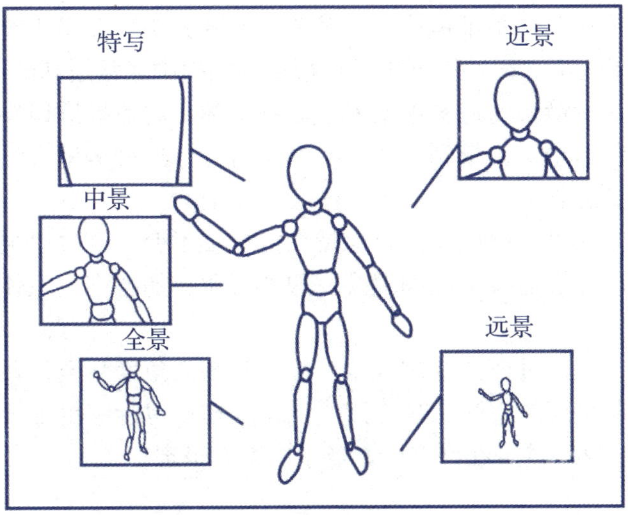

图 4－15　镜头景别

以拍摄人物为例：

（1）远景，是把整个人和环境拍摄在画面中，常用来展示事件发生的时间、环境、规模和气氛。比如一些战争的场景、去游乐园玩的场景、旅行的场景。

（2）全景，比远景更近一点，把人物的身体整个展示在画面中，用来表现人物的全身动作，或者是人物之间的关系。比如健身运动的场景、走路的场景。

（3）中景，指拍摄人物的腰部至头顶的部分，不仅能够使观众看清人物的表情，而且有利于显示人物的形体动作。

（4）近景，指拍摄人物胸部以上至头部的部位，非常有利于表现人物的面部表情、神态，甚至是细微的动作。比如，我们经常看到美妆博主使用近景拍摄，展现自己的颜值。

（5）特写，就是对人物的眼睛、鼻子、嘴、手指、脚趾等细节进行拍摄，适合用来表现需要突出的细节。比如，画了眼线就要着重表现眼睛的灵动。

2. 画面内容

把想要表达的东西通过各种场景进行呈现。具体来讲，就是拆分剧本，把内容拆分在每一个镜头里。

这一部分是短视频脚本的“灵魂”，需要提前构思脚本的大纲：大致需要几个人在什么样的场景表演一个什么样的故事？故事按照什么样的形式发展？情节刺激点及剧情人物冲突是怎样的？要表达什么中心思想？

3. 台词

台词指的是人物说的话，可以是人物之间的交谈，也可以是“画外音”，起到的是画龙点睛的作用。建议时长 60 秒的短视频，台词尽可能不要超过 180 个字。

4. 时长

时长指的是单个镜头的时长，需要提前标注清楚，方便在拍摄与剪辑的时候，找到节奏和重点，提高工作效率。

5. 运镜

运镜就是拍摄手法，包括推镜头、拉镜头、升降镜头、摇镜头等，不同的运镜方式展现出来的画面效果也不一样。接下来介绍短视频拍摄中经常用到的运镜技巧。

（1）前推后拉。将镜头匀速移近或者远离被摄体。向前推进镜头是通过从远到近的运镜，使景别逐渐从远景、中景到近景，甚至是特写，这种运镜方法容易突出主体，能够让观者的视觉逐步集中。

（2）环绕运镜。拍摄环绕镜头需要保持相机位置不变，通过以被摄体为中心手持稳定器进行旋转移动。环绕运镜就犹如巡视一般的视角，能够突出主体、渲染情绪，让整个画面更有张力。

（3）低角度运镜。通过模拟宠物视角，使镜头以低角度甚至是贴近地面角度进行拍摄，越贴近地面，所呈现的空间感越强烈。低角度拍摄也能够更加聚焦于某一部位，最常见的如腿部行走，这类镜头在许多电影场景中都有呈现。

6. 音效

影视剧中常常会根据不同场景的气氛烘托搭配不同的音效，例如恐怖的场景会使用低沉阴森的音效，欢快的地方则会用轻松愉悦的音效。

7. 道具

视频拍摄时可以选择的道具种类非常丰富，但需要注意的是，道具是为整个视频起画龙点睛的作用，而不是画蛇添足，切勿本末倒置，让道具抢了主体的风采。

以上就是短视频脚本的七要素。由此可见，脚本是为效率和结果服务的，一方面可以提高视频拍摄效率，预防执行期间可能会出现的状况；另一方面可以通过脚本精雕细琢每一个场景里出现的细节，保障视频拍摄质量，提高流量转化率。

二、拍摄短视频

（一）构图的方法

在开始拍摄前，还需要了解一些基础的拍摄技巧，其中构图方法最为重要。在摄影中，构图的方法和种类很多，以下将介绍5种常用的构图方法。

1. 三分线构图

三分线构图又称九宫格构图，用两条横线和两条竖线将画面分为九块，最重要的是拍摄的时候利用三分线的交点，将主体放到交点的位置，如图4-16所示，这很符合视觉平衡的原则。三分线构图法适合大部分场景的拍摄，可以说是一种万能构图法。

2. 框架构图

在拍摄照片时，寻找框架作为前景进行拍摄，这样可以让照片不那么的单调，同时，利用框架还能够突出主体，如图4-17所示。

图4-16　三分线构图

图4-17　框架构图

3. 几何构图

我们拍摄照片的时候可以寻找几何图形，利用几何图形进行构图，比如常见的有三角形、圆形、正方形、不规则图形等，如图4-18所示。

图4-18　几何构图

4. 引导线构图

在拍摄风景照时，例如拍摄公路、桥梁、蜿蜒的山脉，寻找画面中的引导线进行构图，能够突出照片的纵深感，如图4-19所示。

5. 留白构图

留白是一种极简的构图方法，如图4-20所示。它的作用是让画面和背景分开，大面积的留白可以突出被拍摄的主体，使画面很干净，让人看起来就很舒服，一般来说以天空作为留白的背景。

图 4－19　引导线构图

图 4－20　留白构图

（二）视频拍摄

随着技术的进步和发展，手机的拍摄功能越来越强大，手机也可以拍摄出优质的影像作品。在这里以快影为例，为大家讲解手机拍摄的流程，让零拍摄基础的同学们也能轻松拍出高质量的短视频作品。

（1）首先打开快影软件，点击“拍摄”。可以看到在拍摄页面，有从极慢到极快 5 种拍摄速度，不同的速度能够呈现出不同的效果，如图 4－21 所示。

（2）点击“美化”功能，可以添加滤镜，对图像进行美化，如图 4－22 所示。

图 4－21　拍摄页面

图 4－22　滤镜功能

（3）点击“魔法”可以添加实时动感特效，上万款特效可以满足用户的不同需求，呈现出丰富多样的视频效果，如图 4－23 所示。

（4）点击“模板拍摄”可以一键拍出明星同款，海量的模板素材为创意短视频的拍摄提供了可能，如图 4－24 所示。

图 4－23　动感特效

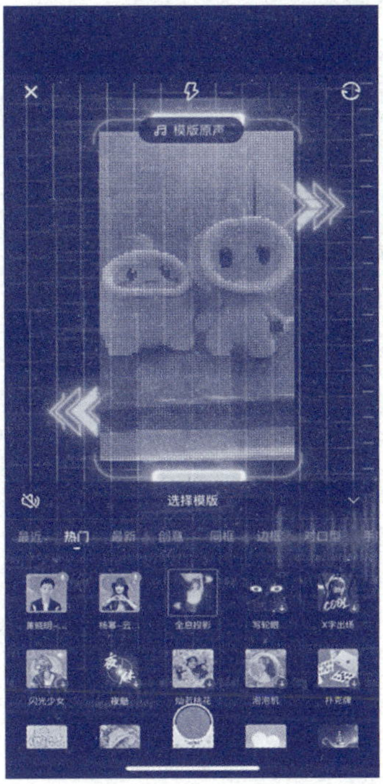

图 4－24　模板素材

任务实施

剪辑短视频

视频剪辑是通过对一个视频进行分割、加素材等操作，完成视频的整体化串接和美化，是短视频制作的画龙点睛之笔。这里以快影为例来介绍视频剪辑操作方法。

（一）剪辑视频

（1）打开快影软件，进入创作页面，如图 4 - 25 所示，点击“剪辑”，导入拍摄好的视频素材或图片。部分通用素材和热门素材可通过视频条上的“+”号，在快影的素材库进行添加使用。

（2）点击手机下方工具栏中的“剪辑”，工具栏上方会出现操作画面，共有分割、变速、背景、画中画、动画、删除、画面定格、复制、裁剪、替换、倒放、旋转、排序 13 个剪辑功能，如图 4 - 26 所示。根据前期的视频脚本，利用上述功能，将分镜头逐个剪辑、拼接。

（二）添加特效

点击工具栏中的“调整”，为视频添加特效。特效工具中包含热门、动感、装饰等多种玩法，如图 4 - 27 所示，不仅能够为作品增添趣味性和动感，还能紧跟潮流玩法，提高上热门的概率。拍摄的人像视频中，还可以选择美颜、滤镜工具，调整人物呈现效果。

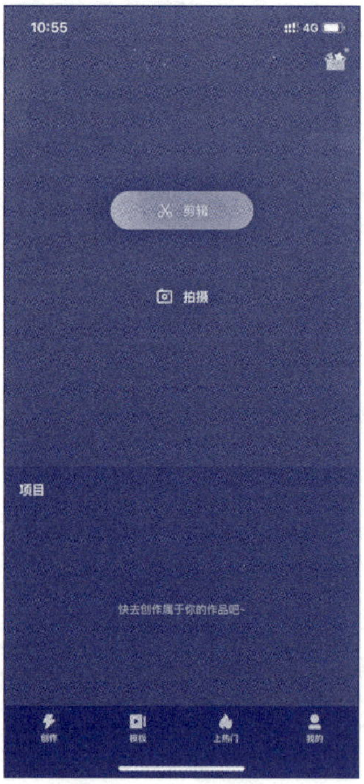

图 4 - 25　创作页面

图 4 - 26　剪辑功能

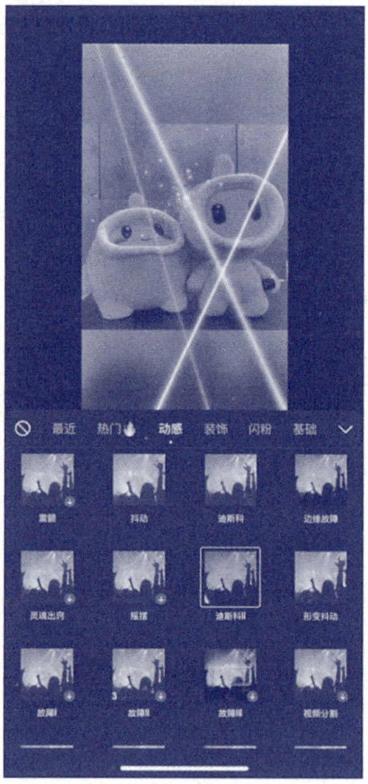

图 4 - 27　视频特效

（三）插入音效

对于短视频而言，音效是尤为重要的一环。适当的背景音乐能够烘托氛围，引起用户共鸣，巧妙的音效配合往往能够达到画龙点睛的效果。例如，美食类的视频，可以选择舒缓、令人心旷神怡的配乐；动感舞蹈类的视频，可以选择流行、嘻哈等快节奏音乐；运动风格的视频可以选择节奏感强的音乐。选择合适的背景音乐能让视频呈现出更惊艳的效果。

（1）点击工具栏中的“音效”，通过视频原声导入、音乐、快手收藏、音效、智能配音等方式完成视频音效的制作。快影的音乐库里有海量的歌曲和最热门的音效可供选择。点击“音效”，还能插入笑声、提示音、机械音等热门音效，如图 4－28 所示。

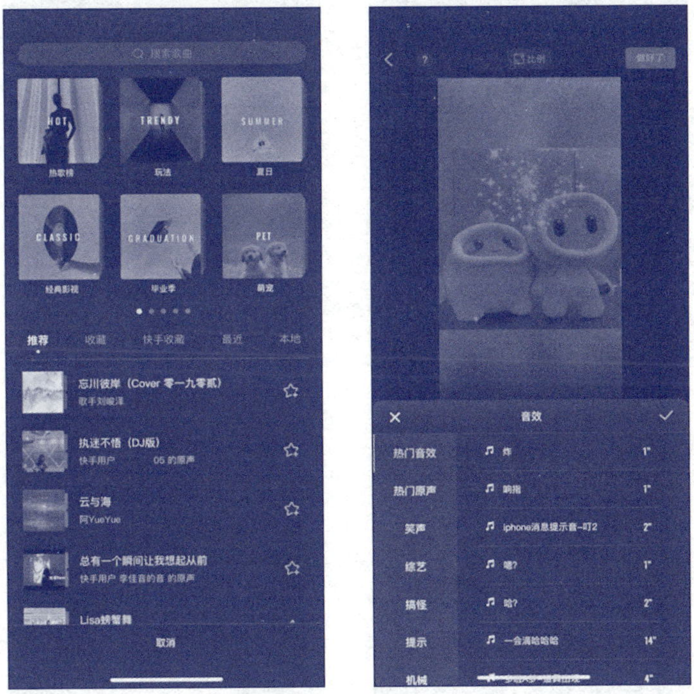

图 4－28　插入音效

（2）如果在视频拍摄的过程中没有进行收音，可以点击“配音”，对视频进行配音。若不想使用人物原声，还可以点击“智能配音”，添加需要配音的文字，使用多种声音进行配音，如图 4－29 所示。

（四）制作封面

在完成视频的剪辑后，还需制作作品的封面。一个好的作品封面应该具备以下四个特征：画面清晰明亮、颜色鲜艳；能够抓住视频中有特色的一帧，或单独拍摄；标题与封面有明显的区别，能让用户一眼看到关键点；封面形成系列化、统一化。

点击视频条前方的“封面”，进入封面制作页面，如图 4－30 所示。点击“视频帧”，拖动视频条可以选择视频中的关键帧，点击“添加封面样式”，可以选择个性、花样等趣味字体，形成自己的独特风格，吸引用户点击。此外，点击“照片”，还可以导入视频之外的其他图片作为封面。

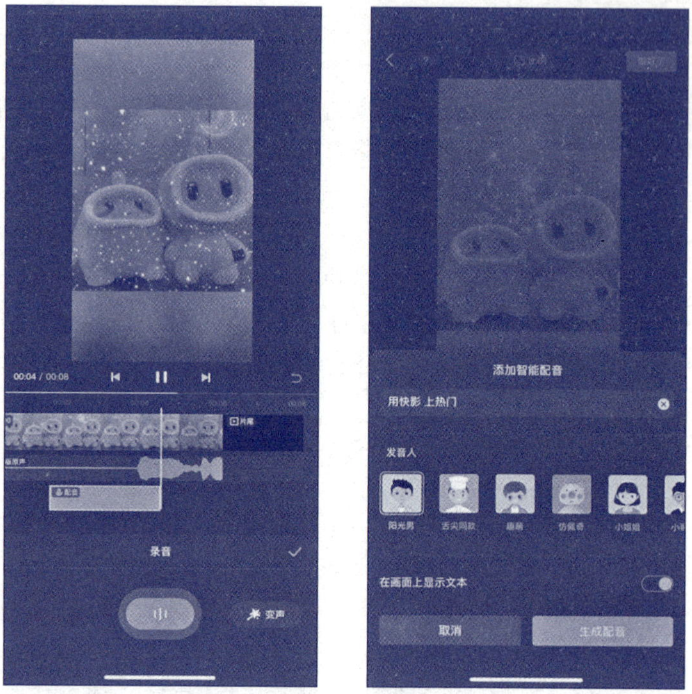

图 4－29　配音

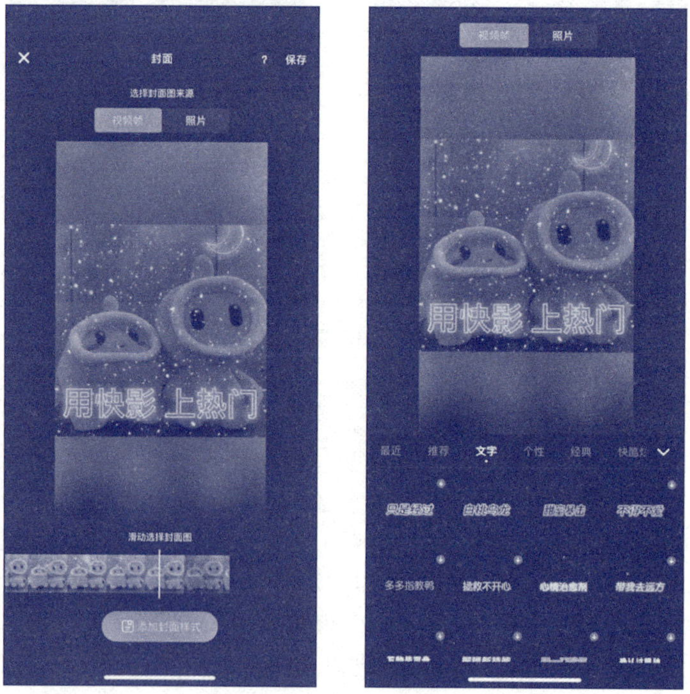

图 4－30　制作封面

（五）导出视频

在视频、封面都制作完成后，点击右上角的“做好了”按钮，进入视频导出页面，选择分辨率和帧率，如图 4－31 所示。通常观看的分辨率为 720p，分辨率越高，视频越清晰，但相应的视频文件也会越大；帧率一般设置为 25 ～ 50，帧率越高，画面越流畅，同时视频文件也会越大。过大的视频文件会占用手机等电子设备的存储空间，需要根据设备的容量情况酌情选择。

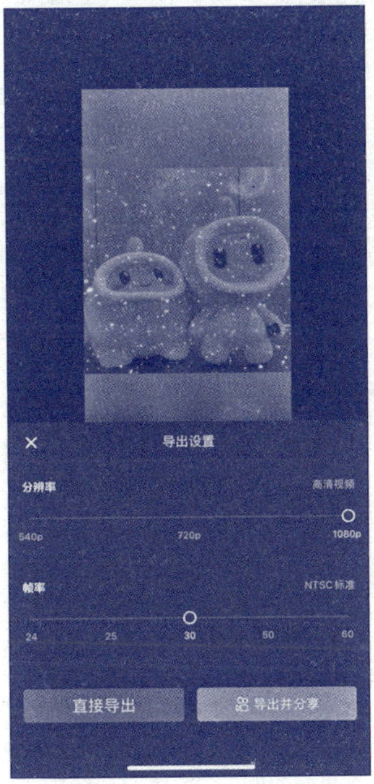

图 4－31　导出视频

（六）发布文案

设置好后，点击“导出并分享”，跳转到快手平台，进入视频发布页面。在发布页可以自由编辑文案，选择视频的标签。好的文案标题具有以下三个特点：

（1）具有容易被识别的关键词，如流量热词、实义名词、领域名词等。

（2）利用阿拉伯数字打造吸睛亮点。

（3）带有该视频垂直类的标签。

具有以上特点的文案标题，不仅能够吸引用户观看，增加视频的播放量和完播率，而且便于用户检索，在标签页增加视频曝光机会。

任务工单 3

<table>
<tr><td>任务名称</td><td>短视频的策划与制作</td></tr>
<tr><td>任务目的</td><td>通过本次任务，掌握短视频策划、拍摄、剪辑的操作过程，能够对短视频进行内容策划与脚本制作，能够采用恰当的方法拍摄短视频，并利用快影工具对短视频进行剪辑处理。</td></tr>
<tr><td>任务内容</td><td>1. 在快手上观看自己感兴趣的短视频，自己策划一个短视频，撰写短视频的内容定位、软文策划、脚本。
2. 选择合适的构图方法，拍摄一个短视频。
3. 利用快影工具的剪辑、特效、音效、封面、导出等功能，对短视频进行剪辑处理。</td></tr>
<tr><td>任务提示</td><td>短视频的内容定位、软文策划以及脚本设计因人而异，建议结合短视频的具体定位和用户的个人能力、兴趣特点等因素，制定适合自己的策划方案。</td></tr>
<tr><td>第（ ）组</td><td><table><tr><td>姓名</td><td></td><td></td><td></td><td></td></tr><tr><td>学号</td><td></td><td></td><td></td><td></td></tr></table></td></tr>
<tr><td>任务实操</td><td>1. 自己策划一个短视频，撰写短视频的内容定位、软文策划、脚本，填写下表。
<table>
<tr><td>内容定位</td><td colspan="2"></td></tr>
<tr><td rowspan="3">软文策划</td><td>视频开头文案</td><td></td></tr>
<tr><td>视频中间文案</td><td></td></tr>
<tr><td>视频结尾文案</td><td></td></tr>
<tr><td rowspan="7">脚本制作</td><td>镜头景别</td><td></td></tr>
<tr><td>画面内容</td><td></td></tr>
<tr><td>台词</td><td></td></tr>
<tr><td>时长</td><td></td></tr>
<tr><td>运镜</td><td></td></tr>
<tr><td>音效</td><td></td></tr>
<tr><td>道具</td><td></td></tr>
</table>
2. 根据短视频的策划定位，拍摄一个短视频。
<table><tr><td>采用的构图方法</td><td></td><td>视频名称</td><td></td></tr></table>
3. 利用快影工具的剪辑、特效、音效、封面、导出等功能，对短视频进行剪辑处理。</td></tr>
</table>

考核评价

评价说明：在本次任务完成后，由任课教师主导，采用学习过程评价与学习结果评价相结合，综合运用自我评价、小组评价及教师评价三种方式，由教师确定三种评价方式分别占总成绩的比例，并加权计算出学生个人本次任务的考核评价分。

任务完成考核评价表			
项目名称	项目四　短视频营销	任务名称	任务三　制作短视频
班级		学生姓名	
评价方式	评价内容	分值	成绩
自我评价	任务工单 3 的完成情况	60	
	对知识和技能的掌握程度	20	
	我胜任了小组内的工作	20	
	合计		
小组评价	本小组的本次任务完成质量	30	
	个人本次任务完成质量	30	
	个人参与小组活动的态度	20	
	个人的合作精神和沟通能力	20	
	合计		
教师评价	个人所在小组的任务完成质量	30	
	个人本次任务完成质量	30	
	个人对所在小组的参与度	20	
	个人对本次任务的贡献度	20	
	合计		
总评 = 自我评价 ×（　）% + 小组评价 ×（　）% + 教师评价 ×（　）% =			

任务四

实施短视频营销

<table>
<tr><th>项目名称</th><th>项目四　短视频营销</th><th>任务名称</th><th>任务四　实施短视频营销</th></tr>
<tr><td rowspan="3">学习目标</td><td>知识目标</td><td colspan="2">• 了解快手营销平台的架构；
• 理解快手广告平台的内容；
• 理解快手社交生态类产品；
• 理解快手内容生态类产品；
• 了解快手短视频的营销策略。</td></tr>
<tr><td>能力目标</td><td colspan="2">• 能够创建快手广告；
• 能够开通快手小店；
• 能够在快手小店上添加商品。</td></tr>
<tr><td>思政目标</td><td colspan="2">• 培养学生能够主动抵制为了博取眼球而在广告中发布低俗不良信息的行为，引导学生在短视频推广和快手小店上避免销售假冒伪劣商品，自觉遵守互联网法律法规，带头维护健康的社会主义市场经济市场环境。</td></tr>
<tr><td>任务描述</td><td colspan="3">快手短视频社区已经是非常成熟的社交平台，但作为一个新的商业平台，推出了快手营销平台，这一切必将碰撞产生新的火花，从而赋予快手短视频社交营销平台传统营销方式不具备的特质和优势。那么，快手营销平台包括哪些营销产品？快手短视频营销有哪些技巧？快手营销产品如何开通和使用？本次任务将会为你一一解惑。</td></tr>
<tr><td>任务准备</td><td colspan="3">1. 在智能手机上安装快手 App；
2. 整理好个人的身份信息材料。</td></tr>
<tr><td>实施提醒</td><td colspan="3">快手小店既可以添加商品，也可以接入淘宝、有赞（提供 H5 界面直接在快手中完成购买）和魔筷 TV（跳转到小程序，帮助完成裂变和“粉丝”沉淀）等第三方平台。</td></tr>
</table>

知识充电站

一、了解快手营销平台的架构

2018 年 10 月 30 日，快手公司在北京举行“Fe+ 新商业”发布会，正式发布营销平台。快手营销平台定位于“社交商业引擎”，包括快手广告和快手商业开放平台两个部分，相关的产品包括：信息流广告、话题标签页、粉丝头条、网红快接单、快手小店、子母矩阵号、品牌账号等，如图 4－32 所示。

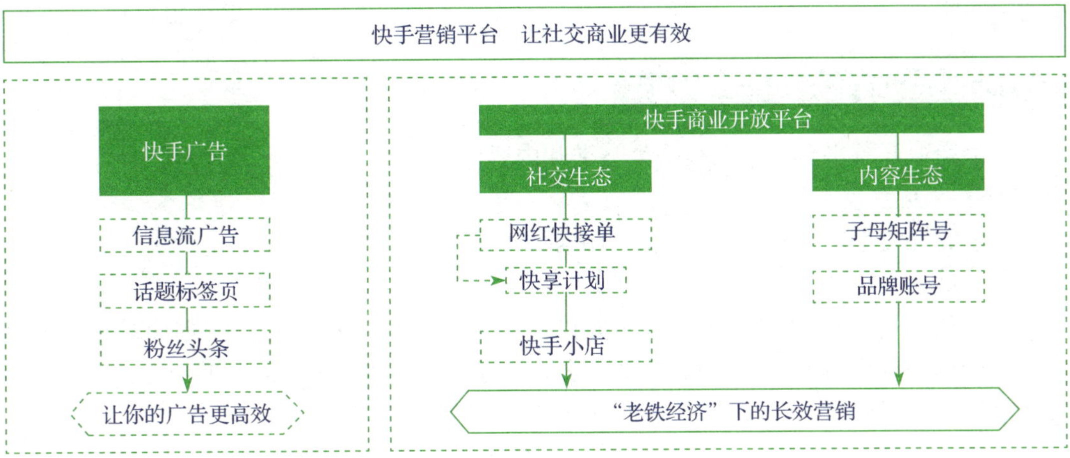

图 4－32　快手营销平台架构

快手广告和快手商业开放平台的区别在于：（1）快手广告的目标是让广告更高效、更精准；快手商业开放平台则以“长期效果”为导向，主要目标是将这些商业能力开放给商家和主播网红们；（2）广告体系的信息流广告、话题标签页和粉丝头条，是在公域流量领域中提高广告的效力；而快手商业平台则进入私域流量领域，基于快手高黏性、高信任度、高忠诚度的社交生态，快手定义其为“老铁生态”。

二、理解快手广告平台的内容

快手广告，包括信息流广告、粉丝头条及活动的话题标签页等。

（一）信息流广告

将广告投放至快手 App 的信息流中，以原生广告的形式向所有快手用户推广。快手广告位在快手 App“发现”页第五个位置，广告主通过竞价的方式投放，出价高的广告主获得优先展示的机会，同一用户 24 小时之内同一广告只能被看见一次。广告展示按点击计费。信息流广告是快手为企业用户提供的重要宣传推广渠道，投放快手信息流广告要有企业资质。

（二）粉丝头条

通过粉丝定向和多标签定向定位，精确获取高价值用户，同时支持同城页曝光，LBS（location based services，基于位置的服务）获取本地精准流量。为指定视频作品购买粉丝头条服务后，该作品将在 24 小时内在“粉丝”关注页内置顶一次，同时也可以选择在非“粉丝”用户的发现页或同城页展示。广告展示根据实际“粉丝”数量或曝光量进行计价。非企业用户可以选择粉丝头条进行个人形式的宣传。

（三）话题标签页

快手社交平台具备聚合“粉丝”、运营“粉丝”的天然属性，快手“老铁生态”特有的温度、信任度和忠诚度，也使得在快手社交平台传递品牌信息、与用户开展互动更容易。快手“话题标签”产品凭借高社交互动性和完整的整合传播方式让用户从围观到参与，通过拍摄标签相关短视频，自发成为品牌传播的一环，进而帮品牌打造口碑，俘获更多的用户。通过“话题标签”方式成功开展的营销活动，能够充分释放品牌的用户号召力。

三、理解快手商业开放平台的内容

快手商业开放平台，包括社交生态类和内容生态类。

（一）社交生态

快手的社交生态包括网红快接单和快手小店等产品。

1. 网红快接单

快手用户可以通过“快接单”功能接受商家发布的 App 下载、淘宝商品推广等任务，拍摄相关推广视频，带动流量并获得相应的推广收入。在快接单平台上，商家可以自主对接与自己产品相匹配的网红，借用网红流量带动销量。

2. 快手小店

通过与淘宝、有赞等第三方平台合作，快手 App 新增“快手小店”入口。快手主播可在快手作品、短视频、直播等场景内，直接引导用户进入商家店铺查看推荐商品；用户通过点击，即可跳转进入有赞、淘宝、天猫等第三方平台店铺。目前快手已和部分第三方平台实现用户账号相互打通，快手用户可直接购买。未来这一功能还会根据不同的行业来设定相应的模板。

（二）内容生态

内容生态类产品包括商业号和矩阵号。快手帮助各行业商家搭建自己的“粉丝”阵地。建立矩阵账号、发布内容和“涨粉”的整个过程，正是商家与“老铁”建立信任、传递品牌信息、输出品牌价值的过程。

1. 商业号

商业号是商业生态主阵地之一，广告主通过品牌账号，建立自己的专属营销阵地，针对受众生产短视频内容，以优质内容吸引用户，与用户进行多次传播互动，获取额外流量，沉淀社交资产。

2. 矩阵号

矩阵账号是快手针对公众机构推出的专业管理工具，满足机构对于多内容的联动和管控需求。通过母号可以同时管理多个子号，目前已经包含多账户数据查询、内容管理、账号管理和关联等功能，母号可及时抓取子账号的优质内容，实现品牌员工价值最大化，同时实现品牌的多渠道覆盖，放大品牌传播声量。

四、了解快手短视频的营销策略

（一）商品要恰当嵌入

假如你的快手视频内容中有很多广告宣传，那么，这样的视频是难以获得很多分享的，除非你的内容使用价值非常大，可是这一点真的很难做到。因此你需要做一个高使用价值的视频，最好的方法便是恰当的广告植入。

（二）控制视频的长短

视频长短控制在五分钟内，这样有利于传播。有些用户是在没有 Wi-Fi 的情况下观看视频的，超出五分钟的视频很多人是不愿意用流量观看的，并且视频的节奏感应该快一些，视频过长非常容易让用户走神。

（三）内容要融合商品

视频内容可以是有干货知识或使用价值的，也可以是调侃的等，但无论是哪一种内容，都必须要融合商品。

（四）选择视频上传时间

发布时间最好在周末，例如可以选择周六早上，因为这一时间绝大多数人都在家里，并且有 Wi-Fi，有的人是刚醒来开始“刷”微博或微信朋友圈，此时是非常容易“刷”到刚上传的视频的。曾有调查对工作日和周末的时间进行监测，最终得出结论：周末的实际效果要比工作日好 50% 以上。

（五）优化视频标题和封面图

用户每天都要接触海量的信息内容，决定是否观看或点一下这一内容仅需要几秒的时间，因此标题一定要抓住用户的兴趣点。另外，封面图也可以博人眼球，激起用户的求知欲。

任务实施

一、创建快手广告

（一）认识广告推广页

创建广告之前，首先要弄清楚推广页的整体情况，如图 4－33 所示。推广页包含以下信息：

（1）创建广告。推广页首页两侧都可以支持快速创建广告。

（2）账户层级。推广页面可查看三个层级数据，分别为广告计划、广告组、广告创意层级。

（3）搜索筛选。支持计划状态筛选，同时搜索框可支持计划名称 & 计划 ID 筛选。

（4）日期筛选。支持跨时间段筛选，日期最长跨度为 6 个月。

（5）自定义列表。支持选择自定义数据排序，根据需求对数据指标进行排序。

（6）启动、暂停、删除。支持勾选筛选“启动”“暂停”“删除”按钮。

图 4－33　快手广告推广页

（二）搭建计划

（1）选择营销目标。根据投放需求选择营销目标。

（2）计划名称。计划名称根据营销目标＋日期＋创建时间自动填写，可支持自行编辑，如图 4－34 所示。

（3）单日预算。设置计划预算，目前支持“不限”“统一预算”“分日预算”，如图 4－35 所示。“计划预算”最低不小于 500 元；“统一预算”根据排期固定预算；“分日预算”可对一周预算进行设置，主要为方便用户设置次日预算，“分日预算”空白则默认为不限预算。

图 4－34　确定营销目标和计划名称

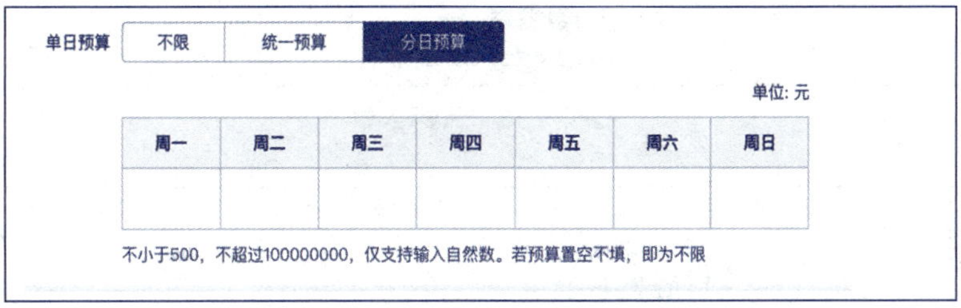

图 4－35　设置预算

（三）搭建广告组

1. 目标应用

（1）根据选择的营销目标填写和选择投放链接。如 App 下载类支持选择应用，收集表单支持 H5 落地页信息填写等。

（2）转化目标。如在工具—转化跟踪搭建追踪线索或者追踪应用时可直接选择相应搭建的转化目标。

2. 目标人群

（1）支持定向模板选择，帮助广告主快速勾选定向；可在工具—定向模板里提前设置。

（2）自定义人群。支持 DMP（data management platform，数据管理平台）人群包选择和运算。

（3）基本定向选择，包括地区、年龄、性别、设备、兴趣和智能扩量等定向，如图 4－36 所示。其中智能扩量支持三种基本定向是否可突破，具体可根据实际投放情况设定。

3. 预算和排期

支持设置整个广告组投放的预算、投放方式、排期、投放时段、创意展现方式，如

图 4－37 所示。

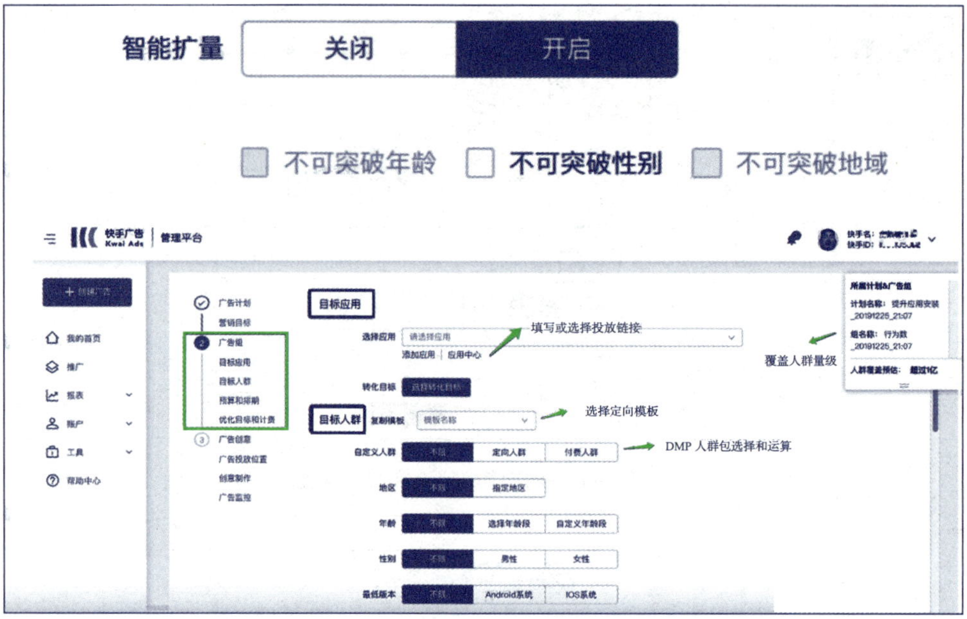

图 4－36　目标人群

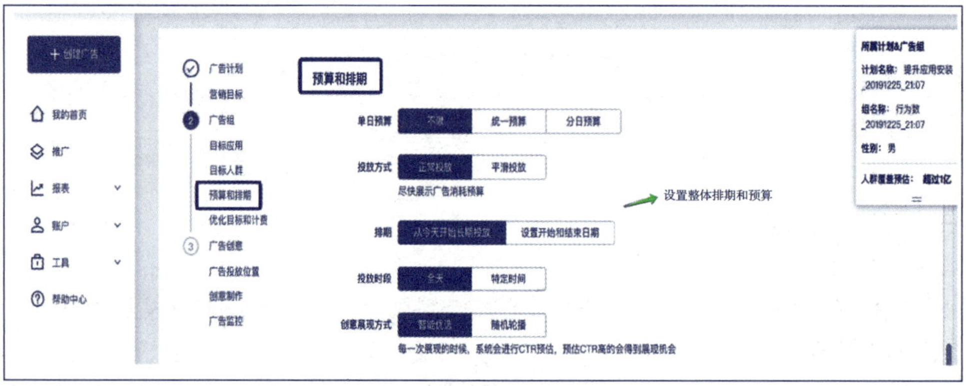

图 4－37　预算和排期

4. 优化目标和计费

支持优化目标、计费方式、目标成本的选择，如图 4－38 所示。注意：目前效果平台暂不支持封面曝光计费方式。

（四）搭建创意

1. 广告投放位置

支持优选广告位，按照场景选择广告位，如图 4－39 所示。

（1）优选广告位。会根据投放目标和定向，选择预估效果最好的广告位进行投放，并触达更多目标转化用户。

（2）按照场景选择广告位。目前支持信息流广告和视频播放页广告，其中视频播放页广告主要为便利贴样式。

图 4－38　优化目标和计费

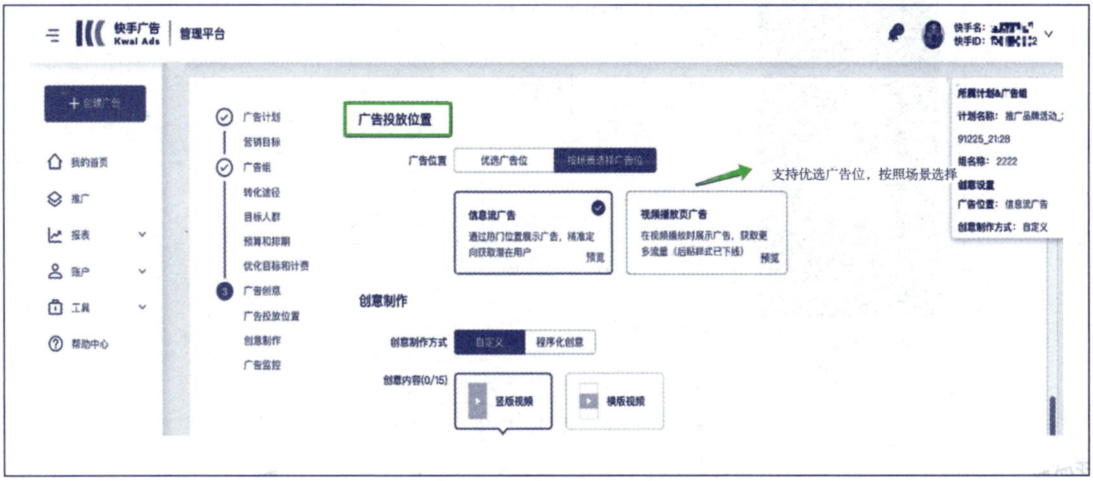

图 4－39　广告投放位置

2. 创意制作

（1）创意制作方式。支持自定义、程序化创意。

（2）创意内容。每个组支持 15 条创意，同时支持竖版视频、横版视频、便利贴样式，如图 4－40 所示。

（3）视频和封面。视频支持本地和选择快手自有作品；封面支持“推荐封面”以及本地上传封面，如图 4－41 所示。

（4）封面动态词包。在广告视频封面内加入与用户个人属性相关的关键词，比如年龄、地域等，如图 4－42 所示，可提升封面点击率与后续转化率。

1）必须选择贴纸，填写封面广告语才可以出现动态词包。

2）封面广告语预览的时候显示，展示封面广告语，但不影响实际投放展示。

3）封面广告语最好限制在 14 个字以内，否则线上展现效果不佳。

4）目前只有自定义创意支持动态词包，程序化创意暂不支持动态词包。

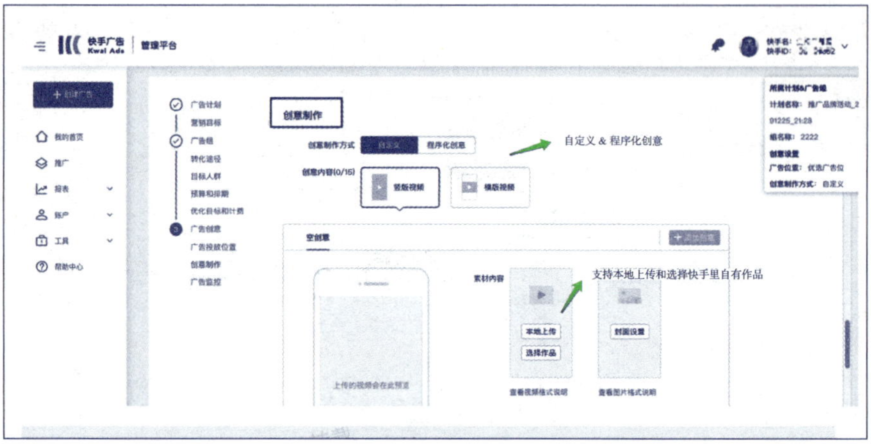

图 4－40 创意制作

图 4－41 封面设置

词包	默认词	替换词		操作
[日期]	今天	今天	展开	插入
[星期]	周末	星期一、星期二、星期三、...	展开	插入
[节日]	节日	元旦、腊八节、除夕、春节...	展开	插入
[男性女性]	本地人	男人、女人	展开	插入
[帅哥美女]	本地人	帅哥、美女	展开	插入

图 4－42 封面动态词包

（5）添加“行动号召按钮”“作品广告语”，如图 4－43 所示。

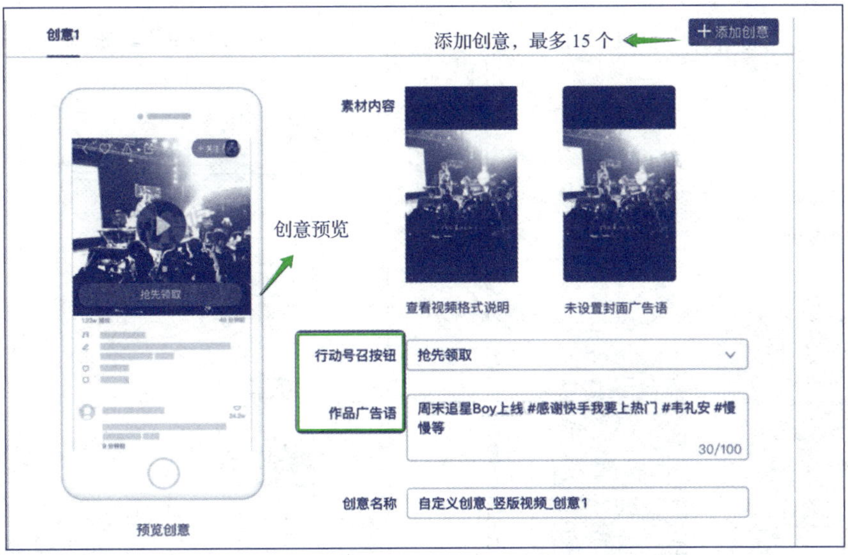

图 4－43　添加行动号召按钮、作品广告语

二、开通快手小店

（一）快手小店实名认证

（1）打开快手 App，点击左上方三杠符号，进入设置页面，找到“实验室”，如图 4－44 所示。

（2）在“实验室”里选择“我的小店”，如图 4－45 所示。

图 4－44　设置页面

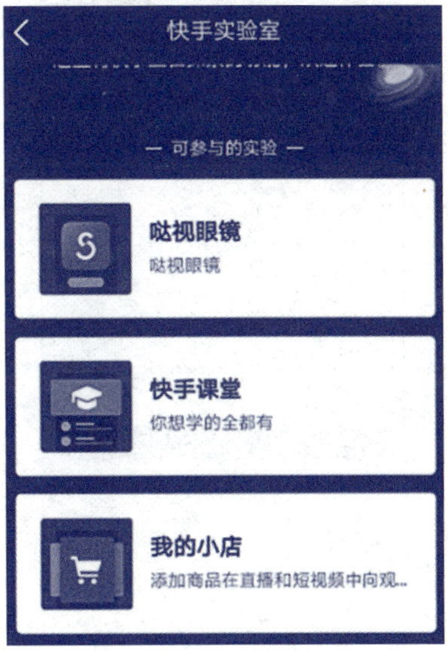

图 4－45　快手实验室页面

（3）点击启用“我的小店”，如图 4－46 所示。

（4）进行实名认证，上传身份信息，如图 4－47 所示。认证完成且信用良好，即可开通“我的小店”。

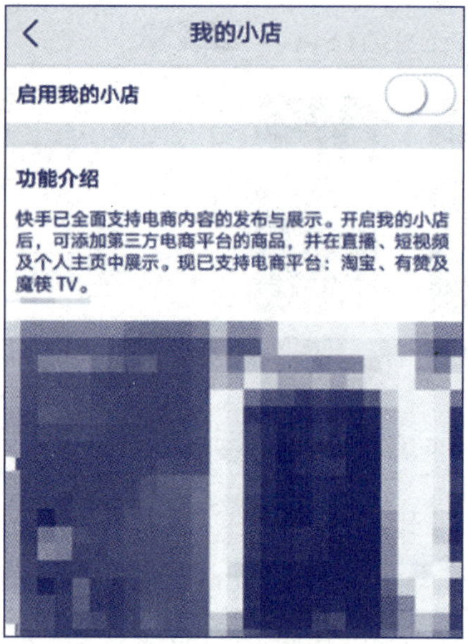

图 4-46　启用我的小店

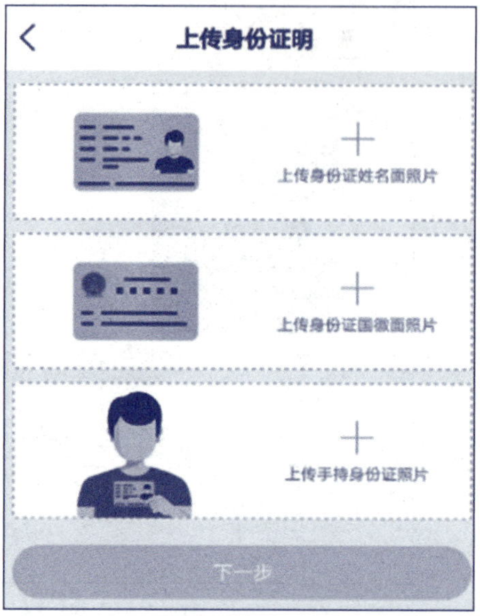

图 4-47　实名认证

（二）快手小店添加商品

（1）实名认证通过之后，就有了属于自己的快手小店，只要点击下方“添加商品”即可进行商品的出售，如图 4-48 所示。

（2）在“添加商品”页面根据提示填写内容即可，如图 4-49 所示。

图 4-48　点击“添加商品”

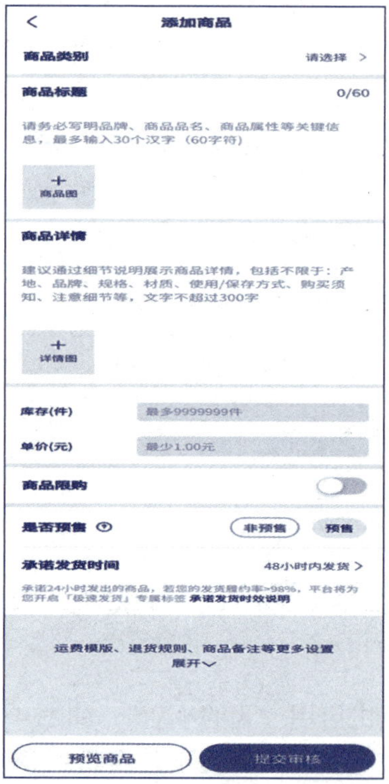

图 4-49　填写商品信息

任务工单 4

<table>
<tr><td>任务名称</td><td colspan="5">开通快手营销平台</td></tr>
<tr><td>任务目的</td><td colspan="5">通过本次任务，掌握快手广告创建和快手小店添加商品的操作过程，能够在快手平台上创建广告，能够开通快手小店并进行实名认证，能够在快手小店里添加商品。</td></tr>
<tr><td>任务内容</td><td colspan="5">1. 创建快手广告。能够搭建广告计划和广告组，搭建创意。
2. 开通快手小店，并进行实名认证。
3. 在快手小店里添加商品。</td></tr>
<tr><td>任务提示</td><td colspan="5">建议提前了解快手小店可承接的商品类型、可链接的第三方电商平台类型及要求，并尝试添加和管理商品。</td></tr>
<tr><td rowspan="2">第（　）组</td><td>姓名</td><td></td><td></td><td></td><td></td></tr>
<tr><td>学号</td><td></td><td></td><td></td><td></td></tr>
<tr><td rowspan="6">任务实操</td><td colspan="5">1. 创建快手广告。将实操过程的主要步骤截图。</td></tr>
<tr><td colspan="5"></td></tr>
<tr><td colspan="5">2. 开通快手小店，并进行实名认证。将实操过程的主要步骤截图。</td></tr>
<tr><td colspan="5"></td></tr>
<tr><td colspan="5">3. 在快手小店里添加商品。将实操过程的主要步骤截图。</td></tr>
<tr><td colspan="5"></td></tr>
</table>

考核评价

评价说明：在本次任务完成后，由任课教师主导，采用学习过程评价与学习结果评价相结合，综合运用自我评价、小组评价及教师评价三种方式，由教师确定三种评价方式分别占总成绩的比例，并加权计算出学生个人本次任务的考核评价分。

<table>
<tr><th colspan="4">任务完成考核评价表</th></tr>
<tr><td>项目名称</td><td>项目四　短视频营销</td><td>任务名称</td><td>任务四　实施短视频营销</td></tr>
<tr><td>班级</td><td></td><td>学生姓名</td><td></td></tr>
<tr><td>评价方式</td><td>评价内容</td><td>分值</td><td>成绩</td></tr>
<tr><td rowspan="4">自我评价</td><td>任务工单 4 的完成情况</td><td>60</td><td></td></tr>
<tr><td>对知识和技能的掌握程度</td><td>20</td><td></td></tr>
<tr><td>我胜任了小组内的工作</td><td>20</td><td></td></tr>
<tr><td colspan="2">合计</td><td></td></tr>
<tr><td rowspan="5">小组评价</td><td>本小组的本次任务完成质量</td><td>30</td><td></td></tr>
<tr><td>个人本次任务完成质量</td><td>30</td><td></td></tr>
<tr><td>个人参与小组活动的态度</td><td>20</td><td></td></tr>
<tr><td>个人的合作精神和沟通能力</td><td>20</td><td></td></tr>
<tr><td colspan="2">合计</td><td></td></tr>
<tr><td rowspan="5">教师评价</td><td>个人所在小组的任务完成质量</td><td>30</td><td></td></tr>
<tr><td>个人本次任务完成质量</td><td>30</td><td></td></tr>
<tr><td>个人对所在小组的参与度</td><td>20</td><td></td></tr>
<tr><td>个人对本次任务的贡献度</td><td>20</td><td></td></tr>
<tr><td colspan="2">合计</td><td></td></tr>
<tr><td colspan="4">总评 = 自我评价 ×（　）% + 小组评价 ×（　）% + 教师评价 ×（　）% =</td></tr>
</table>

任务五

分析短视频营销效果

项目名称	项目四　短视频营销	任务名称	任务五　分析短视频营销效果
学习目标	知识目标	• 了解快手运营数据分析的方法； • 了解飞瓜数据的功能； • 理解热门视频分析的内容； • 理解快手号数据功能； • 理解飞瓜快手数据监测功能。	
	能力目标	• 能够开通飞瓜快手功能； • 能够运营飞瓜数据，分析快手账号运营情况； • 能够撰写简单的数据分析报告。	
	思政目标	• 培养学生利用数据分析工具获取客观真实数据的能力，弘扬实事求是的精神品质，同时引导学生养成诚信经营的商业道德。	
任务描述	快手运营人员想要在激烈的行业竞争中脱颖而出，让短视频内容得到更多用户的喜爱，就要借助大数据分析模式，加强短视频内容和用户喜好之间的贴合度。那么，快手运营数据分析的方法有哪些？快手运营数据分析有哪种工具？如何查看快手运营的数据？本次任务将会为你一一解惑。		
任务准备	1. 在智能手机上安装快手 App； 2. 注册飞瓜快手的账号。		
实施提醒	飞瓜快手可以对快手运营的很多数据进行分析，不仅能够分析“粉丝”画像、竞品、热门视频排行等情况，而且能对快手账号、短视频数据、快手电商数据进行分析。		

知识充电站

知识充电站

一、了解快手运营数据分析的方法

运营者可利用以下几种方法，对用户的主动互动行为进行分析，从而精准定位用户的兴趣点，提高短视频的点击率和关注度。

(一)“可视化”数据标注法

可视化分析是将数据、信息转化为可视的表示形式的过程，最基础的可视化分析工具就是 Excel。除此之外，运营者还可以使用专门的可视化分析工具进行数据整合分析，比如利用飞瓜快手，可以让运营者对快手号的表现有一个直观的感受，如图 4-50 所示。

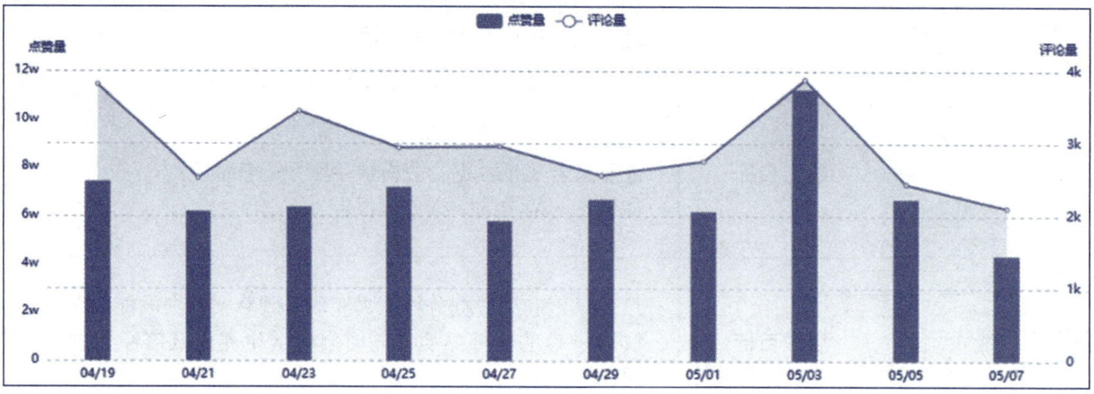

图 4-50　近期 10 个作品的点赞量和评论量

(二) 数据挖掘算法

数据挖掘算法是根据已有的数据，创建一个数据挖掘模型后进行计算的一种数据分析方法。这种数据分析方法的构成较为复杂，对于初学者而言可能比较难，但是掌握这种算法，会给短视频的数据实际应用带来极大的便利。数据挖掘算法有不同的分类，为了满足不同的需求，运营者应该选取不同的方法，提高数据分析工作的效率。如果对数据挖掘算法感兴趣，可以在网上查找自学，这里就不再详述了。

(三) 语义搜索法

语义搜索法是一种较为便捷的搜索方式，可以让用户从众多搜索条目中快速、精准、全面地获取所需信息，提高互联网搜索效率。语义引擎的分析是针对短视频目标群体进行的，充分分析其在搜索时的用词习惯，从而找出符合用户习惯的短视频名称及简介，提高短视频被搜索到的概率，增加曝光度。例如，在快手上搜索“美食”，可以看到快手号“吃货小宝强美食分享”排名第一，如图 4-51 所示。而在飞瓜快手上可以看到该快手号的内容标签中包含了美食及厨艺标签，这样就大大提高了该快手号的关注度和短视频曝光度。

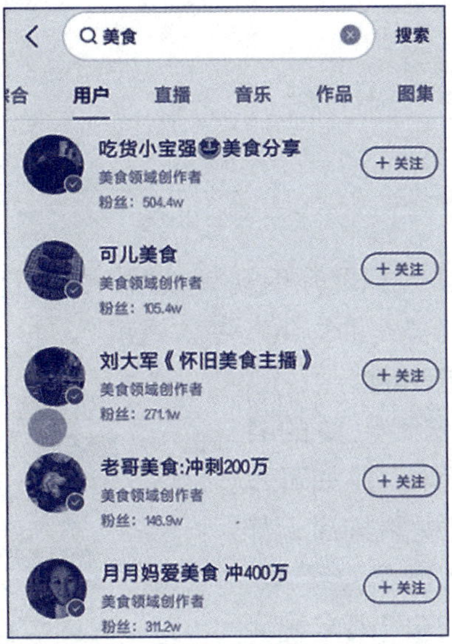

图 4-51 快手号的内容标签

二、了解飞瓜数据的功能

飞瓜数据是致力于短视频的专业数据分析平台，提供热门短视频排行榜、直播和电商类数据分析等服务，帮助运营者更好地创作和运营短视频，助力更精准的投放合作。飞瓜数据快手版是专为快手量身打造的数据分析平台，提供快手排行榜、快手热门视频素材、快手直播数据分析以及直播电商、挂榜数据等功能，主打精准分析主播带货量和爆款商品销量，与市面上的其他同类产品相比，数据较为真实可靠。

任务实施

一、分析热门视频

（一）热门视频数据分析

热门视频数据分析可以实时抓取热门视频数据，并通过算法展现综合排序，快速发现平台最新热点，把握热门趋势，助力生产爆款视频。

（二）热门视频多角度排序功能

除了综合排序，可以按照想要的各种数据维度来为热门视频排序。比如可以按照快手号的类型来为热门视频排序，如图 4－52 所示；也可以按照视频点赞数、评论数以及播放数来排序，还能限定视频时长范围，充分满足长短视频的需求，如图 4－53 所示。

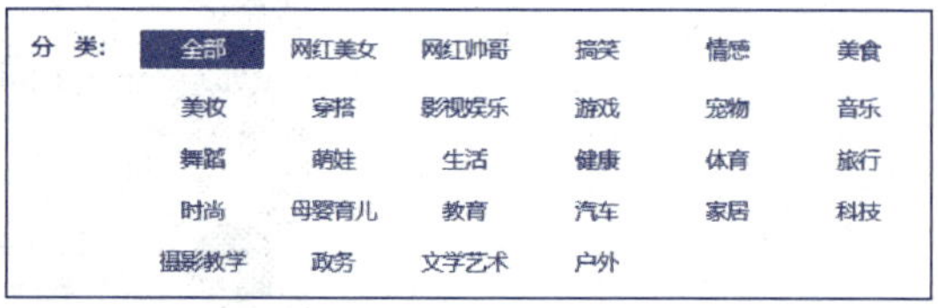

图 4－52　按照快手号的类型为热门视频排序

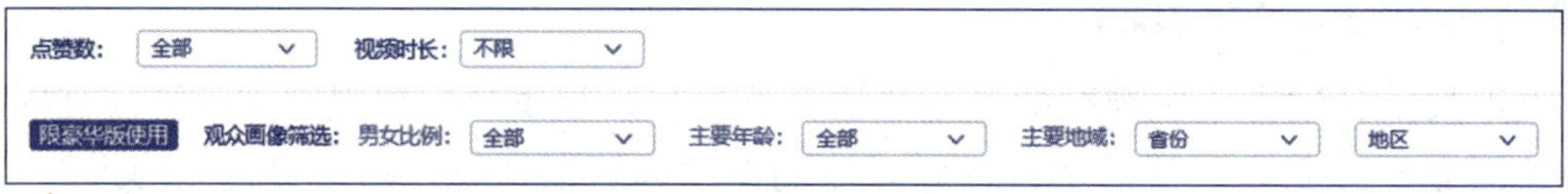

图 4－53　按照视频的数据为热门视频排序

（三）视频详情

点击“视频详情”后，可以看到这个视频的全部评论和评论热词 Top10，如图 4－54 所示。视频可以点击直接电脑播放或者用手机 App 扫码播放，有价值的视频还可以点击收藏。

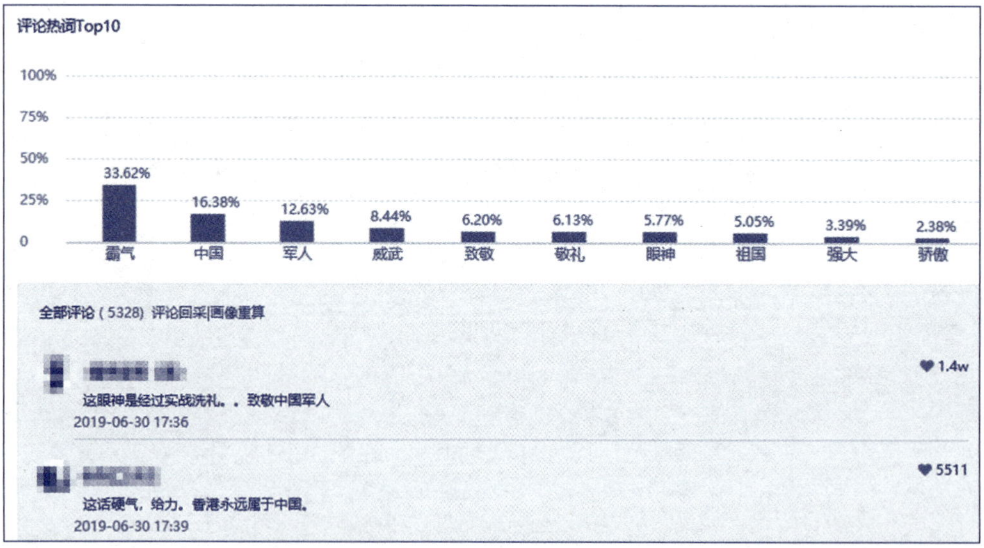

图 4－54　视频评论和热词

想要知道这个视频最受哪个群体欢迎，点击“视频观众分析”即可展示性别分布、年龄分布、地域分布信息，如图 4－55 所示。

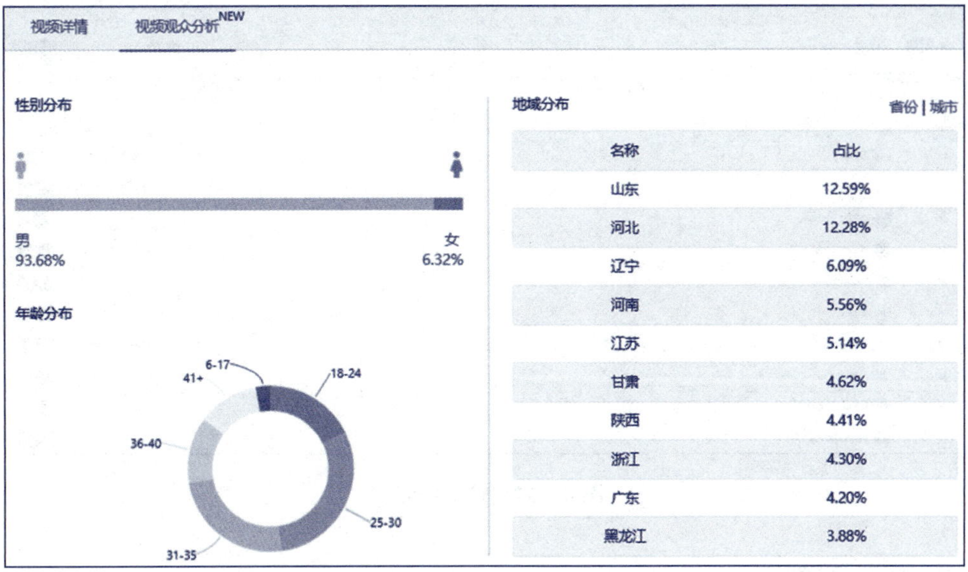

图 4－55 视频观众分析

二、运用快手号数据功能

（一）快手号排行榜

排行榜细分 30+ 垂直行业，如图 4－56 所示，帮助运营者清楚了解所处行业的流量趋势和新鲜玩法，同时也能为广告主寻找真正优质的快手号进行高回报的合作。

图 4－56 快手号排行榜

此外还有快手涨粉榜，如图 4－57 所示，可以直观地发现最近成长最快、“涨粉”最多的快手号。对于运营快手的用户来说，要实时了解自己的快手号所在行业的最新热门行业号。

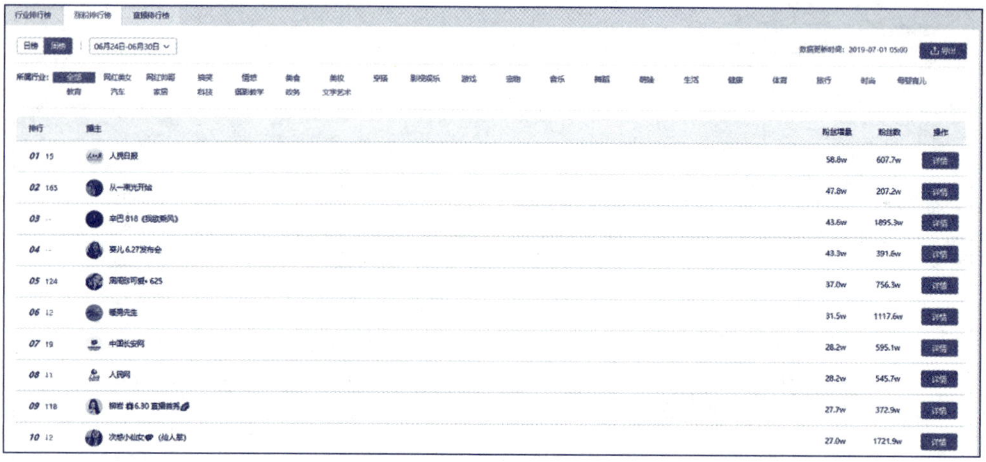

图 4-57 快手涨粉榜

（二）快手号详情

点击进入快手号详情，既可以了解播主的数据概况，还可以查看播主的历史视频，如图 4-58 所示。

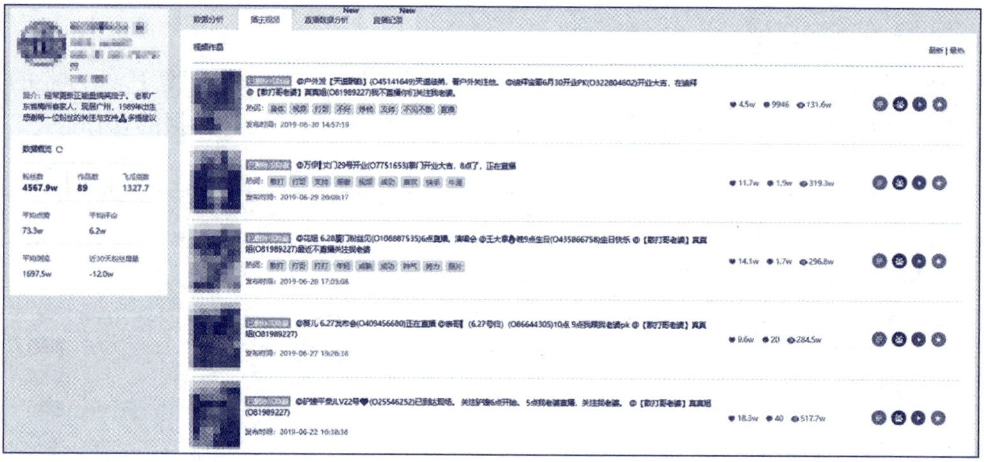

图 4-58 快手号详情

（三）快手号“粉丝”画像

快手号的“粉丝”数据也是多维度的，“粉丝”的属性可以帮助运营者清晰定位“粉丝”画像（见图 4-59），创作出更加合适的视频内容和推广更加精准的商品。

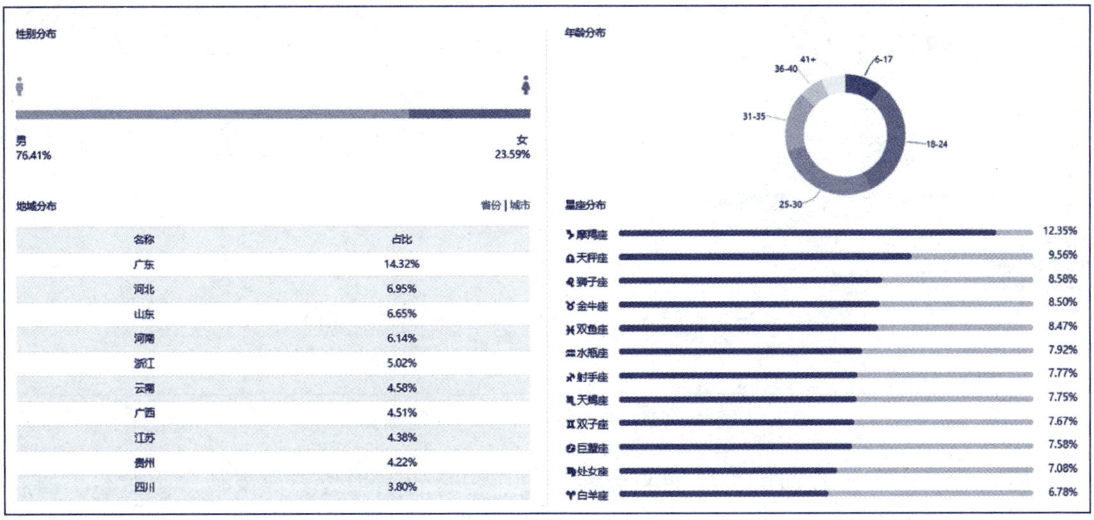

图 4－59　“粉丝”画像

三、飞瓜快手数据监测功能

（一）我的快手号

可以帮助运营者快捷管理和对比多个快手号的运营情况。适合 MCN 机构管理旗下多个账号，也适合用于竞品快手分析。“我的快手号”界面如图 4－60 所示。

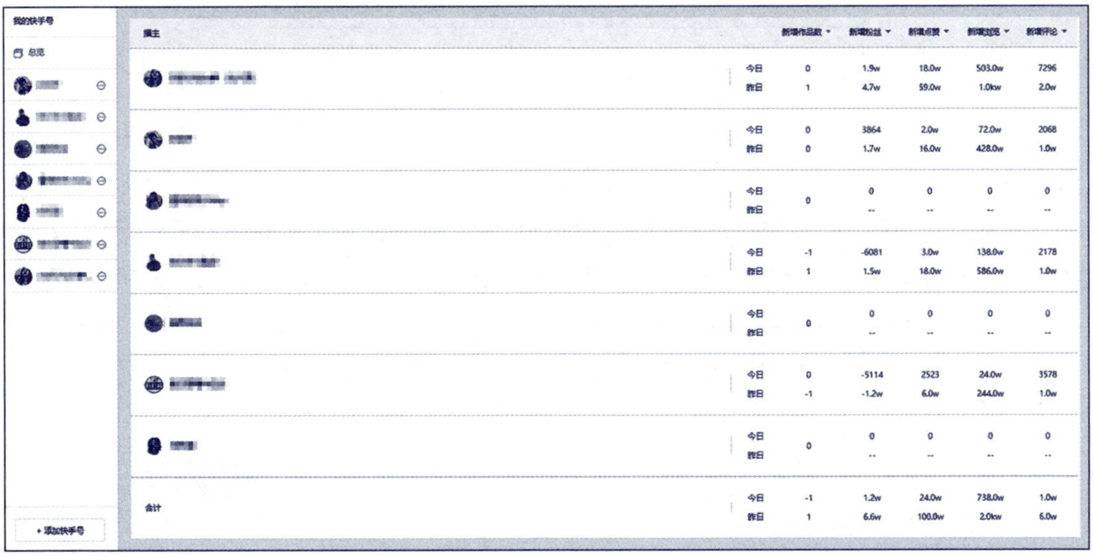

图 4－60　我的快手号

点击单个快手号，可以看到更加详细的小时级增量数据，包括“粉丝增量”和“点赞增量”，如图 4－61 所示。

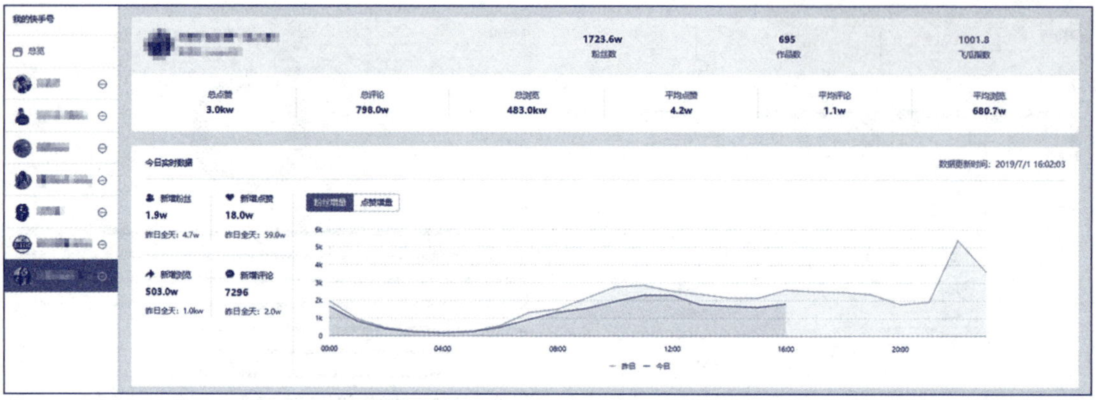

图 4－61　单个快手号“粉丝”数据

作品分析里可以看到更为详细的数据，包括实时的点赞数、评论数、浏览量、时长和发布时间。点击右侧“热度趋势”可以看到 24 小时内的点赞、浏览量、评论的增量趋势，了解短视频的增长趋势，如图 4－62 所示。

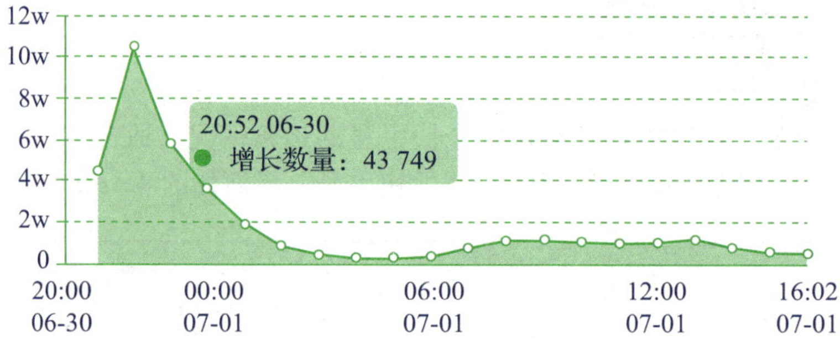

图 4－62　24 小时点赞增量趋势图

（二）视频监控

提供分钟级的快手视频数据趋势监控和数据导出服务，如图 4－63 所示，并分析视频传播效果及账号“增粉”数据，方便用户快速判断视频内容属性，调整后续视频方向。

图 4－63　视频监控

任务工单 5

<table>
<tr><td>任务名称</td><td colspan="8">分析快手运营数据</td></tr>
<tr><td>任务目的</td><td colspan="8">通过本次实践操作，能够对快手账号的营销活动进行数据分析，以便优化快手账号的运营。</td></tr>
<tr><td>任务内容</td><td colspan="8">1. 登录快手账号，分析近期的热门视频。
2. 运用快手号数据功能，分析快手号排行榜、快手号详情、“粉丝”画像等数据。
3. 运用飞瓜快手数据监测功能，分析快手号的相关数据。
4. 简要撰写数据分析报告。</td></tr>
<tr><td>任务提示</td><td colspan="8">为了更好地分析快手号运营数据，可使用快手平台自身的数据助手功能，建议使用飞瓜快手工具，更深入地获取和分析运营数据。</td></tr>
<tr><td rowspan="2">第（ ）组</td><td>姓名</td><td colspan="2"></td><td colspan="2"></td><td colspan="2"></td><td></td></tr>
<tr><td>学号</td><td colspan="2"></td><td colspan="2"></td><td colspan="2"></td><td></td></tr>
<tr><td rowspan="16">任务实操</td><td colspan="8">1. 登录快手账号，选择点赞量最高的一个短视频，将相关信息填入下表。</td></tr>
<tr><td colspan="2">快手账号</td><td colspan="2"></td><td colspan="2">短视频标题</td><td colspan="2"></td></tr>
<tr><td colspan="2">评论热词 Top10</td><td colspan="6"></td></tr>
<tr><td colspan="2" rowspan="4">该视频观众分析</td><td colspan="2" rowspan="2">性别分布</td><td colspan="2">男性占比</td><td colspan="2"></td></tr>
<tr><td colspan="2">女性占比</td><td colspan="2"></td></tr>
<tr><td colspan="2">年龄分布</td><td colspan="4"></td></tr>
<tr><td colspan="2">地域 Top10</td><td colspan="4"></td></tr>
<tr><td colspan="8">2. 登录快手账号，分析 24 小时内该账号详情，将相关信息填入下表。</td></tr>
<tr><td colspan="4">快手账号</td><td colspan="4"></td></tr>
<tr><td colspan="2">粉丝增量</td><td colspan="2"></td><td colspan="2">点赞增量</td><td colspan="2"></td></tr>
<tr><td colspan="2">浏览增量</td><td colspan="2"></td><td colspan="2">评论增量</td><td colspan="2"></td></tr>
<tr><td colspan="8">3. 简要撰写一份快手账号数据分析报告，不少于 500 字。</td></tr>
<tr><td colspan="8"></td></tr>
</table>

考核评价

评价说明：在本次任务完成后，由任课教师主导，采用学习过程评价与学习结果评价相结合，综合运用自我评价、小组评价及教师评价三种方式，由教师确定三种评价方式分别占总成绩的比例，并加权计算出学生个人本次任务的考核评价分。

任务完成考核评价表

项目名称	项目四　短视频营销	任务名称	任务五　分析短视频营销效果
班级		学生姓名	
评价方式	评价内容	分值	成绩
自我评价	任务工单 5 的完成情况	60	
	对知识和技能的掌握程度	20	
	我胜任了小组内的工作	20	
	合计		
小组评价	本小组的本次任务完成质量	30	
	个人本次任务完成质量	30	
	个人参与小组活动的态度	20	
	个人的合作精神和沟通能力	20	
	合计		
教师评价	个人所在小组的任务完成质量	30	
	个人本次任务完成质量	30	
	个人对所在小组的参与度	20	
	个人对本次任务的贡献度	20	
	合计		
总评 = 自我评价 ×（　）% + 小组评价 ×（　）% + 教师评价 ×（　）% =			

思政园地

短视频用户千万注意：发布这些信息内容违法违规

快手、抖音、美拍、秒拍、梨视频……当前，短视频是越来越火，对于很多人来说拍摄短视频已成为记录自己生活的一种方式，在日常生活中看到美丽的景色，遇到感兴趣的人、事，大家总是忍不住拿起手机来录一段，每个人都已成为自己生活的导演和第一主角。

互联网不是“法外之地”，公民个人在公共场所和公共网络空间的一切行为都不能逾越法律的底线。现在短视频的内容五花八门，虽然新奇，但个别网民为了吸引眼球，随意发布传播低俗、恶搞、荒诞甚至色情、暴力等不良信息，背离社会主义核心价值观，给广大网民特别是青少年网民造成严重不良影响，更有甚者制造发布虚假谣言信息严重扰乱正常的社会秩序，社会反映强烈。

【以案说法】

（一）某网友炖了一条鱼发了个短视频，被行政处罚。10 月 13 日，“抖音”平台上一则“炖鱼”的视频热传，有人一眼就看出这段视频有大问题。

经青海网警与当地渔政管理部门调查，网传“烹煮湟鱼视频”中的鱼类为青海省重点保护水生野生动物湟鱼，依据《中华人民共和国野生动物保护法》的相关规定，青海省渔政管理部门总站对发布视频者处以罚款的行政处罚。

（二）梁某某在“快手”平台发表抹黑辱警言论，被拉萨警方处以行政拘留 7 日。2018 年 3 月 22 日，梁某某在“快手”平台发布一段时长 39 秒的抹黑和侮辱公安机关人民警察的视频。3 月 23 日，拉萨市城关区公安局两岛派出所依法对违法行为人梁某某行政拘留 7 日。

（三）洛某在“美拍”平台传播暴恐视频被行政拘留 10 日。2018 年 1 月 11 日，网民洛某在美拍网发布暴恐视频。2 月 6 日，昌都市卡若区公安分局网安大队根据《中华人民共和国反恐怖主义法》第八十条第二款和《公安机关办理行政案件程序规定》的规定并报请分局批准，依法给予洛某行政拘留 10 日的治安处罚。

（四）内蒙古警方通过“快手”短视频，抓获 1 名吸毒瘾君子。2018 年 6 月，内蒙古呼伦贝尔海拉尔公安分局民警在日常工作中发现一条线索，有人在“快手”App 发布视频，视频中有吸食毒品嫌疑，并引起了大量网友观看。经过民警侦查调查，迅速将吸毒嫌疑人徐某抓获。对徐某现场进行尿样检测，结果呈甲基苯丙胺阳性。

（五）某网红女主播侮辱国歌，被行政拘留 5 日。

【解读】

在网络上发布哪些内容违法？

1. 违反宪法确定的基本原则的。
2. 危害国家安全，泄露国家秘密，颠覆国家政权，破坏国家统一的。
3. 损害国家荣誉和利益的。
4. 煽动民族仇恨、民族歧视，破坏民族团结的。
5. 破坏国家宗教政策，宣扬邪教和封建迷信的。

6. 散布谣言，扰乱社会秩序，破坏社会稳定的。
7. 散布淫秽、色情、赌博、暴力、恐怖或者教唆犯罪的。
8. 侮辱或者诽谤他人，侵害他人合法权益的。
9. 煽动非法集会、结社、游行、示威，聚众扰乱社会秩序。
10. 以非法民间组织名义活动的。
11. 含有法律、行政法规禁止的其他内容的。

【网警呼吁】

互联网并非“法外之地”，广大网民应当严格遵守现实生活中的法律和道德底线，要文明、有度地发布有关视频及言论，依法行使自己的言论自由权，切莫触犯国家法律法规。网警呼吁大家一起共创一片和谐、文明、清朗的网络空间环境！

资料来源：克州公安局网络安全保卫支队．短视频用户千万注意：发布这些信息内容违法违规．（2018-10-27）[2021-06-10]．https://baijiahao.baidu.com/s?id=1615443736871358364&wfr=spider&for=pc.

05

项目五

直播营销

- 任务一　认识直播营销
- 任务二　搭建直播环境
- 任务三　策划直播活动
- 任务四　实施直播活动
- 任务五　分析直播营销效果

案例导入

“直播一姐”直播的六大套路

在这个流量越来越贵的时代，“直播一姐”曾面对新入局者的重重压力，甚至因开网店巨亏而卖房周转，也曾11天里每天直播11个小时、每天只睡3个小时。这样的生活她坚持了3年，才换来“淘宝直播一姐”的地位。那么，直播屏幕后的她到底做了哪些事情?

1. 不会贩卖人设就落后了

在进入直播间短短的5分钟里，我们听到她讲得最多的词就是“老公”“女儿”“婆婆”。跟人们预想的一个劲儿地对着镜头说使用体验、与旁边小助理从头到尾围绕产品做互动的情况，完全不同。她给观众的第一印象是，“这个人很像邻家大姐姐”。她遵循了“人场货”的模式，特别是人设。

2. 嘴上不虚，客户才会买单

据说“直播一姐”团队在选品上是很严格的，一直坚持卖高性价比产品。首先，第一轮选品由团队的人负责筛选；然后，“直播一姐”亲自试过、用过、吃过再确定是否在直播间推荐。所以，“直播一姐”对选品是有绝对控制权的，相应地她的人设也就能直接地反映在她的选品上，给人一种她推荐的产品一定可靠的感觉。

3. 让人买不停的套路

每天凌晨直播结束后，“直播一姐”会拿到一份类目商家报名表（少则2 000位），结合用户需求，用3小时筛选一遍。在卖货时，她的促销套路就很明显了：限时，限量，限价。她的话术也有讲究，往往呈现出一种“转折式连续惊喜”：先明确产品优点打底，再配合全网最低价，再买赠，再加赠品！这几招下去，普通消费者一般都会选择购买。

4. 把一切环节做到最专业

直播间内，一切只为成交，任何纰漏都要尽量避免。在开播前，“直播一姐”的运营团队会做足功课，像上错链接、讲错宝贝、价格报错、他人乱入等问题，几乎不会发生。此外还充分挖掘了浮窗功能、直播印记、直播切片、系统抽奖等直播功能，对直播带货研究得极为透彻。

5. 选品对标超市+性价比“绝杀”

相比那种“专柜型”带货网红，“直播一姐”称得上是“超市型”带货。她是横跨类目最多的主播，一点都不垂直。她的选品逻辑近乎超市，品类非常多，备货充足，而且以大众审美为主，很少小众或潮牌。在此基础上，“直播一姐”打造出了她的核心竞争力：性价比。“直播一姐”的很多商品，在相当长的时间内都是全网最低价，甚至连平台运营都会去抢。

6. 直播卖货也可以做公益

“直播一姐”和团队成员不仅利用直播，帮助类似海宁皮革城的一家小工厂起死回生，更用自己的专业直播能力，帮助众多的贫困县电商脱贫。2020年1月，“直播一姐”将直播间搬到了“阿里技术脱贫大会”的现场，帮助河北的贫困县卖鸡蛋、山药、冬枣、香油等农产品。

资料来源：红豆角直播．看了薇娅的直播，我们盘点了她 6 个让人沉迷买买买的套路．(2019-11-11)[2021-06-10]．https://m.sohu.com/a/352954128_475646/?pvid=000115_3w_a.

案例思考：

1.“直播一姐”成功的背后有什么值得我们学习的地方？

2.“直播一姐”与“直播一哥”的直播特点有何异同？

任务一

认识直播营销

<table>
<tr><td>项目名称</td><td colspan="2">项目五　直播营销</td><td>任务名称</td><td>任务一　认识直播营销</td></tr>
<tr><td rowspan="3">学习目标</td><td>知识目标</td><td colspan="3">• 了解直播营销的概念、优势；
• 了解直播营销平台的类型；
• 理解直播电商的发展背景；
• 理解直播电商平台规范。</td></tr>
<tr><td>能力目标</td><td colspan="3">• 能够对比分析主流直播电商平台。</td></tr>
<tr><td>思政目标</td><td colspan="3">• 中国电商直播的影响力覆盖全球，新经济的发展模式和经验已为其他国家提供借鉴。通过本任务的学习，学生能够感受到中国科技事业的蓬勃发展，激起爱国热情和民族自豪感。
• 通过学习直播营销平台规则，引导学生养成遵纪守法的良好素养，积极维护社会主义市场经济的健康运行。</td></tr>
<tr><td>任务描述</td><td colspan="4">不同于微博、微信的图文形式内容，直播的传播方式更加立体地完成品牌文化以及产品的展示。那么，直播营销有何优势？直播营销平台有哪些类型？国内直播电商平台有何特点？直播营销平台的规则又是怎样的呢？如何对比分析主流直播电商平台？本次任务将会为你一一解惑。</td></tr>
<tr><td>任务准备</td><td colspan="4">1. 在智能手机上安装快手 App；
2. 在智能手机上安装抖音 App；
3. 在智能手机上安装淘宝直播 App；
4. 在智能手机上安装京东直播 App；
5. 在智能手机上安装小红书 App；
6. 在智能手机上安装拼多多 App。</td></tr>
<tr><td>实施提醒</td><td colspan="4">应当把直播营销与直播电商区分开来。需要关注直播电商，但不能把与直播电商的合作当成直播营销的全部内容。</td></tr>
</table>

知识充电站

一、了解直播营销的概念与优势

《连线》杂志创始主编凯文·凯利在2012年出版的《技术力量》一书中，提出1 000个“铁杆粉丝”的理论，即无论创作者从事什么职业，只要他拥有1 000名“铁杆粉丝”，就足以让他的影响力变现。直播营销就是通过培养忠实“粉丝”来达到盈利目的，因为“粉丝”=流量=商业价值。

（一）直播营销的概念

所谓直播营销，是指在现场随着事件的发生、发展进程制作和播出节目，以直播平台为载体的营销活动，达到企业获得品牌的提升或销量的增长的目的。直播的核心价值在于其聚集注意力的能力，未来直播营销将成为每一种产品营销的标配。

（二）直播营销的优势

1. 精准用户

在观看直播时，用户需要在一个特定的时间共同进入直播播放页面。这种直播时间上的限制，确保在特定时间里进入直播页面的大多是具有较高忠诚度的精准目标人群。所以，直播吸引到的都是较为精准的“目标用户”。

2. 实时互动

在直播过程中，由于是即时性的内容，用户可以发起弹幕发表自己的看法，与主播产生有效的互动，甚至还能动用民意的力量改变节目进程。这种实时互动的真实性和立体性，大大提升了用户的参与感。

3. 维系情感

现在许多企业在直播营销时非常注重营造“粉丝”的归属感，将一批志趣相投、有共同爱好的人聚集在一起，“粉丝”之间、“粉丝”与主播之间情绪相互感染，达成情感气氛上的高位时刻，增强了“粉丝”对于企业品牌的黏性。

4. 增加认同

在互联网时代，用户的目光总是聚焦在热点的周围，喜欢集体性的吐槽，这就是从众心理的体现。在直播营销的过程中，利用从众心理让用户参与到品牌的整个建设过程之中，自然可以增加大众对此品牌后期的一种认同感。

课堂讨论

短视频与长视频在很多方面的特点有着明显区别，请从呈现形式、市场需求、实时性、互动性、社交属性、带货能力等方面进行对比，填写表5-1。

表5-1 直播与短视频的对比

对比项	直播	短视频
呈现形式	制作后呈现	
市场需求	休闲娱乐	
实时性	较弱	

续表

对比项	直播	短视频
互动性	较弱	
社交属性	较弱	
带货能力	较弱	

二、理解直播电商的发展背景

目前，直播已经形成了两大领域，分别是直播电商领域、直播营销领域。从目前的发展态势看，直播电商大军是推动直播发展的主要力量。直播电商，就是及早洞察直播卖货价值的一部分机构（MCN）和一些人（主播），率先把直播与卖货有机结合，形成的一种新的电商卖货形式。目前，在各大电商平台、视频平台、有关 MCN 机构的推动下，特别是借助一些成功主播的“网红”效应，直播电商已经成为一种很重要的电商模式，具有明显的产业化特征，已形成较为完善的直播电商产业生态链，如图 5－1 所示。

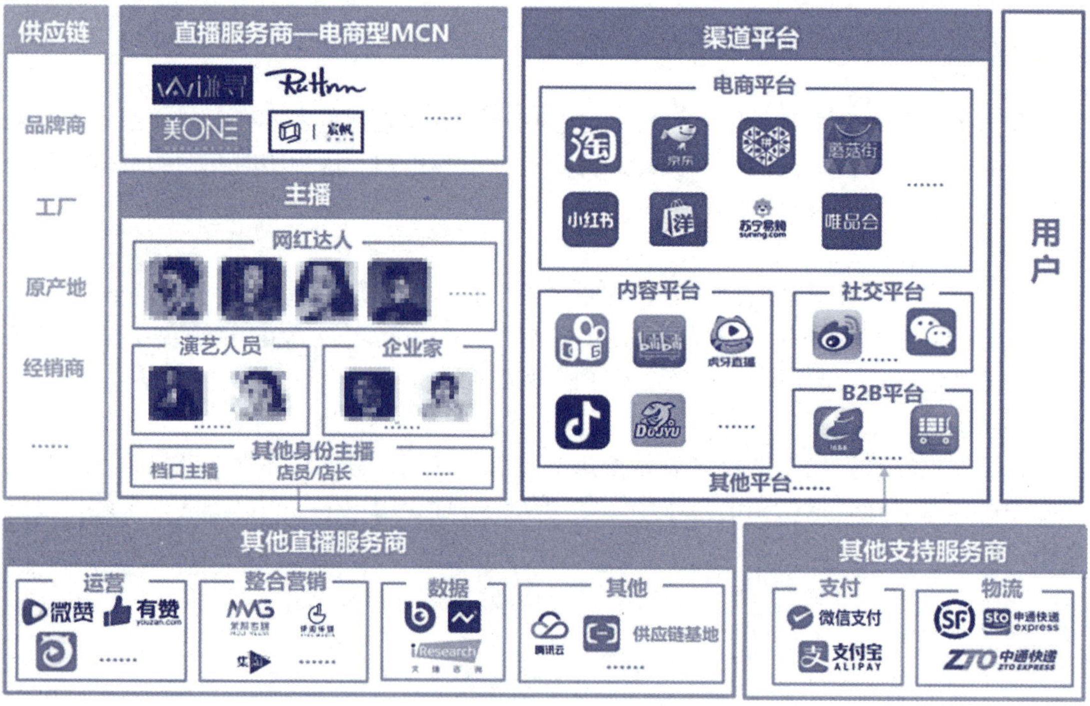

图 5－1　中国直播电商产业生态链

根据艾瑞咨询发布的《2020 年中国直播电商生态研究报告》，直播电商的蓬勃发展具有以下背景。

（一）直播成为流量变现新模块

短视频用户规模增长趋缓，直播成为短视频流量变现新模块。艾瑞 iUserTracker 监测数据显示，经历了 2018 年的高速增长后，短视频产品月总独立设备数在 2019 年增长放缓，增长率稳定在 1% 左右。用户增长乏力，促进抖音和快手等短视频平台加速商业化变现进程。

（二）直播成为流量增量新渠道

电商平台获客承压，获客成本逐年升高，行业处于争夺存量、制造增量以寻求增长的时期，其中包括提高购买转化率以及市场下沉。最初直播是淘宝提高品牌商在平台转化率尝试的手段之一，类似团购与短视频，此后随着直播带来了良好的转化效果，其入口的优先级逐步提高。此外，内容平台的入局给直播电商带来了新增流量，抖音、快手的用户画像与电商平台的消费主力高度吻合，而电商平台亦能弥补内容平台变现时在供应链资源的欠缺，两者的合作更加深入，为直播电商蓬勃发展带来契机。

（三）直播电商的用户接受度高

CNNIC 第 45 次中国互联网络发展状况统计显示，截至 2020 年 3 月电商直播用户规模为 265 亿，占网民整体的 29.3%，如图 5－2 所示。电商直播能拥有如此广泛受众群体的原因，一方面是平台加以引导，增加用户被动消费向主动消费的转化；另一方面，信息爆炸、用户时间碎片化，“粉丝”效应与从众心理等因素导致其倾向做出快、准、稳的消费决策。对于短视频平台用户，用户对内容趣味性的追求越来越高，以唱歌、跳舞、聊天＋打赏为主要模式的娱乐直播行业已从眼球经济进入疲软期，购物已经变成直播用户主要的消费方式，点击第三方电商平台购物的用户高达 51.6%，在平台内置电商中购买商品的用户达 48.0%，产品内嵌的直播功能使得用户“打赏主播”的消费习惯发生转移，如图 5－3 所示。

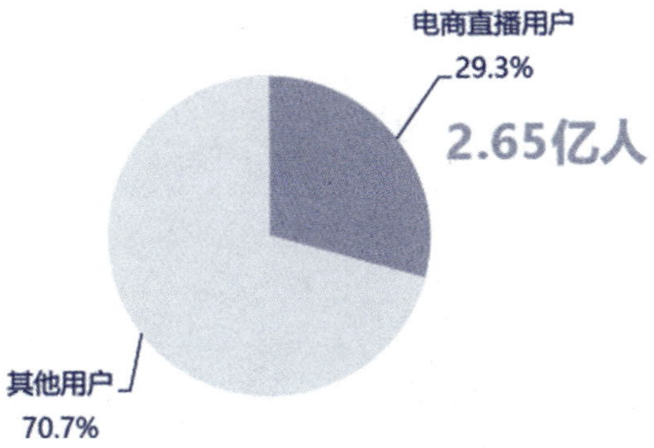

图 5－2　2020 年 3 月我国电商直播用户规模

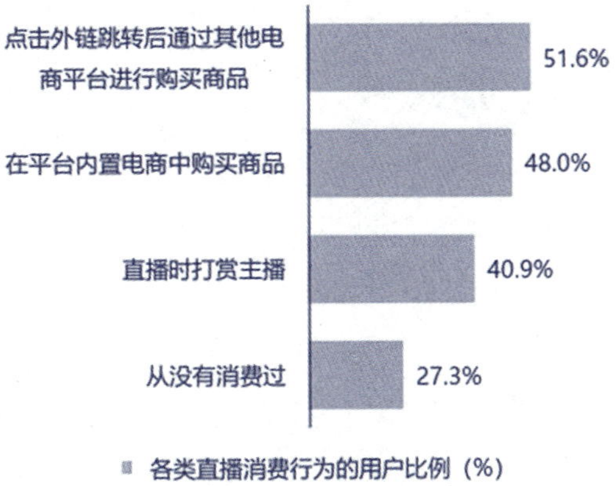

图 5－3　2019 年我国短视频用户消费行为偏好

三、理解直播电商平台规范

以快手直播平台为例，依照违规程度不同，将违规行为划分为两种，即严重违规行为、一般违规行为。

（一）严重违规行为

用户如有严重违规行为，平台有权进行立即停止直播、收回直播权限、冻结直播收益、封停账号等处罚，对涉嫌违法犯罪的，平台将向有关主管部门报告或向司法机关移交违法犯罪线索。严重违规行为具体包括以下情形：

（1）违反宪法确定的基本原则的；

（2）危害国家安全，泄露国家秘密，颠覆国家政权，破坏国家统一的；

（3）损害国家荣誉和利益的；

（4）煽动民族仇恨、民族歧视、破坏民族团结的；

（5）破坏国家宗教政策，宣扬邪教和封建迷信的；

（6）宣扬恐怖主义、极端主义，或煽动实施恐怖活动、极端主义活动的；

（7）散布淫秽、色情、赌博、暴力、凶杀、恐怖信息或教唆犯罪的；

（8）侮辱或诽谤他人，侵害他人名誉、隐私和其他合法权益，且情节严重的；

（9）含有法律、行政法规禁止的其他内容，且情节严重的。

（二）一般违规行为

用户如有一般违规行为，平台将根据违规严重程度及违规次数，对违规直播进行警告、中断直播、限制直播功能、限制提现等处罚。受到多次违规处罚或违规行为产生严重影响的，快手平台有权根据实际情况提升处罚等级。了解具体的内容请扫描二维码。

一般违规行为

任务实施

一、熟悉直播营销平台的类型

随着直播行业的逐步发展，网络视频直播平台的类型越来越多，娱乐类、教育类、购物类、医疗类、游戏类……各种类型和定位层出不穷。

（一）游戏类直播平台

目前，游戏类直播平台是最火爆的网络视频直播平台之一，也是起步最早的一批直播平台。2014 年开始，斗鱼、虎牙这类大型游戏直播平台开始兴起，随着网络游戏的盛行，使用者逐年递增，平台也不断扩大。通过游戏网络视频直播平台看主播打游戏，用户不但有打游戏的紧张感，还能听到主播的吐槽，和直播间“粉丝”一起讨论游戏攻略。

（二）教育类直播平台

近几年来，教育类直播平台从各类直播系统中崭露头角，逐渐涌出了 B 站和其他学习类网站。在线教育一直是网络应用的热点，教育类直播平台看似一匹突然冲出的“黑马”，其实是厚积薄发。2020 年在新冠肺炎疫情背景下，教育类直播平台成为网络视频直播平台中的最强“黑马”，所有线下辅导机构、中小学生、考证人群及各类利益相关者，都不得不重视“在线教育”。

（三）购物类直播平台

购物类网络视频直播平台就更不用说了，整个疫情假期，它为网购事业助力，同时也打响了自己的名号。疫情期间，全国各地商品购买消费转向以线上为主，带货直播的形式也逐渐被更多人所知晓。

（四）娱乐类直播平台

娱乐类网络视频直播平台是直播平台最主要的形式之一，用户在平台上进行才艺展示，这是从国内直播行业兴起时就开始逐渐成熟的模式，也是最为人们所熟知的直播模式。

（五）其他类直播平台

其他类型的网络视频直播平台也层出不穷，例如，关于医疗的直播平台，仅供医学生课堂使用；关于心理分析的直播平台，可以和心理医生通过视频、语音沟通；等等。

课堂讨论

请浏览各类典型直播平台，找出每类直播平台中最受关注的 5 个典型代表，填写表 5-2。

表 5-2　各类直播平台的典型代表

平台类型	典型代表
游戏类	
教育类	
购物类	
娱乐类	
医疗类	

二、认识典型直播电商平台

当直播和网购开始成为全民“杀时间”的刚需，不断抢占网民的钱包份额，电商再也坐不住了。尤其在新冠肺炎疫情的影响下，实体零售企业纷纷突击直播卖货，导购轮番出镜，甚至企业负责人也纷纷下场当主播，直播电商彻底“燃”起来了。

微信、抖音、快手、陌陌、淘宝、第三方直播，成为电商直播业务中被应用最广的6个平台或类型。2020年，微信官方宣布上线“小程序直播功能”，为商家小程序提供直播技术支持，立刻引发行业关注。

面对越来越多的直播平台，电商应该“择一而栖”还是成为“多栖动物”？杭州爱聚科技有限公司旗下的电商宝网站对这6个电商直播渠道做了深入分析，如表5－3所示。

表5－3　主流直播电商平台对比

直播平台	活跃群体	平台特色	适合商家	支持电商系统
微信直播	商家自播为主	• 2020年微信官方重推 • 需要嵌套在已有小程序中 • 不支持上下滑，利于“粉丝”留存，线上经营闭环	多品类	一起播等服务商
抖音直播	达人直播、KOL直播为主	• 大众娱乐性强 • 支持上下滑，平台精准推荐流量	美妆、服装、家居日用	抖音小店
快手直播	达人直播、KOL直播为主	• “老铁”文化，“粉丝”忠诚度高 • 购买转化率和复购率高 • 独有的挂榜模式	土特产、食品、美妆、服装	有赞、魔筷
陌陌直播	达人直播、KOL直播为主	• KOL偏“草根”，集中在头部 • 主播娱乐性强，唱歌、段子类居多，主播收入主要靠打赏，电商刚起步	多品类	有赞
淘宝直播	商家直播、KOL直播	• 基于淘宝生态，购物属性强	多品类	淘宝
第三方直播	商家自播为主	• 开通比较简单 • 中心化或部分中心化直播，不利于私域留存，无法与公众号等打通 • 适合品牌方、微商、农产品等无店铺、弱店铺商家直播推广	美妆、服装、家电、珠宝、食品、农产品	腾讯、有选、有播、特抱抱等

任务工单 1

任务名称	对比分析直播电商平台
任务目的	直播电商平台已成为直播营销最重要的平台。通过对比直播电商平台，收集各直播电商平台的相关信息，深入分析各自的特点，并撰写分析报告。
任务内容	1. 分别登录快手、抖音、淘宝直播、京东直播、小红书、拼多多的直播平台。 2. 了解上述 6 个平台的平台属性、电商载体、带货 KOL 属性、带货商品属性、带货模式、机会点、转化率、客单价等情况。
任务提示	电商与内容媒体的合作相互赋能，电商平台内容化与内容平台电商化成为平台的模式扩展方向。企业应透彻分析直播电商平台的各自优势与特色，综合利用多个平台开展直播营销。

第（ ）组					
	姓名				
	学号				

任务实操

1. 分别从平台属性、电商载体、带货 KOL 属性、带货商品属性、带货模式、机会点、转化率、客单价等方面，对比分析直播电商平台，并将对比情况填入下表中。

对比项	快手	抖音	淘宝直播	京东直播	小红书	拼多多
平台属性	社交 + 内容					
电商载体	淘宝、天猫、有赞、京东、拼多多、快手小店、魔筷星选					
带货 KOL 属性	主播达人					
带货商品属性	高性价比的白牌商品较多，产业带直播比重较大					
带货模式	达人直播、打榜、连麦					
机会点	擅长维护高价值的私域流量，转化率较高，带货能力强					
转化率	较高					
客单价	中等					

2. 撰写一份对比分析报告，不少于 500 字。

考核评价

评价说明：在本次任务完成后，由任课教师主导，采用学习过程评价与学习结果评价相结合，综合运用自我评价、小组评价及教师评价三种方式，由教师确定三种评价方式分别占总成绩的比例，并加权计算出学生个人本次任务的考核评价分。

任务完成考核评价表			
项目名称	项目五　直播营销	任务名称	任务一　认识直播营销
班级		学生姓名	
评价方式	评价内容	分值	成绩
自我评价	表 5－1 的完成情况	10	
	表 5－2 的完成情况	10	
	任务工单 1 的完成情况	60	
	对知识和技能的掌握程度	10	
	我胜任了小组内的工作	10	
	合计		
小组评价	本小组的本次任务完成质量	30	
	个人本次任务完成质量	30	
	个人参与小组活动的态度	20	
	个人的合作精神和沟通能力	20	
	合计		
教师评价	个人所在小组的任务完成质量	30	
	个人本次任务完成质量	30	
	个人对所在小组的参与度	20	
	个人对本次任务的贡献度	20	
	合计		
总评＝自我评价 ×（　　）%＋小组评价 ×（　　）%＋教师评价 ×（　　）%＝			

任务二

搭建直播环境

<table>
<tr><td>项目名称</td><td>项目五　直播营销</td><td>任务名称</td><td>任务二　搭建直播环境</td></tr>
<tr><td rowspan="3">学习目标</td><td>知识目标</td><td colspan="2">• 了解直播团队的岗位及职责；
• 了解直播设备清单及参数标准；
• 理解账号人设的意义、内容、装饰要素；
• 理解直播货品的选择原则及搭配；
• 理解直播布景及浮层设置。</td></tr>
<tr><td>能力目标</td><td colspan="2">• 能够开通直播权限；
• 能够开通快手小黄车功能；
• 能够搭建直播环境。</td></tr>
<tr><td>思政目标</td><td colspan="2">• 通过直播团队搭建，引导学生培养与人为善、团结合作的宝贵品质，在账号人设的定位上要健康向上，符合社会主义核心价值观的要求。</td></tr>
<tr><td>任务描述</td><td colspan="3">搭建直播环境，是做好直播营销活动的前提条件。那么，直播团队如何搭建？需要采购哪些符合要求的硬件设备呢？如何设置直播账号的人设？怎样挑选直播货品？如何开通直播权限？如何开通小黄车功能？本次任务将会为你一一解惑。</td></tr>
<tr><td>任务准备</td><td colspan="3">1. 在智能手机上安装快手 App；
2. 整理快手账号实名认证的申请材料。</td></tr>
<tr><td>实施提醒</td><td colspan="3">直播环境的搭建，既要重视硬件设备、场景布置等硬件建设，更要重视团队搭建、人设定位等软件建设。在直播环境搭建的过程中，应充分考虑企业的货品、资金实力、品牌等实际情况，合理推进直播的软硬件建设。</td></tr>
</table>

知识充电站

一、搭建直播团队

如果想要真正地做好直播带货，那么搭建一个团队来运作是很有必要的，两个人起步，人数多的团队可达六人以上，甚至更多。目前直播运营团队标配的岗位有主播、助理、场控、策划、数据，实际上有些岗位是可以合并的，比如策划和数据，在预算不够的情况下，主播和助理合体也是可以的。

（一）主播

主播的岗位工作内容有开展直播，跟消费者互动，对消费者进行引导，以及参与策划直播的内容。

（二）助理

主播助理的工作强调辅助，工作内容有协助主播开展直播，参与策划直播的内容，在各大平台发布直播预告，在直播间充当副主播的角色与消费者进行互动和引导。助理与主播的岗位工作内容基本上是重叠的，直播中的琐事需要助理处理，如给主播递产品、现场联系场控人员等。

（三）场控

场控负责场地的软硬件设备搭建，配合直播间的互动，比如主播在直播间里喊“准备发红包了”，那么场控就得对后台进行操作，还有发放一些优惠券权益等操作以及前后的产品上下架、价格调整，要确保直播的过程中不出现差错、“翻车”等事故。

（四）策划

场控的背后还有一个指挥全局的人，那就是策划。策划的岗位角色更像是运营总监，不仅要涉及直播团队部门的管理和策划，还需要对接企业的其他部门，所以策划的工作内容会涉及产品选择和产品内容规划、促销活动策划、直播脚本的策划，以及各种内容的策划、制作与分发。

（五）数据

数据岗位的职责是负责数据的收集和分析，针对发现的问题提出优化建议。优秀的数据工作者不仅仅要在直播间流量不足时，提出可能要增加投放预算这样的简单问题，而且要能从一个节点联系到整体，对整个直播策划提出全局的优化建议。

二、配置硬件设备

（一）设备标准

1. 视频采集设备的标准

（1）高清视频采集卡的标准。支持多接口高清信号采集；支持去隔行扫描；采集分辨率达到 1 080 60P。

（2）高清摄像机的标准。提供 SDI 视频信号，输出信号分辨率不低于 1080 50I；最低 10 倍变焦；动态分辨率最低达到 1 080P；最低帧频达到 30FPS。

2. 音频采集设备的标准

支持两路卡侬 /6.5 接口音频输入，192KHz 采样率；灵敏度 –34dB；监听面积 10 ～

70 平方米；传输距离 3 000 米；频率响应 80Hz ～ 16Hz。

3. 直播机的标准

支持 8 路高清 SDI/HDMI 视频输入，支持音频、视频独立输出；最低应有 4 路 SDI 及 1 路 HDMI；支持原生 ASIO；外置网卡。

4. 编码器的标准

支持 4G 信号；支持高清 1 920 × 1 080 像素的视频；支持 HDMI 视频输入和 3.5 毫米音频输入。

（二）硬件设备

直播应配备的硬件设备如表 5－4 所示。

表 5－4　直播硬件设备

	名称	设备属性
1	电脑	电脑尽量采用当下流行的配置，这样在直播时会很流畅，不会卡。建议买台式机，不但价格便宜，而且同样配置台式机的性能高于笔记本，此外台式机用内置声卡，会更加稳定。显示器在 19 ～ 25 英寸较为合适，笔记本电脑尽量选择不低于 15 寸。
2	宽带	宽带选择上非常明确，尽量选用 10 兆以上光纤宽带，光纤宽带上行与下行可以同步，不能低于 4 兆电话线宽带，因为电缆传输信号的宽带其上行速率只有下行的一半。
3	摄像头	直播效果的首要决定因素是主播的形象，一款性能良好的摄像头，能让主播变得更美、更漂亮。摄像头主要有红外摄像头和高清摄像头，目前以高清摄像头为主。
4	声卡	（1）电脑声卡。 声卡分内置声卡和外置声卡。内置声卡只能用在台式电脑上，且电脑主板必须有空置的 PCI 插槽；外置声卡主要用在笔记本上，也可以用在台式电脑上，通过 USB 插口接入。 （2）手机声卡。 手机直播逐渐成为主流，专门的手机直播设备也应运而生。专门的手机声卡比较方便，可随身携带。
5	电容麦	电容麦的种类非常多，从一百元到几万元的都有。一般情况选择电容麦参考两点：一是预算多少；二是直播类型。
6	灯光	灯光种类很多，此处主要介绍摄影灯，这种灯光打在主播脸上最柔和，效果最好，两个摄影灯箱 + 两个灯泡（150W ～ 175W）基本上就够用了。购买时灯箱和灯泡一般是分开的。
7	转换器 + 显示屏	对于一些近视的主播或者演奏型主播，为了更好地看清屏幕上的字，可以将手机上的屏幕投影到显示屏（21 ～ 29 寸均可）或投影仪。模式一般选 VGA（部分为 HDMI）。转换器有苹果版的、安卓版的，也有通用版的。
8	调音台	调音台可将话筒、伴奏、乐器等声音都集合到调音台，由调音台统一控制和限噪。优选 6 孔以上带混响的（4 孔的不带混响）。
9	摄像机 + 推流器 + 直播平台	电商直播若想效果好，需要用高清摄像机或专业摄像机，通过推流器将视频流推到直播平台。高清摄像机可以拍摄高质量、高清晰影像，拍摄出来的画面可以达到 720 线逐行扫描方式、分辨率达 1 280 × 720 像素，或达到 1 080 线隔行扫描方式、分辨率 1 920 × 1 080 像素的摄像机。
10	其他	支架、背景布、贴纸、直播用道具等，可以根据直播内容进行场景搭配。

三、搭建直播的人货场

（一）人

1. 账号人设的意义

通过持续不断地挖掘和沟通，完善主播人设，可以更好地直播带货。建立人设应根据自身所处的行业，以及主播的性格、特质、外形等，梳理出人设的初步印象，并尝试短视频、直播等。根据一段时间后用户的反馈、数据反馈等，团队进行整体研究，选取有商业价值的特点，进行放大，并弱化缺点，打造出更立体的人设。

2. 账号人设的建立

账号人设的建立，主要包含以下 8 个方面的内容：（1）用户画像，包括年龄区间、性别比例、地域分布、用户需求。（2）货品价格。（3）货品行业。（4）带货特点，包括聊天信任法、竞品比较法、搭配安利法、福利激励法。（5）人设类别，包括情感输出类、专业导购类、原厂商家类、内容消费类。（6）人设定位。（7）语言风格。（8）内容类别。某账号人设定位如图 5－4 所示。

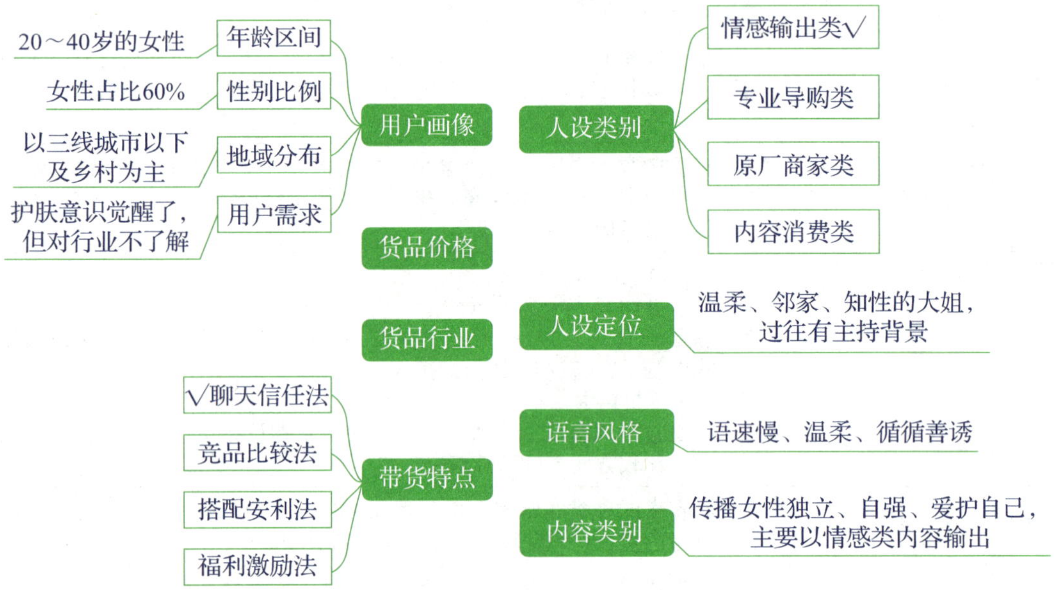

图 5－4　某账号人设定位

3. 账号风格建立

主播需要依据自己的性格、口音，养成自己的互动风格、话语风格、口头禅等。比如某主播的人设风格为有较多卖货经验的大叔，爱和评论人“互怼”。他的口头禅是：“拍吧（毋庸置疑的口气）”，“×××便宜，那你去×××买”。

4. 账号装饰

（1）有特色的账号头像。

（2）有价值的账号昵称。

（3）有内容的个人简介。

（4）有设计的背景图片。

某账号的人设装饰如图 5－5 所示。

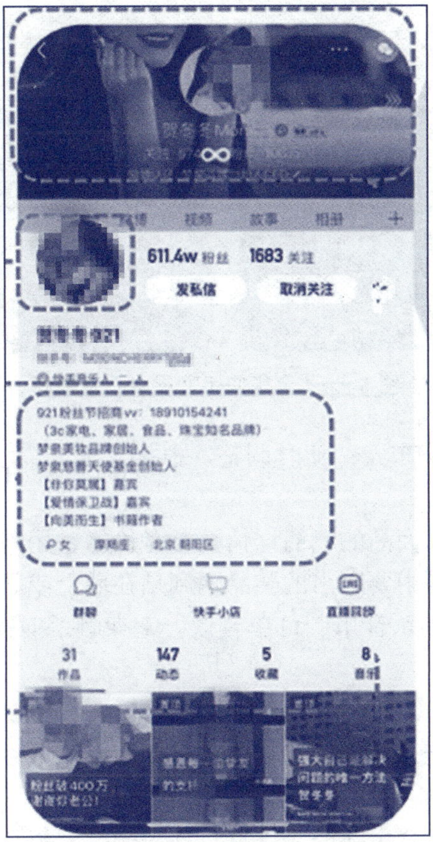

图 5-5　快手某账号的人设装饰

（二）货

1. 直播货品挑选

（1）依靠自身的供应链优势纵向挖掘好货品，并控制成本。

（2）通过行业大盘数据分析，寻找下一个爆款好物，寻找供应商。

（3）搜罗并与各种想通过低价打流量的商家合作，打价格优势。

2. 直播货品搭配

（1）引流款。引流款的作用是为主播、直播间吸引流量和人气。一般情况下是利润率较低或知名度高的货品，多在开播初期和气氛低迷时上架。

（2）畅销款。畅销款的作用是提高人气，具备较高人气的产品具有高流量、高曝光、高直播转化的特点，用于提升直播新人成交额。一般在新人多时上架并详细讲解。

（3）利润款。利润款的作用是获得利润。利润款一般具有较高的利润率，通过供应链、渠道优势压低成本，可以留出做降价、折扣的空间，作为核心售卖的产品。

（三）场

1. 直播布景

（1）直播场地。布置成本较低、场景真实的场地，如店面、仓库，能增加主播专业度。图 5-6 为金华快手发展中心直播间。

图 5－6 金华快手发展中心直播间

（2）灯光方案。要提前布光，随时调整。根据主播的需求，不同类别、不同客单的产品，打不同的灯光。

（3）直播道具。可以拿商品的电商详情页参考价格，用销量、知名人士背书。

（4）展示道具。把直播中要送出的奖品福利贴在墙上或展示桌上，吸引用户。

（5）背景音效。设置秒杀音乐、订单音效。上架秒杀时播放音乐，并开启订单实时播报“您有一个新的订单”。

2. 镜头距离

镜头距离要适中，不能过近、过远。

3. 浮层设置

（1）直播公告。可以放置主播个人信息、预告产品、福利内容等。

（2）优惠信息。公布新人福利、参加互动的福利，吸引用户参与。

（3）商品信息。可以显示目前讲解的产品信息，并可点击查看，保持商品和讲解同步。

任务实施

一、开通快手直播权限

（1）开通快手直播权限，需要满足以下条件：实名认证；年龄满 18 周岁，绑定手机号；注册时间 >7 天；观看视频时长达标；公开发布作品 ≥ 1 个；粉丝数 > 6；当前账号状态良好，作品违规率在要求范围内。

（2）点击快手 App 左上方的三条横杆图标，然后点击“设置”，再点击“实验室”，在实验室页面点击“开通直播”，如图 5－7 所示。

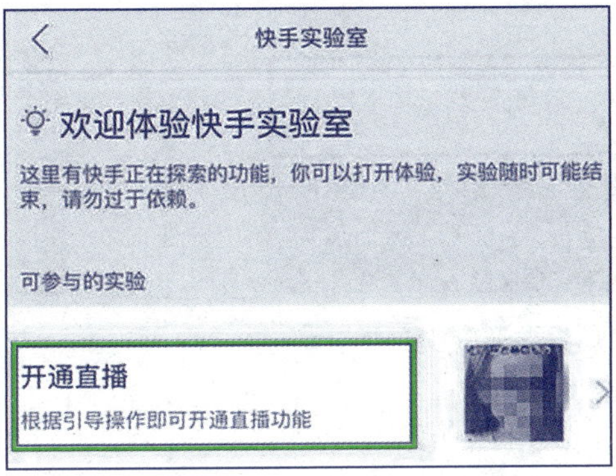

图 5－7 “快手实验室”页面

（3）点击开启“开通直播”右侧的开关，如图 5－8 所示。

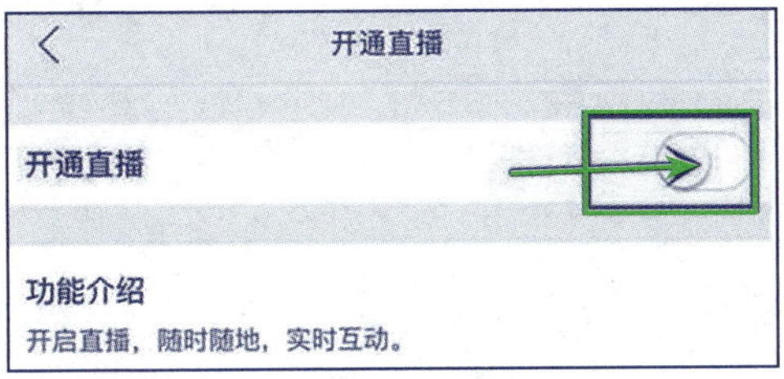

图 5－8 “开通直播”页面

（4）再次点击“开通直播”功能就可以了。

二、开通小黄车

（1）打开快手 App，点击界面左上角三条横线的图标进入，如图 5－9 所示。

（2）点击“更多”选项，如图 5－10 所示，点开“更多功能”页面。

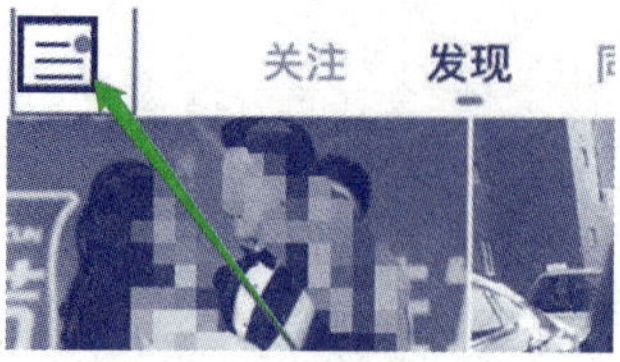

图 5-9　快手首页

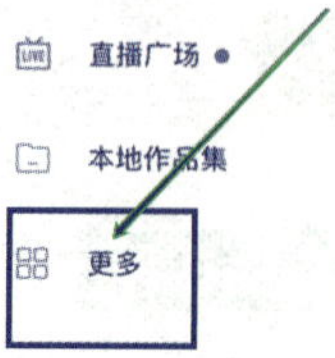

图 5-10　更多页面

（3）进入“小店订单”，在页面中找到“我要开店”，点击此项，如图 5-11 所示。接下来就是进行实名认证。

（4）认证完成后即成功开通小店，想要挂小黄车的交推广保证金就可以开通，小黄车便会展示在个人主页，如图 5-12 所示。

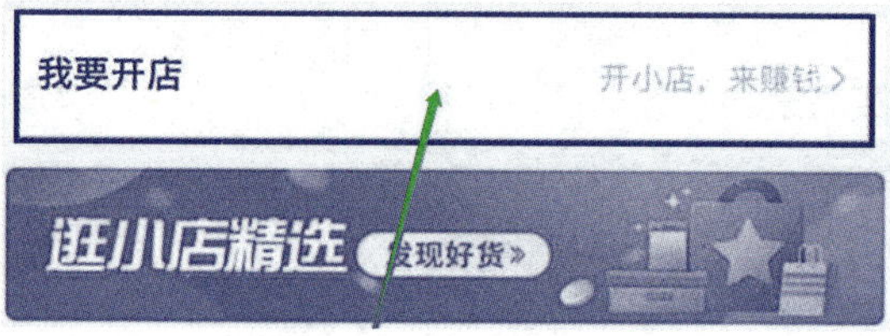

图 5-11　我要开店

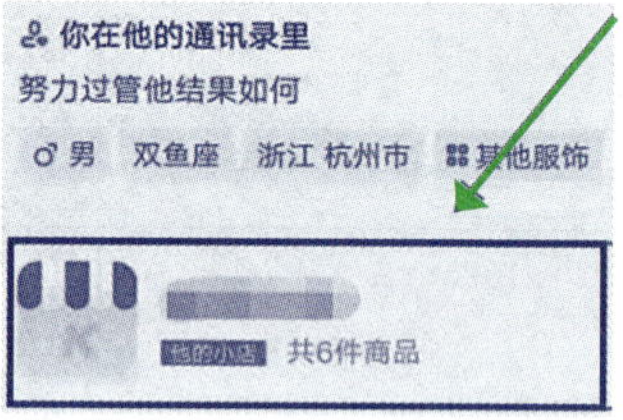

图 5-12　更多页面

任务工单 2

任务名称	筹备直播环境				
任务目的	通过筹备直播环境，能够设计直播团队架构，制定硬件设备配置清单，并且做好直播人、货、场的准备工作。				
任务内容	1. 观看一场直播活动，了解快手直播团队的岗位职责。 2. 制定硬件设备的参数标准，确定设备配置清单。 3. 进行主播人设定位。				
任务提示	搭建直播环境，需要考虑很多方面的因素。如果是没有丰富的直播经验，并且预算也不充裕的商家，那么在团队搭建、场景布置、设备采购等方面可以简化。				
第（　）组	姓名				
	学号				

任务实操

1. 搭建快手直播团队。

岗位名称	职责分工	人数
主播		
助理		
场控		
策划		
数据		

2. 制定硬件设备清单。

设备名称	品牌及型号	数量
电脑		
宽带		
摄像头		
声卡		
电容麦		
灯光		
转换器 + 显示屏		
调音台		
摄像机 + 推流器 + 直播平台		
其他		

3. 设计主播人设定位。

用户画像	年龄区间		性别比例	
	地域分布		用户需求	
带货特点				
人设类别				
人设定位				
语言风格				
内容类别				
账号昵称				
个人简介				

考核评价

评价说明：在本次任务完成后，由任课教师主导，采用学习过程评价与学习结果评价相结合，综合运用自我评价、小组评价及教师评价三种方式，由教师确定三种评价方式分别占总成绩的比例，并加权计算出学生个人本次任务的考核评价分。

任务完成考核评价表			
项目名称	项目五　直播营销	任务名称	任务二　搭建直播环境
班级		学生姓名	
评价方式	评价内容	分值	成绩
自我评价	任务工单 2 的完成情况	60	
	对知识和技能的掌握程度	20	
	我胜任了小组内的工作	20	
	合计		
小组评价	本小组的本次任务完成质量	30	
	个人本次任务完成质量	30	
	个人参与小组活动的态度	20	
	个人的合作精神和沟通能力	20	
	合计		
教师评价	个人所在小组的任务完成质量	30	
	个人本次任务完成质量	30	
	个人对所在小组的参与度	20	
	个人对本次任务的贡献度	20	
	合计		
总评 = 自我评价 ×（　）% + 小组评价 ×（　）% + 教师评价 ×（　）% =			

考核评价

任务三

策划直播活动

项目名称	项目五 直播营销	任务名称	任务三 策划直播活动
学习目标	知识目标	• 了解直播活动策划的流程； • 理解直播活动策划的关键点； • 了解直播脚本的作用； • 了解直播脚本的类型； • 理解直播脚本的要素。	
	能力目标	• 能够制定直播活动策划方案； • 能够撰写直播脚本。	
	思政目标	• 通过策划直播活动，引导学生在筛选主播、设计话题等方面要注意内容健康向上，遵守直播平台的规则，进一步深刻认识社会主义核心价值观的重要作用，提升遵纪守法的个人综合素养。	
任务描述	直播活动效果的好坏，都与策划者能否深谙用户心理，提前设计好各个环节和细节相关。那么，直播活动策划的流程是怎样的？在直播活动策划中需要注意哪些关键点？一定要为直播互动撰写直播脚本吗？直播脚本如何撰写？本次任务将会为你一一解惑。		
任务准备	在快手、抖音、天猫直播等平台观看直播活动。		
实施提醒	直播脚本是主播把控直播节奏、规范直播流程、实现预期目标的最关键的一步。因此，如何撰写优秀的直播脚本，是直播营销活动策划中最为核心的内容。		

知识充电站

一、了解直播活动策划的流程

如何帮助商家做好一场直播策划？这个问题直接关系直播活动的效果。因此，了解直播活动策划的流程是非常重要的。

（一）分析客户需求

直播策划的首要工作就是分析商家的直播需求，根据商家的需求做好直播规划。比如，了解商家诉求，即商家开展直播活动的最终目的是什么，了解商家在此次直播活动主推的产品是哪些，以及商家可以支持的活动力度是多大，是否赠送小礼物等。

（二）确定活动主题

在直播前，要确定好活动主题，从而解决用户的困惑：这个活动是关于什么的，为什么要参加？让用户明白他会有什么价值收获，这是决定直播活动是否成功的重点。一个引人瞩目的优秀主题对促进直播广泛传播是不可或缺的，因此如何确立直播主题，吸引用户观看直播是直播营销中最关键的一个步骤。

确定优质的活动主题，既要引起用户的兴趣，吸引用户关注，因为吸引的眼球足够多，抓住的流量就越多；也要紧扣热点，网上的热点词汇和事件往往能够带动用户的传播和分享。

（三）规划直播时长

直播时长一般是 2 ～ 4 小时，单品介绍时长为 10 ～ 20 分钟，可以选择中午、晚上等时间。视频流量爆发之后可以随时开播。

（四）选择活动方式

一场直播活动的优惠力度越大，吸引的“粉丝”就越多，直播间的人气就越旺。常见的直播活动方式有以下 4 种。

1. 秒杀活动

9.9 元、19.9 元这样的秒杀活动，在直播间起步期要较为频繁地开展，有利于促进直播活动的成交转化率。

2. 周期性活动

一般是设置成每周几或每月几日的周期性活动，这样对于铁杆“粉丝”和没有大量时间观看直播的“粉丝”会有很好的维护作用。

3. 时间段活动

每隔一个时间段，比如半点或整点就会有一个活动，可以制造短期的人气高峰和成交量。

4. 随机活动

在直播中给予主播一定的权限开展随机活动，比如赠送礼品，以提高主播的积极性和活动宽度。

（五）筛选主播

根据商家的需求及费用投入情况，筛选匹配的主播资源，由商家确定最终人选。筛选主播的要点主要包含：颜值、身高、表达能力、直播经历、直播销售商品品类、“粉丝”数、带货能力等。

（六）预热直播活动

在确定直播开始时间后，着手准备宣传素材，建议最好提前几天预热直播活动。在制作活动海报时，需要设计好活动信息、活动二维码、活动福利、宣传文案等要素。然后在活动报名阶段，用红包激励用户主动将活动海报分享到微信群、朋友圈，提高活动的宣传效果。

（七）跟进直播过程

做好硬件设备和软件设备的调试工作，做到直播场地网络流畅、手机电量充足，确保直播活动正常开展。此外，还需确保用户通过每个渠道均可顺利地进入直播间。直播开始后，要做好直播间维护，通过设计一些互动环节，提高用户的参与度，带动用户活跃度。可提前准备用户关心的常见问题，例如：如何成为会员、如何领取奖品、如何免费体验、如何使用代金券等。此外，要将直播间的流量快速地引导到指定的流量池中，比如关注公众号，加 QQ 群、微信群等，提升用户的留存率。

（八）做好活动总结

直播结束后，需要及时跟进直播活动的订单处理、奖品发放等工作，提升用户的消费体验，尤其是要及时公布直播活动的中奖用户名单，并与中奖用户及时联系。在活动结束后，也需要跟用户保持沟通交流，对用户关心的问题进行解答。此外，还要做好活动总结宣传材料，可以突出直播观看量、商品销量等成效，包装成宣传视频，发送到推文中，为下一次直播活动做宣传。

二、理解直播活动策划的关键点

某些有实力的企业花费了大量的人力和财力开展直播活动，但活动并没有达到理想的效果，甚至收效甚微，活动转化率低。因此，企业在直播活动策划时，需要关注以下关键点。

（一）精心挑选主播

根据商家的需求和商品的特点、品牌形象，精心挑选优质的主播，是直播营销中非常重要的环节。主播是商家的形象代言人和商品推销员。确定主播人选后，要根据主播的特点策划直播活动环节，提高直播活动的效果。

（二）慎重设置话题

直播活动就是一场主播与观众之间的社交活动，如果不能促进观众与主播之间的直播互动，不能引发观众共鸣和激起观众讨论，那么直播活动就失去了应有的价值。所以需要慎重设置直播的话题，话题一定要具备“讨论价值”，有利于促进观众之间、观众与主播之间的热烈互动，营造火热的直播氛围。

（三）避免触碰底线

有些主播为了提高“吸粉”效果，往往会利用消极、低俗的内容吸引观众的眼球，靠打擦边球的方式获取利益，短期内确实会带来较大的流量，但由于其言行触碰了社会的底线，违反了平台的直播规则，必然会导致直播活动被删除、账号被关停等严厉处罚，使商家利益遭受重大损失。

三、了解直播脚本的作用

脚本可以帮助解决直播中遇到的一些问题和麻烦，能够在遇到问题的时候根据脚本快速做出调整。同时，优质的脚本还能帮助直播获得更好的反响。

（一）梳理直播的流程

一份优质的直播脚本，有利于主播梳理直播活动的流程，把控直播活动的节奏。当然，主播必须要在直播开始前撰写好合理的直播脚本，只有做好充分的准备工作，主播才能熟悉这场直播活动的具体内容和直播产品的具体特点。有些主播随意制作一个劣质的脚本，还有些新手主播根本不会撰写脚本，往往导致直播过程中主播自言自语，观众寥寥无几。

（二）管理主播的话术

有了直播脚本，主播便能较好地把控直播节奏，清楚地知道在什么时间段做什么、说什么，哪些环节做过了，哪些环节还没有做。在掌控了直播节奏后，主播便可以将精力关注在话术上，用各种金句和话术完美地展现出直播商品的卖点和促销活动的价值，提高带货效果。当然，一个优秀的脚本，是打造超强带货能力主播的前提。

（三）总结直播的效果

主播下线了，并不代表直播活动就结束了，直播活动最后的环节是复盘直播数据。一个优秀的主播，总会在下播后查阅后台的直播数据，并在数据分析工作人员的支持下分析数据状态，从而挖掘本次直播活动的亮点，发现存在的一些薄弱环节。只有不断总结直播活动的效果，才能确保下一次直播活动取得更好的效果，不断提升主播的直播带货能力。

四、认识直播脚本的类型

对于直播电商来说，直播脚本一般可以分为单品直播脚本和整场直播脚本。

（一）单品直播脚本

单品直播脚本，顾名思义就是针对单个商品的脚本。因为一场直播一般会持续 2 个小时以上，大多数直播间都会推荐多款商品，所以应以单个商品为单位，规范商品的解说，突出商品卖点。因此主播会为一场直播制作多个单品直播脚本，每个脚本大多以表格的形式展现，内容包括产品品牌、产品的卖点、促销活动信息、催单话术等。比如，服装产品的单品脚本，就要详细描述衣服的品牌、版型、尺码、面料、颜色、促销价格等信息。

（二）整场直播脚本

整场直播脚本就是以整场直播为单位，规范正常直播活动的节奏流程和内容。整场直播脚本的要素主要包括：直播主题、主播、预告文案、时间、地点、商品数量、场控、直播流程（时间段）。

任务实施

撰写整场直播脚本

(一) 填写直播的具体信息

整场直播的具体信息包括以下要素：时间、地点、直播主题、主播、预告文案、场控（注意事项）等，如图 5 - 13 所示。

植村秀店铺直播 rundown

具体信息	
时　间	2019 年 12 月 8 日（星期五）20：00—00：00
地　点	× ×传媒直播室
主　题	植入星品 秀出必买清单
主　播	× ×
预告文案	预告：直播间爆款星品，超值买赠不能错过！关注点击开播提醒，12 月 8 日 20:00 来直播间，教你打造冬季高颜值，还有爆款星品小黑管和花瓣粉底液，带你走进植村秀日式匠心的奇妙世界~
注意事项	1）直播间互动玩法：下单即送洁颜油随机款 4ml*3; 2）下单备注：植春秀大卖，送植村秀无色限卸唇啫喱 1ml 单片*2; 3）讲解节奏：单品讲解+“粉丝”问题回复+实时互动; 4）产品讲解比例 70%日常 sku+30%皮卡秀系列。
直播流程	

图 5 - 13　整场直播脚本的具体信息

(二) 填写直播流程

直播流程包括详细的时间节点以及在该时间节点主播要做的事和要说的话，如图 5 - 14 所示。

<table>
<tr><th colspan="7">直播流程</th></tr>
<tr><td>预热
(20:00—20:10)
(10min)</td><td colspan="6">——Hello大家好，欢迎大家来到Daniel Wellington丹尼尔惠灵顿的直播间，我是今天的主播XXX~非常开心在今天能够来到这里。Daniel Wellington丹尼尔·惠灵顿是来自瑞典的轻奢腕表品牌，自2011年创立以来，凭借着经典简约、优雅大气的设计风靡全球。2013年进入中国市场，DW始终坚持以经典永恒的设计理念，敢于突破，不断推出新颖的腕饰产品，致力于为消费者提供简约而个性化的配饰选择，并深受世界各地时尚人士的青睐。

Daniel Wellington丹尼尔·惠灵顿品牌的诞生，源于一次跨越半个世界的巧遇：品牌创始人Filip Tysander在旅途中遇见一位低调谜的英国绅士，他着装优雅简约，尤其是腕间佩戴的一款古董腕表，斑驳的织纹表带彰显出隽永格调。因此启发了Filip新的灵感，他决定创建自己的腕表品牌，并以这位英国绅士的名字——Daniel Wellington为名，让更多人感受到这份迷人魅力。

【优惠介绍】
1、30元无门槛云券，可与店铺活动叠加
2、下单备注：直播专属（购买手表/手表套装赠送樱花礼盒）（礼盒样式的展示及介绍给粉丝，进行权益种草）
3、店铺活动：品类券满 500-50，店铺优惠券 800-150/1500-290/2000-480（重点：品类券与店铺优惠券、直播专属30元云券可叠加使用）</td></tr>
<tr><td>话题引入</td><td colspan="6">——送自己的第一款手表，你选的是什么？（引发粉丝讨论互动）
——男友生日，还在纠结送什么礼物？不妨今年送男友一款DW的男神款手表吧~
——情侣款手表（DW手表没有秒针的设计，中文有“等我”的浪漫寓意，无秒从容生活，感受生活，感受爱）
——时间观念的重要性（日常生活；异地恋，提醒对方要记得想自己）

（提醒引导“粉丝”，领券购买，促单转化；可搭配手镯和戒指，联动展示讲解）</td></tr>
<tr><td rowspan="4">产品讲解
(20:10—20:50)
(40min</td><td>产品名称</td><td>产品图片</td><td>产品卖点</td><td>利益点</td><td>直播优惠</td><td>备注</td></tr>
<tr><td>Danielwellington丹尼尔惠灵顿 DW情人节限定小精钢36MM男士手表</td><td></td><td>1、ICONIC LINK系列
2、进口石英机芯
3、表带：316L不锈钢，2色
4、表盘：幻影灰/柔光粉两色，36mm
5、推荐男士，商务人士
6、2020情人节限定款</td><td>品类券：50
店铺券：290
直播云券：30</td><td>日常价：1890
直播到手价：1520</td><td>璀璨亮光表盘
闪耀质感</td></tr>
<tr><td>Danielwellington丹尼尔惠灵顿 dw手表女轻奢时尚女士钢带腕表28mm</td><td></td><td>1、ICONIC LINK系列
2、进口石英机芯
3、表带：316L不锈钢，2色
4、表盘：黑/蛋壳白两色，28mm
5、推荐女士，商务人士</td><td>品类券：50
店铺券：290
直播云券：30</td><td>日常价：1690
直播到手价：1320</td><td></td></tr>
<tr><td></td><td></td><td>1、ICONIC LINK系列</td><td></td><td></td><td></td></tr>
</table>

图 5 - 14　整场直播脚本的直播流程

任务工单 3

<table>
<tr><td>任务名称</td><td colspan="5">撰写直播活动策划方案</td></tr>
<tr><td>任务目的</td><td colspan="5">通过本次任务，能够分析企业的直播需求，制定直播活动策划方案，并撰写直播脚本。</td></tr>
<tr><td>任务内容</td><td colspan="5">1. 观看一场直播活动，熟悉直播活动的策划方案。
2. 以某品牌服装为对象，制定直播活动策划方案。
3. 以某品牌的多个服装单品为对象，撰写整场直播脚本。</td></tr>
<tr><td>任务提示</td><td colspan="5">在整场直播活动中，主播需要介绍多款产品，可为每个产品单独制作单品直播脚本，也可在整场直播脚本的直播流程中分别描述每个产品的脚本信息。</td></tr>
<tr><td rowspan="2">第（　）组</td><td>姓名</td><td></td><td></td><td></td><td></td></tr>
<tr><td>学号</td><td></td><td></td><td></td><td></td></tr>
<tr><td rowspan="4">任务实操</td><td colspan="5">1. 以某品牌服装为对象，制定直播活动策划方案。</td></tr>
<tr><td colspan="5">
<table>
<tr><th>方案要素</th><th>具体内容</th></tr>
<tr><td>客户需求</td><td></td></tr>
<tr><td>活动主题</td><td></td></tr>
<tr><td>直播时长</td><td></td></tr>
<tr><td>活动方式</td><td></td></tr>
<tr><td>“网红”主播</td><td></td></tr>
<tr><td>预告文案</td><td></td></tr>
<tr><td>直播话题</td><td></td></tr>
<tr><td>总结内容</td><td></td></tr>
</table>
</td></tr>
<tr><td colspan="5">2. 以某品牌的多个服装单品为对象，撰写整场直播脚本。</td></tr>
<tr><td colspan="5">
<table>
<tr><th>脚本要素</th><th>具体内容</th></tr>
<tr><td>直播时间</td><td></td></tr>
<tr><td>直播地点</td><td></td></tr>
<tr><td>直播主题</td><td></td></tr>
<tr><td>“网红”主播</td><td></td></tr>
<tr><td>预告文案</td><td></td></tr>
<tr><td>注意事项</td><td></td></tr>
<tr><td>预热阶段设计</td><td></td></tr>
<tr><td>话题引入设计</td><td></td></tr>
<tr><td>产品讲解设计</td><td></td></tr>
</table>
</td></tr>
</table>

考核评价

评价说明：在本次任务完成后，由任课教师主导，采用学习过程评价与学习结果评价相结合，综合运用自我评价、小组评价及教师评价三种方式，由教师确定三种评价方式分别占总成绩的比例，并加权计算出学生个人本次任务的考核评价分。

任务完成考核评价表			
项目名称	项目五　直播营销	任务名称	任务三　策划直播活动
班级		学生姓名	
评价方式	评价内容	分值	成绩
自我评价	任务工单 3 的完成情况	60	
	对知识和技能的掌握程度	20	
	我胜任了小组内的工作	20	
	合计		
小组评价	本小组的本次任务完成质量	30	
	个人本次任务完成质量	30	
	个人参与小组活动的态度	20	
	个人的合作精神和沟通能力	20	
	合计		
教师评价	个人所在小组的任务完成质量	30	
	个人本次任务完成质量	30	
	个人对所在小组的参与度	20	
	个人对本次任务的贡献度	20	
	合计		
总评 = 自我评价 ×（　）% + 小组评价 ×（　）% + 教师评价 ×（　）% =			

任务四

实施直播活动

<table>
<tr><td>项目名称</td><td>项目五　直播营销</td><td>任务名称</td><td>任务四　实施直播活动</td></tr>
<tr><td rowspan="3">学习目标</td><td>知识目标</td><td colspan="2">• 了解直播的热场方式；
• 了解直播的互动策略；
• 了解商品话术的编排方法；
• 理解直播复盘的内容。</td></tr>
<tr><td>能力目标</td><td colspan="2">• 能够实施一场直播活动；
• 能够操作直播的常用功能；
• 能够进行直播复盘分析。</td></tr>
<tr><td>思政目标</td><td colspan="2">• “直播带货”是一种与时俱进的尝试，更是一场意义非凡的挑战。在这场挑战中，我们要带的“货”是坚定信念、崇高道德、社会责任，是广博知识、健全人格和健康体魄。</td></tr>
<tr><td>任务描述</td><td colspan="3">为了提高直播效果，可以采用哪些热场方式和互动策略？主播在直播中可以运用哪些内容编排方法呢？直播复盘的内容是什么？直播的常用功能操作有哪些？本次任务将会为你一一解惑。</td></tr>
<tr><td>任务准备</td><td colspan="3">1. 在快手、抖音、天猫直播等平台观看直播活动；
2. 提前制作直播脚本，并在直播前熟悉直播脚本。</td></tr>
<tr><td>实施提醒</td><td colspan="3">影响直播带货效果的三大因素：人、货、场。直播活动的实施效果，取决于直播团队的搭配、直播商品的挑选和搭配、直播场地的配置等。</td></tr>
</table>

知识充电站

一、了解直播的热场方式

直播热场是直播正式开始前的气氛烘托阶段，一般为开播后 5 分钟内。一般而言，快手直播主要有以下 4 种热场方式：

（1）节目表演：常见的节目表演方式有舞蹈、才艺。

（2）发放福利：在直播开场时发放快币红包、分享好礼、赠送礼品等。

（3）直播预告：主播在直播开场时介绍热门商品预告、福利预告。

（4）点击互动：让进直播间观看的“粉丝”分享直播间、点击小红心。

二、了解直播的互动策略

直播间要避免冷场，就需要用到以下几种直播互动策略。

（一）实时关注评论

专人负责看弹幕，高密度、高频度互动。

（二）养成互动习惯

比如，把“家人”“亲人”“宝宝”“老铁”作为口头禅。

（三）专注于新用户

每 3 分钟，使用留客“三板斧”，即自我介绍、福利预告、货品预告。

（四）借助情绪表达

动用情绪，以愤怒或生气的口吻强硬面对品质质疑。

三、了解商品话术的编排方法

在直播过程中，主播的商品话术会影响商品的销量，建议主播使用以下商品话术来对内容进行编排：

（1）痛点强调法：挖掘商品最核心的痛点，把痛点讲透。

（2）背景故事法：介绍商品背后的故事，增加信任度。

（3）拆解分析法：利用专业知识讲述商品元素、成本构成。

（4）比较实验法：拿同类的竞品、同价格的竞品进行比较。

四、理解直播复盘的内容

要想让下一次直播效果更好，必须要在下播后进行直播复盘。几乎所有的头部主播，都会在每场直播结束后进行直播复盘。

（一）短视频分析

分析“粉丝”在短视频的评论，调整选品和侧重点。要在下一次直播前完成调整。

（二）弹幕分析

根据“粉丝”在直播中的评论和总结，调整下一次的直播内容和风格。

（三）流量分析

通过对流量的速度和峰值进行分析，调整短视频的投放和引流策略。

（四）转化分析

分析一场直播的成交和转化，以此为依据来调整选品和价格策略。

任务实施

一、直播开播

直播功能开通后，点击快手首页下方“拍摄”按钮进入拍摄页，如图 5－15 所示。页面底部出现“开始直播”标识，点击后进入直播开播页，可在页面选择视频直播、游戏直播、聊天室或语音直播，如图 5－16 所示。选择好直播形式，设置好直播封面标题，点击“开始直播”，即可开始直播。

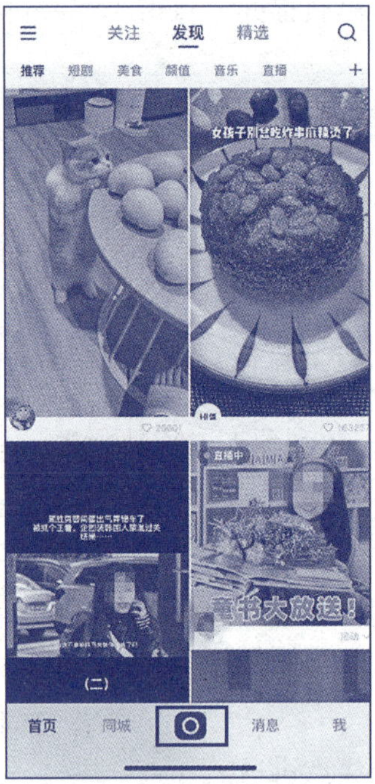

图 5－15　快手首页

图 5－16　开始直播页面

二、直播通用功能操作

（一）敏感词

若在直播中不想讨论某些敏感话题，不想出现某些关键字，可利用敏感词功能，让直播在愉快友好的气氛中进行下去。在开播页面点击右方的“更多”按钮，选择“敏感词设置”，填写相关词汇，系统即可拦截掉敏感词，如图 5－17、图 5－18 所示。注意：敏感词的添加上限为 150 个。

（二）管理员

管理员可以在直播中帮助主播维护秩序，如添加敏感词，踢人，分担主播的管理压力。在开播页面点击右方的“…”（见图 5－19），选择“管理员设置”，此操作只能是在已有管理员的情况下进行。如要新增管理员，需要在开播中操作，点击评论区或榜单中的用户头像，选择个人主页的“…”（见图 5－20），选择“设为超级管理员”（见图 5－21），就可以设置为直播间管理员。若遇到不文明的观众，则可点击对方的头像，选择个人主页的“…”，对其进行拉黑 / 踢出 / 禁言设置。超级管理员设置数量不能超过 10 个，普通管理员设置数量不能超过 50 个。超级管理员可以设置普通管理员，超级管理员和普通管理员均可设置敏感词。

图 5－17　打开敏感词设置

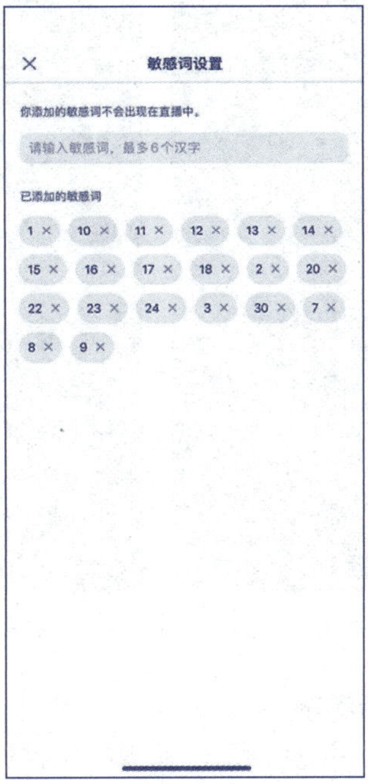

图 5－18　敏感词设置

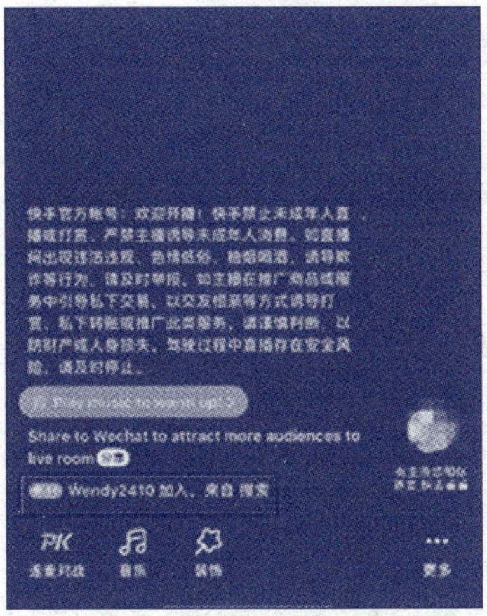

图 5－19　直播间

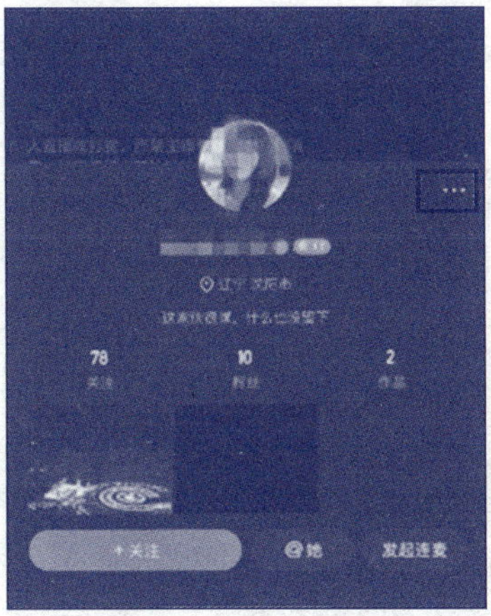

图 5－20　主播主页

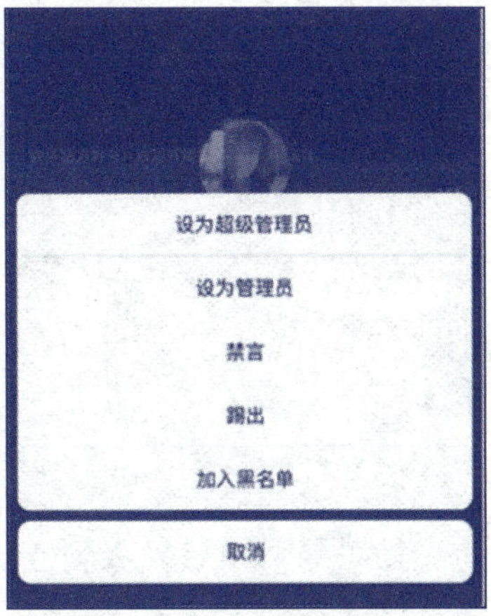

图 5－21　管理员设置

（三）设置封面和标题

应选择简洁、清晰、准确的封面和标题。封面可在开播前实时拍摄，也可以从相册中选取做好的图片。标题、封面需要突出直播的亮点和重点，标题字数在 6 字以上最佳。

（四）设置背景音乐

在直播间界面左下角点击“音乐”（见图 5－22），选择“背景音乐”（见图 5－23），可根据标签分类选择合适的音乐作为直播中的背景音乐，也可以在搜索框中直接搜索喜欢的音乐，如图 5－24 所示。

图 5 - 22　点击“音乐”

图 5 - 23　音乐菜单

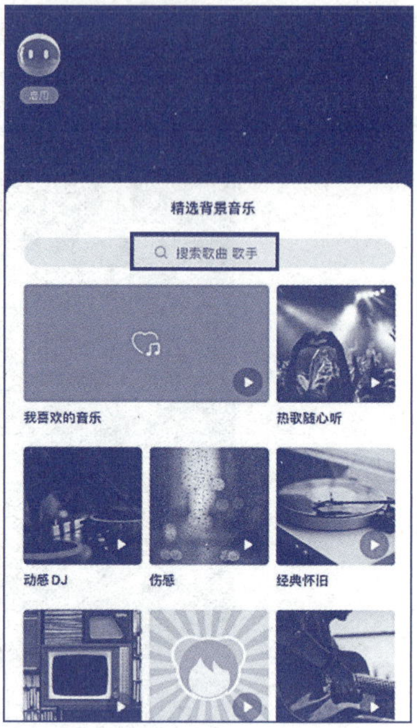

图 5 - 24　背景音乐

（五）魔法表情

直播中运用魔法表情可以对人脸进行修饰，帮助表达情绪，也可在不想露脸时对人脸起遮挡作用。在直播间底部依次点击“装饰”“魔法”，即可进入魔法表情选择区。

（六）音效调节

在直播间界面底部依次点击“音乐”“音效”，便可对直播中的人声及背景音乐等进行调节，如图 5 - 25 至图 5 - 27 所示。

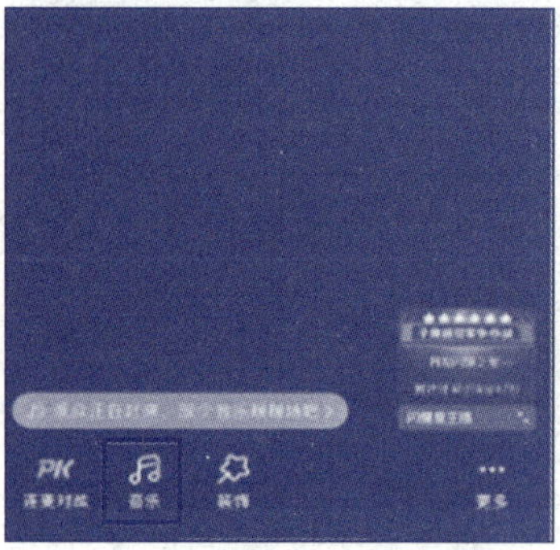

图 5 - 25　直播间界面底部

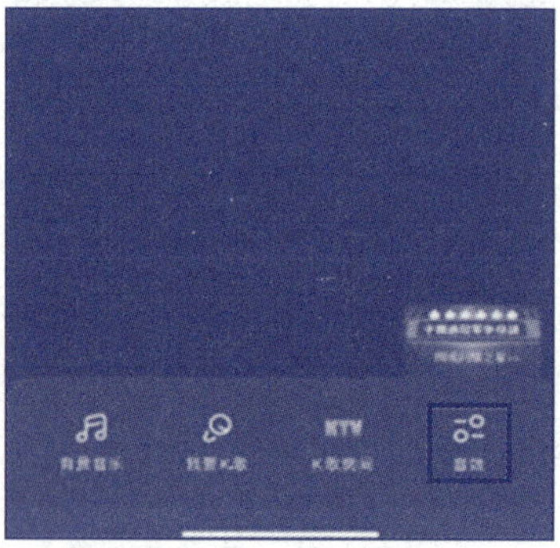

图 5 - 26　音效菜单

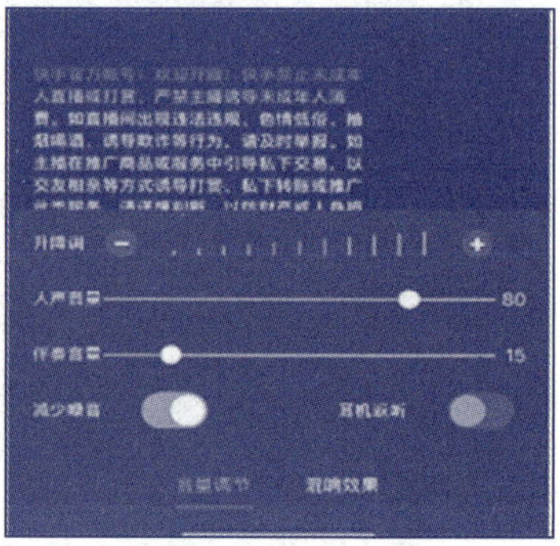

图 5 - 27　音效设置

（七）美颜设置

在直播间界面底部依次点击“装饰”“美化”，如图 5 - 28 和图 5 - 29 所示，进入美颜设置。在如图 5 - 30 所示的美颜设置界面中，最左侧的选项为“无美颜”模式，选择后，主播头像上会同时显示“无美颜”标志；数字 1 ～ 5 由低到高对应美颜级别，点击数字可选择对应程度的美颜效果，再点击一次数字即可对美颜进行细节设置。

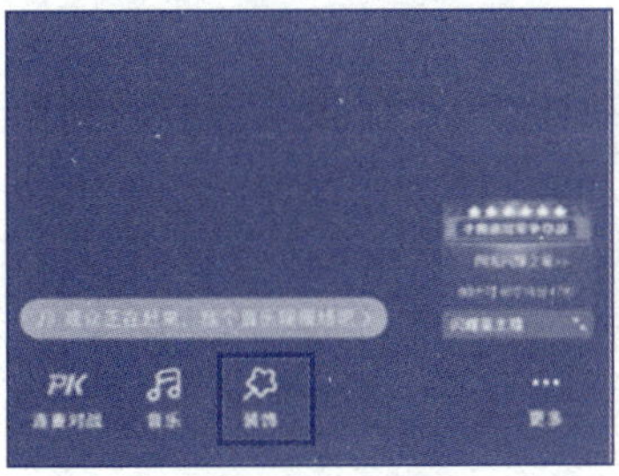

图 5－28　点击“装饰”

图 5－29　点击“美化”

图 5－30　美颜设置

(八) 连麦互动

在直播间界面底部依次点击“更多”“连麦互动”，即可选择是否在直播间开启连麦互动功能，如图 5－31 和图 5－32 所示。开启后观众可以申请与主播视频或语音连麦互动，主播也可以邀请附近的其他主播或者好友连麦互动，如图 5－33 和图 5－34 所示。

图 5－31　更多菜单

图 5－32　连麦功能

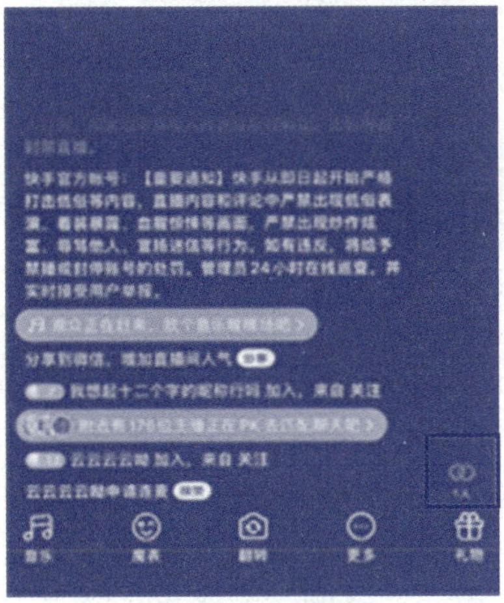

图 5－33　选择观众

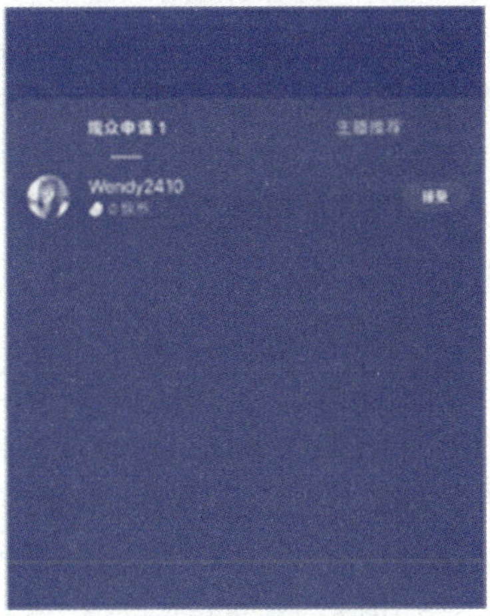

图 5－34　观众申请

（九）连麦对战

连麦对战是主播与主播之间的互动，双方约定游戏规则后，依据比赛得分决定哪一方接受惩罚。连麦对战对于活跃直播间氛围、“涨粉”有较大的助益。在直播间界面底部点击“连麦对战”，如图 5－35 所示，进入连麦对战设置面板，可点击选择倾向的对战模式。如果直播活动需要定向邀请某个用户连麦对战，那么应确保两个用户提前互相关注，并且未打开“不再接受好友邀请”，如图 5－36 和图 5－37 所示。正式直播中，从好友列表中邀请对方即可。

图 5－35　底部菜单

图 5－36　连麦对战

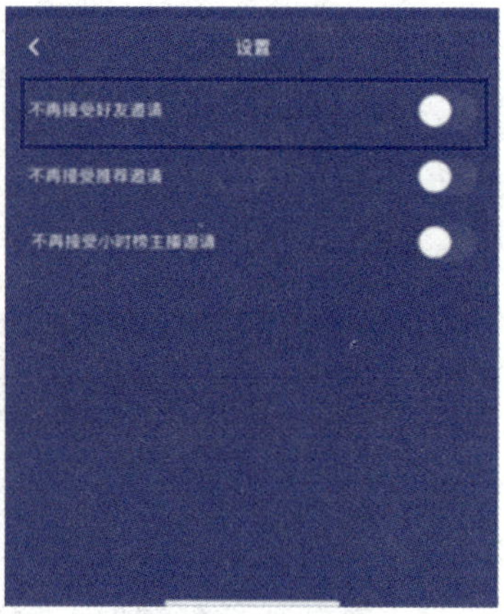

图 5－37　功能设置

（十）直播收礼

在直播间界面底部依次点击“更多”“礼物”“收到礼物”，可查看直播中来自观众的礼物打赏，点击“全部礼物”，可查看每个礼物对应的快币价值。主播收礼和平台五五分成，扣税由快手平台承担。

（十一）直播提现

主播在直播间收到的礼物会以黄钻形式存到主播的快手钱包中。注：10 000 黄钻兑换 5 元，提现限额为最低 40 000 黄钻。

根据手机软件不同，提现有以下两种方式：

（1）安卓手机。可在快手钱包中操作提现，可以选择支付宝和微信两种方式。

（2）苹果手机。可通过微信公众号“快手科技”或“快手”提现，进入公众号，点击“充值提现”，即可进行相应操作。

（十二）幸运助手

幸运助手是快手官方提供的抽奖工具，可根据需求设置多样化的抽奖条件和开奖时间，提升直播间观众留存。在直播间界面底部依次点击“更多”“幸运助手”，即可设置抽奖条件，如图 5－38 至图 5－40 所示。

抽奖条件包含以下四个方面的设置信息：

（1）活动说明。对抽奖活动做概括说明，如“分享直播间，赢取 666 现金红包”。

（2）幸运人数。主播在直播间可以设定的“幸运人数”上限，依据“粉丝”数的不同而不同，如表 5－5 所示。

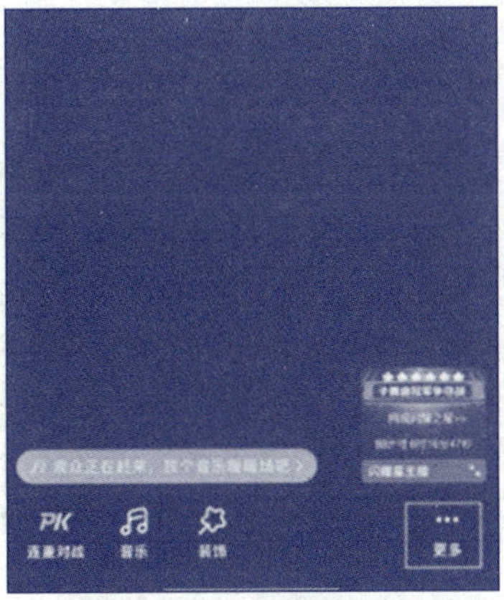

图 5－38　底部菜单

图 5－39　更多菜单

图 5－40　功能设置

（3）参与条件。加入“粉丝”团，分享，点赞，评论，直播间购物，新关注的“粉丝”。

（4）开奖时间。1 ～ 60 分钟可选，一旦开奖时间到，便自动开奖。

表 5－5　幸运人数设置信息表

“粉丝”数	幸运人数上限
1 000 万及以上	200 人
500 万～ 1 000 万	150 人
100 万～ 500 万	100 人
10 万～ 100 万	50 人
1 万～ 10 万	20 人
1 万以下	10 人

任务工单 4

<table>
<tr><td>任务名称</td><td colspan="5">实施直播活动</td></tr>
<tr><td>任务目的</td><td colspan="5">通过本次任务，能够熟练操作直播活动的常用功能，开展一场直播活动，并进行直播复盘分析。</td></tr>
<tr><td>任务内容</td><td colspan="5">1. 观看一场直播活动，熟悉直播活动的完整环节。
2. 自主选择商品，实施一场直播活动。
3. 根据直播活动的相关数据，进行直播复盘分析。</td></tr>
<tr><td>任务提示</td><td colspan="5">一场效果好的直播活动不是主播一个人就能完成的，更多的是需要团队配合，一个完整高效的直播团队尤其重要。</td></tr>
<tr><td rowspan="2">第（　）组</td><td>姓名</td><td></td><td></td><td></td><td></td></tr>
<tr><td>学号</td><td></td><td></td><td></td><td></td></tr>
<tr><td rowspan="4">任务实操</td><td colspan="5">1. 自主选择商品，实施一场直播活动，并将相关信息填入下表。</td></tr>
<tr><td colspan="5">
<table>
<tr><th>直播活动信息</th><th>具体内容</th></tr>
<tr><td>热场方式</td><td></td></tr>
<tr><td>互动策略</td><td></td></tr>
<tr><td>商品话术编排方法</td><td></td></tr>
<tr><td>敏感词</td><td></td></tr>
<tr><td>管理员数量</td><td></td></tr>
<tr><td>封面标题</td><td></td></tr>
<tr><td>背景音乐名称</td><td></td></tr>
<tr><td>魔法表情</td><td></td></tr>
<tr><td>连麦观众人数</td><td></td></tr>
<tr><td>连麦对战情况</td><td></td></tr>
<tr><td>礼物数量及金额</td><td></td></tr>
<tr><td>抽奖条件</td><td></td></tr>
</table>
</td></tr>
<tr><td colspan="5">2. 根据直播活动的相关数据，在下表中填入直播复盘的分析内容。</td></tr>
<tr><td colspan="5">
<table>
<tr><th>分析类别</th><th>具体内容</th></tr>
<tr><td>短视频分析</td><td></td></tr>
<tr><td>弹幕分析</td><td></td></tr>
<tr><td>流量分析</td><td></td></tr>
<tr><td>转化分析</td><td></td></tr>
</table>
</td></tr>
</table>

考核评价

评价说明：在本次任务完成后，由任课教师主导，采用学习过程评价与学习结果评价相结合，综合运用自我评价、小组评价及教师评价三种方式，由教师确定三种评价方式分别占总成绩的比例，并加权计算出学生个人本次任务的考核评价分。

任务完成考核评价表			
项目名称	项目五　直播营销	任务名称	任务四　实施直播活动
班级		学生姓名	
评价方式	评价内容	分值	成绩
自我评价	任务工单 4 的完成情况	60	
	对知识和技能的掌握程度	20	
	我胜任了小组内的工作	20	
	合计		
小组评价	本小组的本次任务完成质量	30	
	个人本次任务完成质量	30	
	个人参与小组活动的态度	20	
	个人的合作精神和沟通能力	20	
	合计		
教师评价	个人所在小组的任务完成质量	30	
	个人本次任务完成质量	30	
	个人对所在小组的参与度	20	
	个人对本次任务的贡献度	20	
	合计		
总评 = 自我评价 ×（　）% + 小组评价 ×（　）% + 教师评价 ×（　）% =			

任务五

分析直播营销效果

项目名称	项目五　直播营销		任务名称	任务五　分析直播营销效果
学习目标	知识目标	• 了解快手直播大盘数据的指标； • 了解“飞瓜快数”小程序的功能； • 了解快手直播带货的复盘分析数据。		
	能力目标	• 能够实时分析快手直播大盘数据； • 能够利用“飞瓜快数”小程序分析快手直播数据； • 能够撰写直播复盘分析报告。		
	思政目标	• 培养学生能够利用数据分析工具获取客观真实数据的能力，弘扬实事求是的精神品质，同时引导学生养成诚信经营的商业道德。		
任务描述	在快手直播营销的过程中，对整个直播过程进行复盘是非常重要的。分析本场直播的效果，总结经验和教训，其目的是提高下一场直播的效果。那么，如何查看快手直播大盘的实时数据？“飞瓜快数”小程序的功能有哪些？直播复盘的指标有哪些？本次任务将会为你一一解惑。			
任务准备	1. 在智能手机上安装快手 App； 2. 注册飞瓜快数的账号； 3. 实施一场直播活动。			
实施提醒	快手直播营销的过程中是绝对离不开对整个直播过程的复盘的，只有做好严谨、全面的分析，才能让下次的直播营销效果更好。			

知识充电站

一、了解直播大盘数据的指标

为了让用户更快速地了解快手的直播大盘动态，飞瓜快数对直播大盘数据进行了优化，每 60 秒统计当前时间下的快手直播热度、带货直播热度、实时观众热度及上架商品热度等数据，并可查看快手直播间各品类商品的数据的趋势图，了解直播间卖货风向。

（一）实时直播动态分析

实时直播动态数据每 60 秒更新，分钟级查看快手直播间热度，并可查看实时带货直播热度、实时观众热度、上架商品热度及实时观众画像，实时掌握快手直播间的流量趋势，如图 5－41 所示。

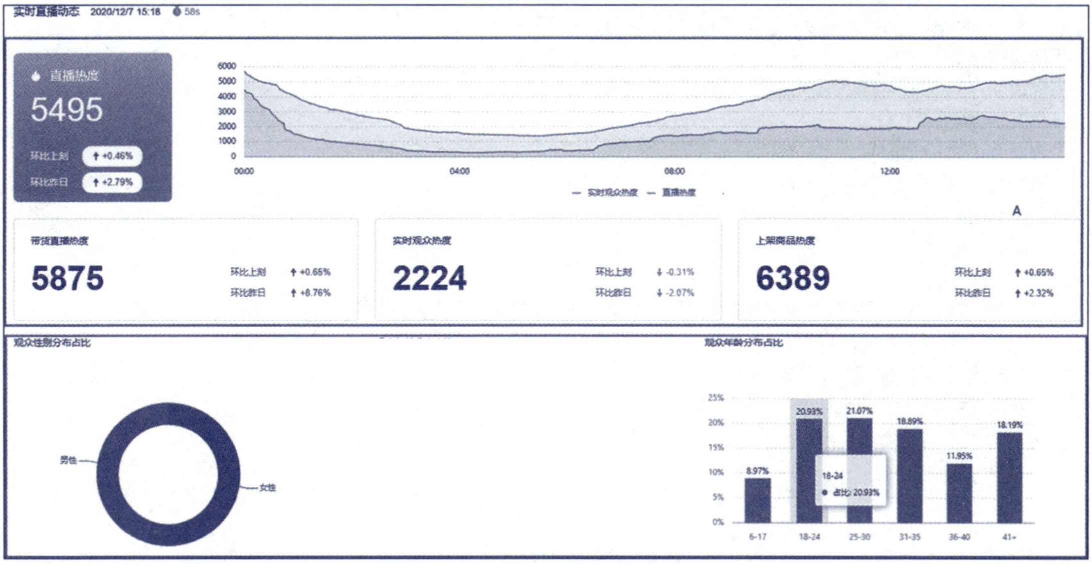

图 5－41　实时直播动态

1. 大盘实时热度

图 5－41 中的上部区域（区域 A）显示了大盘的实时热度数据。

（1）热度值：展示当前周期内，快手直播热度的综合评分。

（2）数据维度：包括直播场次、带货直播场次、实时直播间观众人数及推广商品数。

（3）参考价值：若今天的带货直播热度和实时观众等热度值同比昨日升高，说明今天有更多的用户在看快手直播，那么今天开播就有可能获得更多的观众流量。

（4）热度值分布分析：结合具体类目近 24 小时的销售数据，可判断出商品的最佳推广时间，如图 5－42 所示。

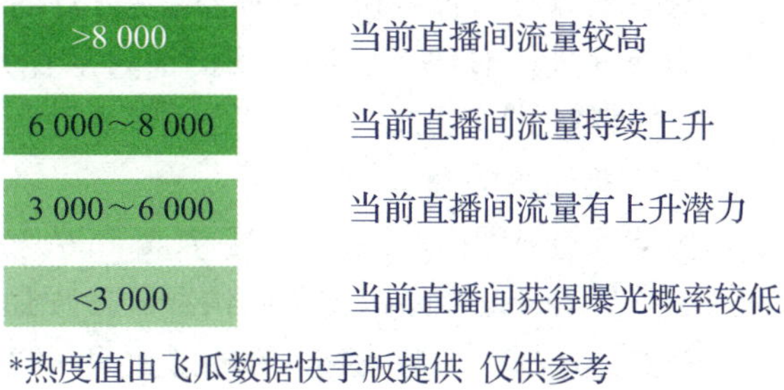

图 5－42　热度值分布

知识充电站

2. 大盘实时观众画像

图 5－41 中的下部区域（区域 B）显示了大盘的实时观众画像。帮助用户实时了解当前周期内大盘观众的性别、年龄及地域的占比情况。

（二）类目分析

类目分析收录了 21 个快手直播商品种类，可以选择日、周、月的维度进行查看。通过大盘数据可以了解快手直播商品种类的占比。如图 5－43 所示，从类目分析——商品品类中可以看到，当日直播中日用百货商品品类占比是最高的，达到了 32.59%。

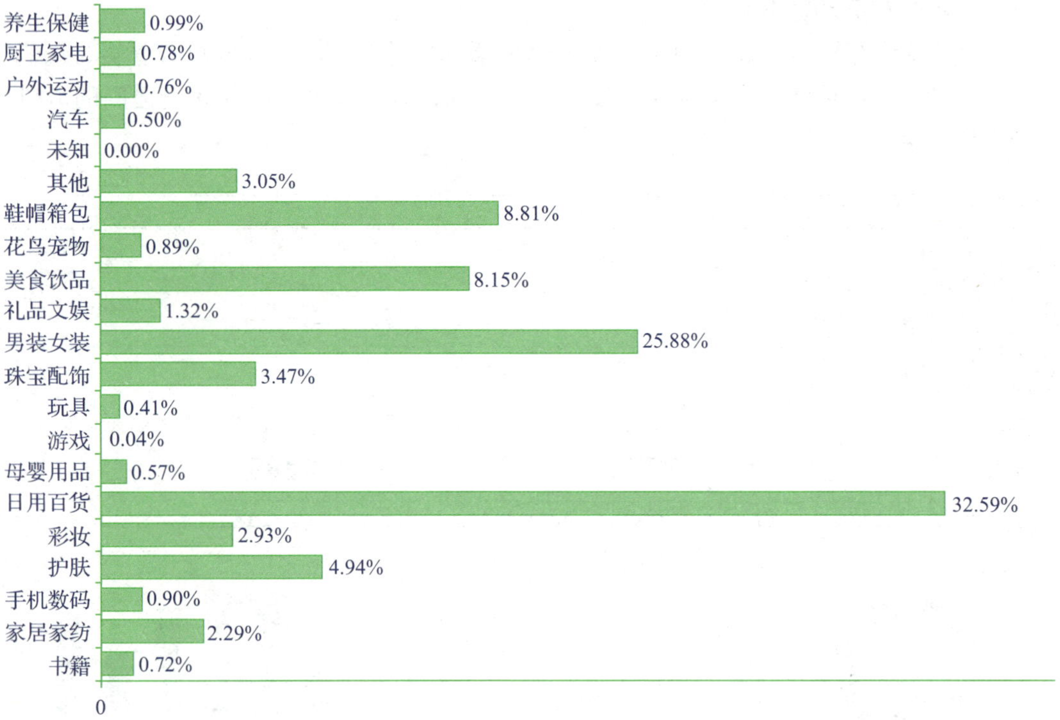

图 5－43 商品品类占比图

类目分析的数据说明了快手直播商品的种类比例，但不代表这些商品就是直播中最常见的，需要结合更多的大盘数据分析进行对照，比如带货主播数和直播场次。可以切换类目分析下的标签查看验证商品类目下的主播数量、直播场次及商品数量的情况。

（三）商品来源分析

商品来源可以查看快手直播日 / 周 / 月的 21 个品类的商品来源分布图，并可以同上周期的数据进行对比。比如，我们通过对比发现，在日用百货品类中，2020 年 11 月快手小店的带货量同 2020 年 10 月相差并不是很大，如图 5－44 所示。

（四）类目趋势分析

在类目趋势图中可以查看 21 个商品品类周、月维度下的主播数量、直播场次、商品数量、商品销量及商品销售额的情况，发现最近直播间热卖的商品。

例如，选择“男装女装”的品类，可以看到该品类商品在“双十一”之前相关直播场次有所增加，“双十一”之后几乎与十月的直播场次持平且有时候直播场次还少于 10

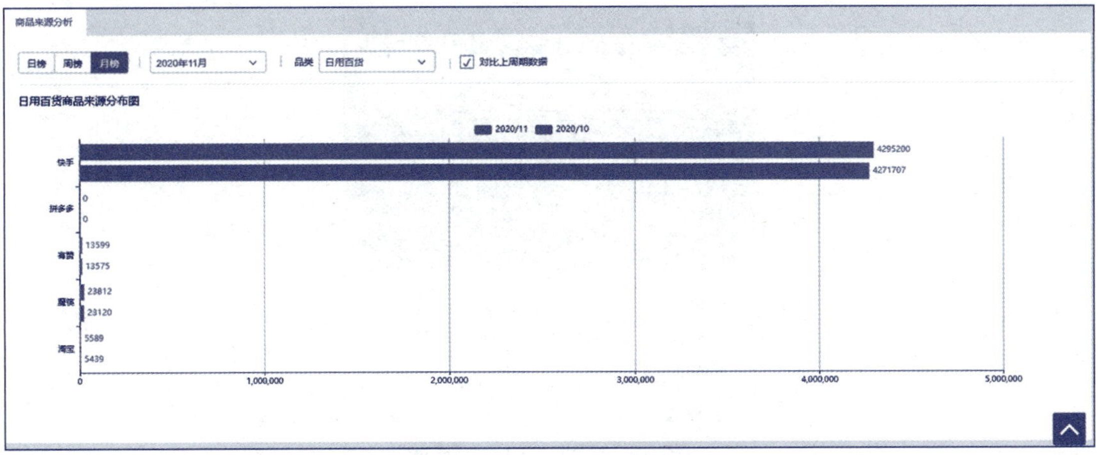

图 5-44　商品来源分析

月份的直播场次，说明“双十一”之后男装女装的直播带货场次有所减少。此外，也可以通过切换品类下的主播数量、商品数量、商品销售及商品销售额的标签进行详细的分析，如图 5-45 所示。

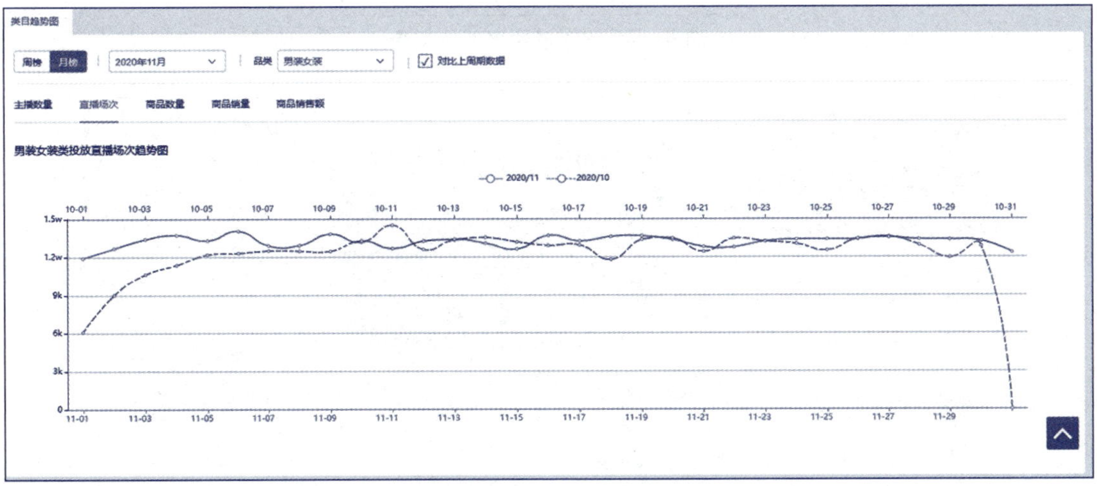

图 5-45　类目趋势分析

二、了解“飞瓜快数”小程序的功能

飞瓜数据快手版优化了飞瓜快数小程序功能，方便用户随时随地查看播主数据、直播数据以及商品详细数据。在微信小程序中搜索“飞瓜快数”即可使用，如图 5-46 所示。

（一）使用快捷入口，高效运营快手号

首页样式新升级，用户可通过首页的快捷入口，如图 5-47 所示，快速使用“我的快手号”“实时直播”“播主搜索”“直播监控”等常见功能，高效运营快手号。同时通过底部菜单栏，可快速切换播主排行榜、商品排行榜、直播排行榜及个人中心。

图 5-46 “飞瓜快数”小程序

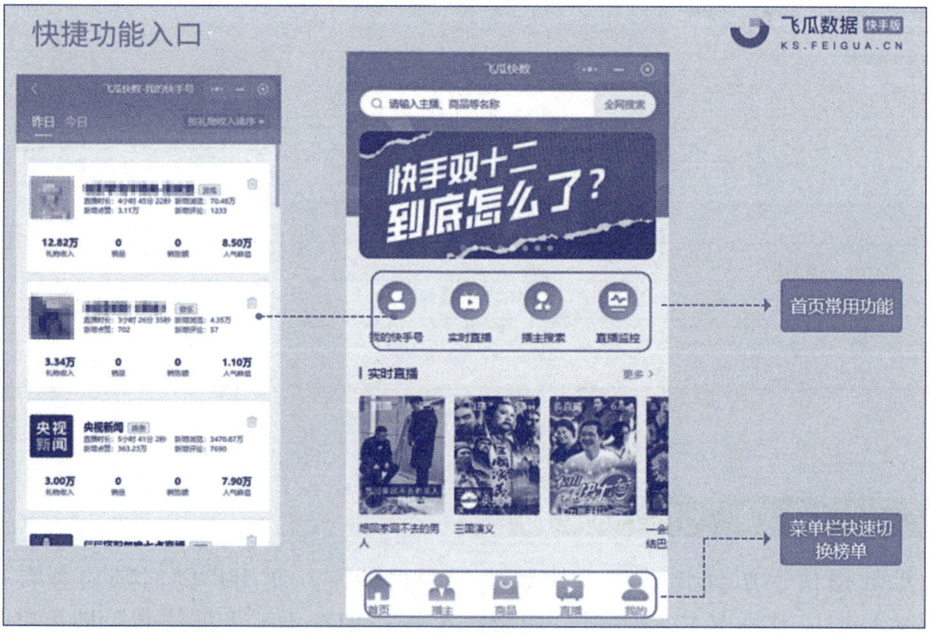

图 5-47 快捷入口

（二）发现实时热门直播间，定位优质直播达人

实时直播实时更新，可以按正在直播的直播间的“粉丝”画像情况、是否带货及是否挂榜来筛选实时热门直播间，或者直接点击上方的搜索框，通过播主名称、直播间标题，查找正在直播的带货播主，如图 5-48 所示。

图 5-48　实时热门直播间

实时直播可同步 PC 端数据，秒级查看销售额动态变化等直播间热门数据，可按销售额、上架时间筛选直播间热销商品，并且可查看直播间的观众画像及在线人数、观看人数等人气变化趋势（见图 5-49），及时调整直播间的投放策略。

图 5-49　直播间实时数据

（三）跟进快手热销商品，精准选品

查看近期快手热销商品榜和实时爆款商品数据，如图 5－50 所示，可快速定位到快手的爆款商品，看看有哪些商品在过去 24 小时内，获得了百万曝光、引爆订单，有助于找到在快手上拥有极强带货力的商品。

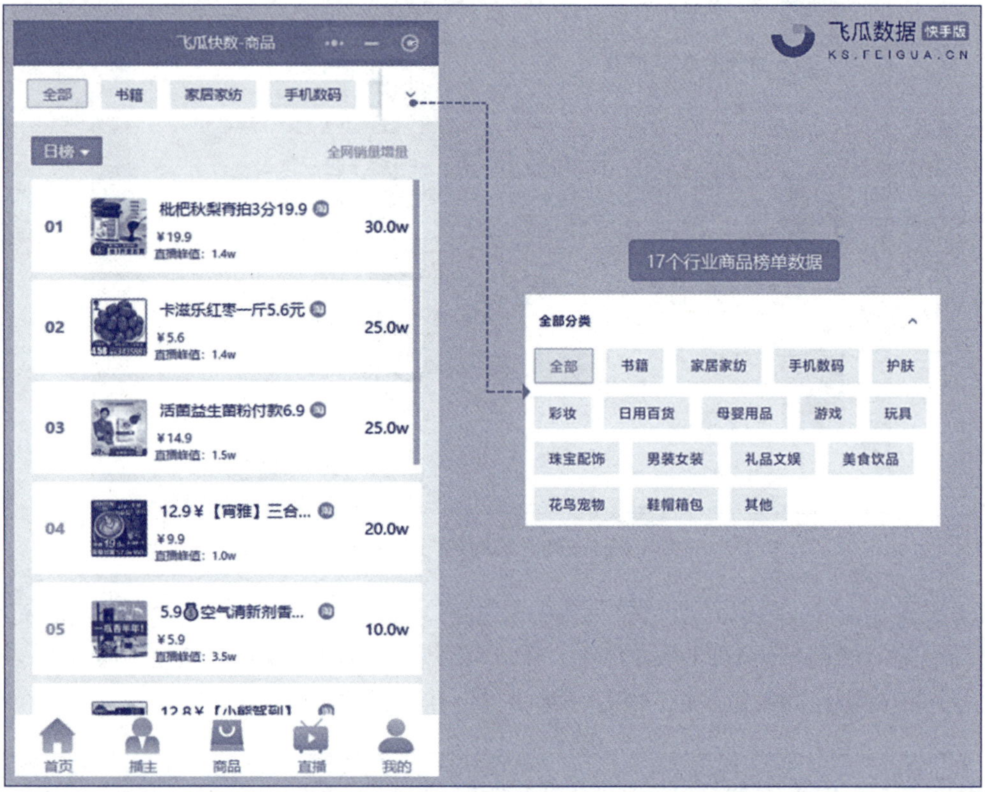

图 5－50　商品榜单数据

商品详情数据同步了该商品的近期销售数据、商品数据趋势图、带货主播及带货直播等数据，方便用户及时跟进爆款商品，如图 5－51 所示。

（四）定位快手优质 KOL，学习成长经验

快速切换播主排行榜（行业榜、“涨粉”榜、礼物收入榜）及挂榜直播榜（直播达人榜、挂榜销量榜、挂榜销售额榜及挂榜 ROI 榜），方便定位快手优质 KOL 账号，如图 5－52 所示。

同时通过播主详情页（见图 5－53），可查看其快手号基础数据、播主数据趋势、直播数据分析、“粉丝”画像、礼物收入 TOP10、对外送礼 TOP10 及直播记录，学习其成长经验。

（五）播主直播数据实时监控，快速发现异常数据

“直播监控”功能可以对快手直播进行实时监控和预约监控，如图 5－54 所示。

图 5－51　商品详情数据

图 5－52　播主排行榜、挂榜直播榜

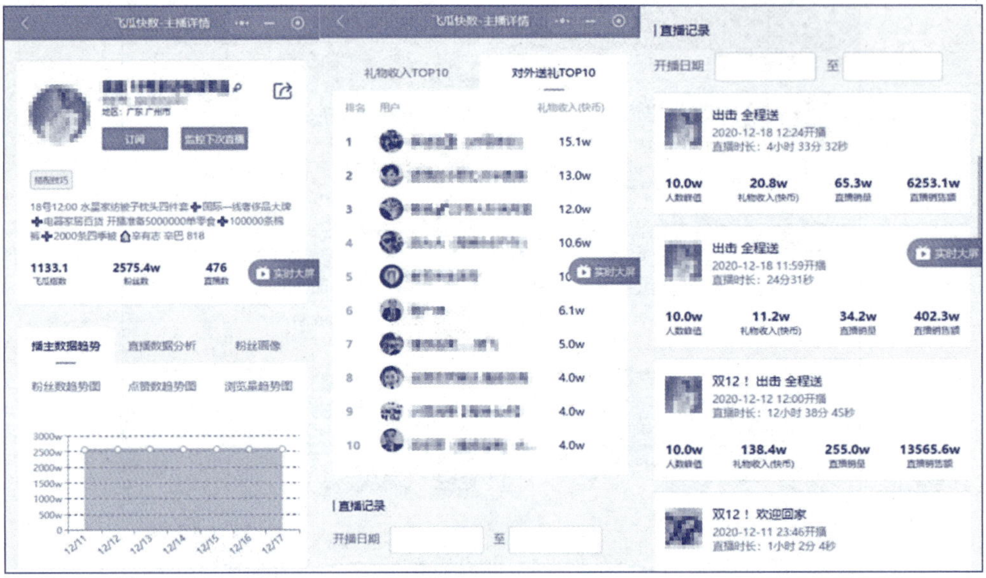

图 5－53　播主详情页

图 5－54　快手直播监控

可分钟级监控直播间的礼物总收入、弹幕数、人气峰值及小黄车的商品数；同时如果直播时进行卖货，还可以监控直播间的商品信息、直播时的销量等、直播热度、商品分类、“粉丝”画像及送礼 TOP5 等数据，快速定位播主的直播带货潜力，如图 5－55 所示。

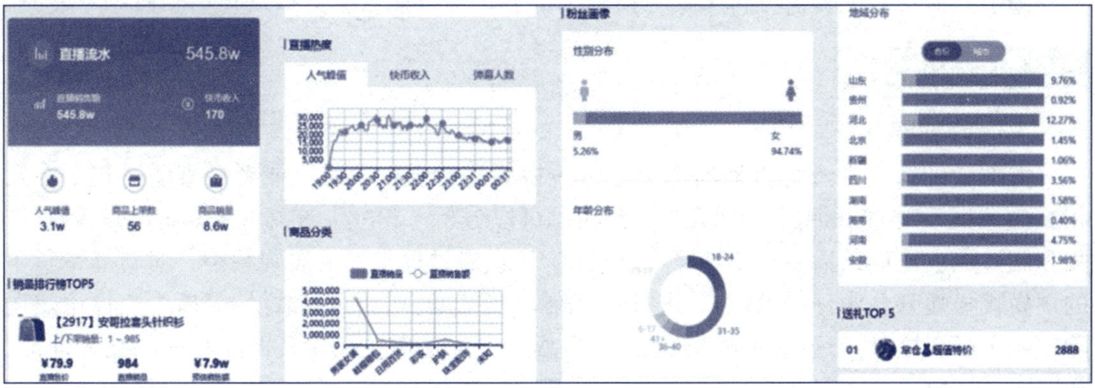

图 5－55　直播间详细数据

任务实施

快手直播带货的复盘分析主要包括两个部分，即直播数据分析及收集“粉丝”反馈。

一、直播数据分析

（一）短视频分析

大部分的播主在进行直播前都会通过短视频进行直播预热，或者在直播过程中会发相关的短视频对直播带货的产品进行介绍，可以分析“粉丝”在短视频的评论，调整选品和侧重点。比如某播主在 2020 年 12 月 21 日直播过程中发的短视频中，对直播带货中的“高腰显瘦开叉牛仔裤 R977”进行了介绍，在飞瓜快数的视频详情分析中，评论热词除了表示颜色之外，还出现了“好看”“显瘦”等表达对主播带货商品喜爱的高频词汇，如图 5－56 所示。

图 5－56　短视频详情

在飞瓜快数的直播商品分析中，可以看出该款商品的直播销量达到了 3 241 件，如图 5－57 所示，说明该款商品还是比较受“粉丝”喜爱的。

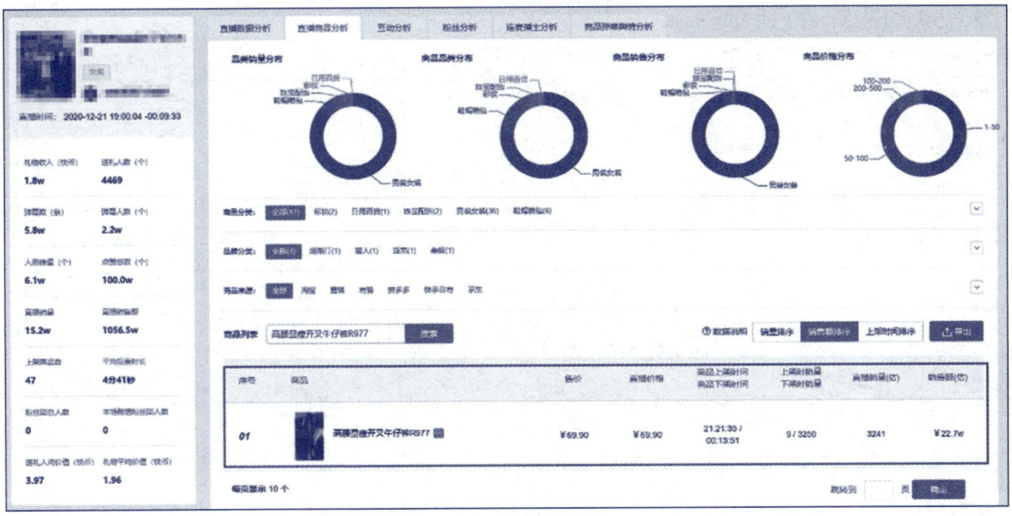

图 5－57　直播商品分析

（二）弹幕分析

弹幕反映的是“粉丝”在直播过程中的积极互动程度以及对直播的喜爱程度，因此分析“粉丝”的弹幕舆情，并对“粉丝”在直播中的评论进行总结，有助于主播调整下次的直播内容、风格等。

如图 5－58 所示，从飞瓜快数的直播详情的互动分析中可以看出，“粉丝”在该场直播中发送的弹幕主要是关于商品方面的。

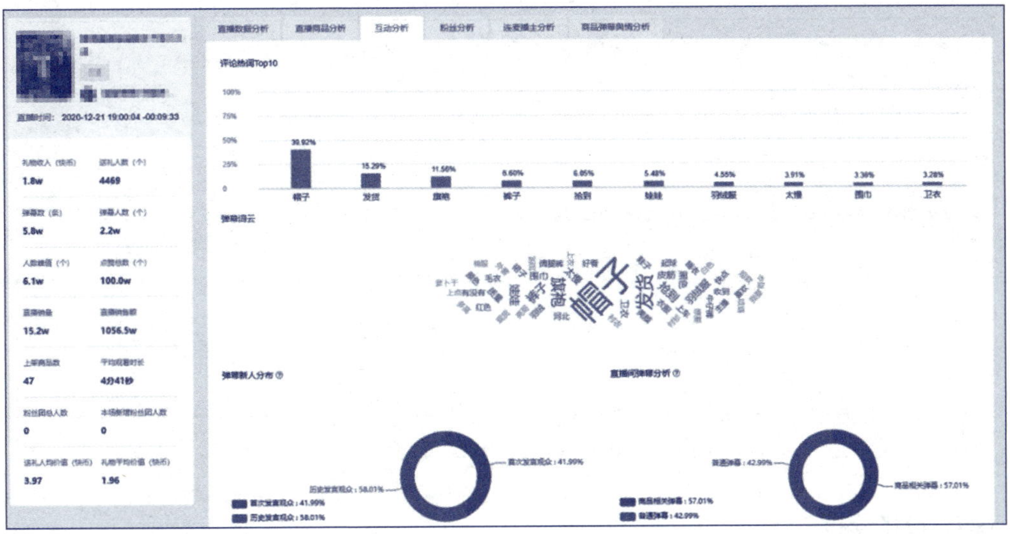

图 5－58　互动分析

（三）流量分析

流量分析主要是通过对流量的来源和峰值进行分析，进而调整短视频的投放和相关的引流策略。

可以结合飞瓜快数关于直播详情的“直播数据分析”“粉丝分析”来进行流量分析，

如图 5－59、图 5－60 所示。

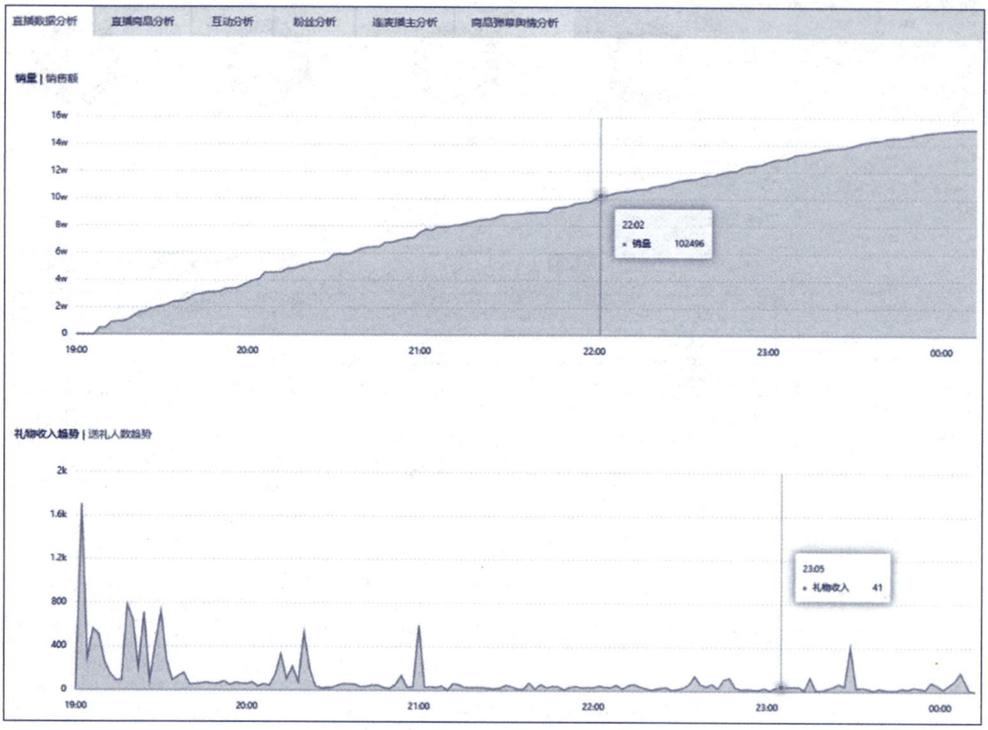

图 5－59　直播数据分析

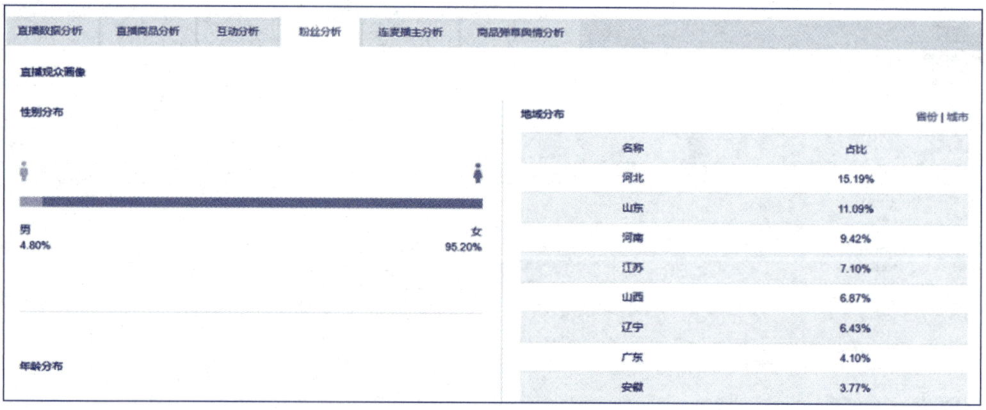

图 5－60　“粉丝”分析

（四）转化分析

转化分析主要是分析一场直播活动的成交和转化，进而调整选品和价格策略。可以通过飞瓜快数的“直播商品分析”进行直播商品转化分析。比如：通过飞瓜快数分析，可以看出在某播主 12 月 21 日晚上 19 点的直播中“男装女装”品类最为畅销，直播商品的价格在 1 ～ 50 元的占比是 46.81%，价格在 50 ～ 100 元的占比是 40.43%，如图 5－61 所示。

任务实施

图 5－61　直播商品分析

同时还可以结合飞瓜快数对直播带货产品进行详细的数据分析，以此来调整直播商品的选品及价格策略，如图 5－62 所示。

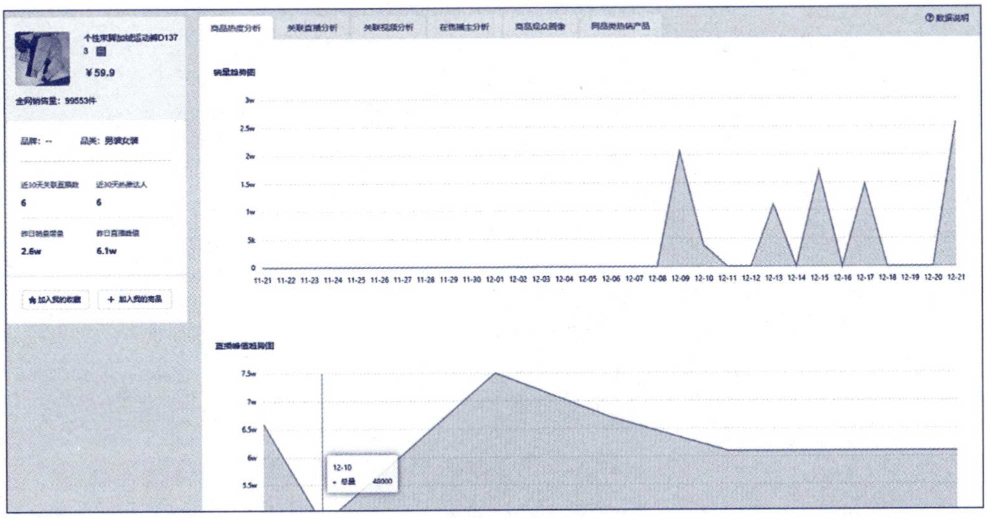

图 5－62　商品热度分析

二、收集“粉丝”反馈

可以从以下几个方面收集“粉丝”的反馈情况。

（一）评论反馈

记录直播间 1～3 个评论热点，例如“保养技巧”“多试色号”“多少钱”等，下次直播前在策划脚本阶段重点突出，解答“粉丝”的主要痛点。此外，也可以在飞瓜快数直播详情分析中的“互动分析”里查看直播互动数据，包括评论热词、弹幕词云，更好地了解直播的热度趋势以及“粉丝”对播主直播的舆论态度。

（二）私信反馈

在直播活跃“粉丝”中随机进行“私信回访”，通过私信收集深度反馈。私信内容包括两点：第一，表达感谢，拉近关系，提高“粉丝”忠诚度。第二，收集直播反馈，请“粉丝”评价直播中哪里做得好、哪里做得不好，给下次直播提出建议。

（三）客服反馈

通过客服在线解答“粉丝”的疑问，主动在“粉丝”群里收集直播反馈。例如，“宝宝们给刚才的直播打几分？”“小仙女们喜欢今晚直播的衣服吗？”“下次直播想看口红还是别的产品？”“下次直播我们约几点？”

此外，还可以通过亲友、同事或其他站外渠道调研，及时发现直播待优化的问题。

任务工单 5

任务名称	分析直播营销数据
任务目的	通过本次实践操作，能够获取和分析快手直播大盘的实时数据，运用“飞瓜快数”小程序的各项功能查看直播数据，撰写直播复盘分析报告。
任务内容	1. 登录快手平台，分析目前快手平台直播的大盘数据。 2. 关注“飞瓜快数”小程序，查看播主数据、直播数据以及商品详细数据。 3. 运用飞瓜快数工具，分析直播复盘的数据，简要撰写直播复盘分析报告。
任务提示	为了更好地分析快手直播营销数据，可使用快手平台的“数据助手”功能，建议使用“飞瓜快数”工具，更深入地获取和分析直播数据。

第（　）组					
	姓名				
	学号				

任务实操

1. 登录快手平台，分析当前时间下的快手平台直播的大盘数据，将相关信息填入下表。

快手直播热度		带货直播热度	
实时观众热度		上架商品热度	
观众性别分布占比		观众年龄分布占比	

2. 利用“飞瓜快数”小程序，查看某直播达人的详情页信息，将相关信息填入下表。

<table>
<tr><td colspan="2">快手账号</td><td colspan="2"></td></tr>
<tr><td>飞瓜指数</td><td></td><td>“粉丝”数</td><td></td></tr>
<tr><td>直播数</td><td></td><td>“粉丝”数趋势</td><td></td></tr>
<tr><td>点赞数趋势</td><td></td><td>浏览量趋势</td><td></td></tr>
<tr><td>直播数据趋势</td><td colspan="3"></td></tr>
<tr><td>“粉丝”画像</td><td colspan="3"></td></tr>
<tr><td>礼物收入 TOP10</td><td colspan="3"></td></tr>
<tr><td>对外送礼 TOP10</td><td colspan="3"></td></tr>
<tr><td rowspan="7">当日直播记录</td><td>直播场次</td><td colspan="2"></td></tr>
<tr><td rowspan="6">第 1 场直播</td><td>直播时间</td><td></td></tr>
<tr><td>直播时长</td><td></td></tr>
<tr><td>人群峰值</td><td></td></tr>
<tr><td>礼物收入</td><td></td></tr>
<tr><td>直播销量</td><td></td></tr>
<tr><td>直播销售额</td><td></td></tr>
</table>

3. 实施一场直播活动，并运用“飞瓜快数”工具，分析直播复盘的数据，撰写直播复盘分析报告，不少于 500 字。

考核评价

评价说明：在本次任务完成后，由任课教师主导，采用学习过程评价与学习结果评价相结合，综合运用自我评价、小组评价及教师评价三种方式，由教师确定三种评价方式分别占总成绩的比例，并加权计算出学生个人本次任务的考核评价分。

任务完成考核评价表			
项目名称	项目五　直播营销	任务名称	任务五　分析直播营销效果
班级		学生姓名	
评价方式	评价内容	分值	成绩
自我评价	任务工单 5 的完成情况	60	
	对知识和技能的掌握程度	20	
	我胜任了小组内的工作	20	
	合计		
小组评价	本小组的本次任务完成质量	30	
	个人本次任务完成质量	30	
	个人参与小组活动的态度	20	
	个人的合作精神和沟通能力	20	
	合计		
教师评价	个人所在小组的任务完成质量	30	
	个人本次任务完成质量	30	
	个人对所在小组的参与度	20	
	个人对本次任务的贡献度	20	
	合计		
总评 = 自我评价 ×（　）% + 小组评价 ×（　）% + 教师评价 ×（　）% =			

思政园地

规则意识淡薄的危险性

一、直播带货屡屡翻车

目前网络直播行业最受关注的问题就是“售假、打假”了。

随着“燕窝糖水”的持续发酵，网络带货主播遇上了职业打假，结果网络主播全线溃败，这让网络主播们如履薄冰。

如“燕窝糖水”事件发生之初，主播就已经咨询律师，并声称受到爆料网友的敲诈。某知名主播发布的《燕窝事件回应声明》和主播“赔偿”6 000万元的决定，均体现了较高的法律风险防范意识和防范水平。

二、直播界法律意识淡薄

通过在“中国裁判文书网”检索“网络直播”，可以看到从2010年至2020年12月22日，关于直播的法律文书共3 440篇。上述裁判文书中，刑事案由法律文书1 330篇，民事案由法律文书1 946篇。

（一）网络直播平台或网络主播违法违规情况严重

2016年11月，黄某在斗鱼平台直播模仿吸毒，被行政拘留5天。

2018年5月，主播兰某利用虎牙直播平台，直播捕鸟过程吸引网友，先后捕捉国家“三有”保护动物四十余只，被镇江句容森林警察大队现场抓捕，随后被刑拘。

2020年3月，辽宁丹东凤城一名网络女主播，多次在网络直播中进行色情表演，被以传播淫秽物品牟利罪判处缓刑。

2020年10月，上海公安局破获“网红主播直播带货”售假案，公安机关抓捕视频直接出现在直播中。

（二）网络直播领域违约现象频发，主播自我保护意识、法律意识十分淡薄

除了违法违规外，在民事层面上，网络直播领域也不可避免地涉及了合同纠纷。

典型案例是2020年闹得沸沸扬扬的“中国电竞史上最贵索赔”一案。该案的起因是，某主播拒绝在虎牙直播上进行直播，某“东家”RNG提出索赔金额5 000万元！

（三）直播领域侵权严重

典型案例是2018年中国音乐著作权协会诉武汉斗鱼网络科技有限公司著作权权属、侵权纠纷一案。

资料来源：说说法．规则意识淡薄是重要推手之一．（2020-12-22）[2021-06-10]．https://baijiahao.baidu.com/s?id=1686772630332035939&wfr=spider&for=pc.

06

项目六

资讯媒介营销

- 任务一　认识资讯媒介平台
- 任务二　设置账号
- 任务三　制作营销图文
- 任务四　制作音频与实施营销
- 任务五　分析资讯媒介营销效果

案例导入

今日头条“肯德基 # 抬头向上，塔可青年 # 超级话题项目”

2019 年五四青年节之际，今日头条联合光明网发起“肯德基 # 抬头向上，塔可青年 #”超级话题活动。

活动背景：肯德基塔可 U 形鸡排上线，从产品需要抬头吃的特质，衍生出“绝不低头”的人生态度。

活动目标：希望借势热点大事件，传播塔可“绝不低头”的人生态度。

策略创意：寻找与青年对话的最佳载体，让塔可精神与时代青年接轨。

肯德基塔可 U 形鸡排借势五四青年节 100 周年的契机，选择与今日头条联手，以年轻人“绝不低头”的人生态度作为诉求点，立足“时代青年之声”进行内容打造，与青年群体展开了一场激情与正能量的对话。为了快速扩散话题，今日头条联合光明网，邀请蒋方舟、柯洁、武磊等 100 位在不同领域具有影响力的青年，以及数十家媒体，共同打造了五四青年节“# 塔可青年，抬头向上 #”的微话题内容。依靠今日头条的新闻媒体属性和影响力，官方机构共振助力，向中国青年传递正能量价值观。

借助媒体合力、权威背书共建品牌价值，通过态度发声引导圈层共鸣，“# 抬头向上，塔可青年 #”话题联动五四青年节百年纪念活动，使这场关于“时代青年”的话题讨论，在推动肯德基品牌形象与认知再提升的同时，也收获了 5.1 亿次阅读，超过 20 万讨论量，累计覆盖 1.2 亿青年，成为借助资讯媒介进行品牌营销的典型案例。

资料来源：今日头条“肯德基 # 抬头向上，塔可青年 # 超级话题项目”.（2019-12-30）[2021-06-01]. https://creative.adquan.com/show/290074.html.

案例思考：

1. 话题标签对品牌营销意味着什么？

2. 传播逐渐成为营销的核心和驱动力，有人甚至认为传播决定营销的成败，你认同吗？

任务一 认识资讯媒介平台

项目名称	项目六　资讯媒介营销	任务名称	任务一　认识资讯媒介平台
学习目标	知识目标	• 了解资讯媒介的定位； • 理解资讯媒介的类型； • 熟悉新兴资讯媒介的营销渠道。	
	能力目标	• 具备熟练运用媒体评估的“三力模型”的能力。	
	思政目标	• 资讯传播具有强烈的意识形态性和鲜明的社会实践性，将使命感的培育和塑造植入资讯媒介传播课程中，着力实现在价值传递中凝聚知识底蕴，在知识传播中强调价值引领。	
任务描述	加强对资讯媒介的认知和分析，了解不同资讯媒介的特点，能够拓宽新媒体营销的受众群，因此本次任务旨在了解典型资讯媒介平台并且能够根据平台的特点选择适合自身的产品加以应用。		
任务准备	准备一台智能手机，安装今日头条、腾讯新闻、一点资讯、百度百家号、大鱼号等应用程序客户端。		
实施提醒	思考对于资讯媒介的界定需要考量哪些功能及内容输出，以及下载使用此类型 App 的用户有何具体需求。		

知识充电站

一、了解资讯媒介的定位及兴起

资讯媒介平台常被定位为通过某一空间或场所的资源聚合和关系转换，为传媒经济提供资讯类信息服务，从而实现传媒产业价值的媒介组织形态。广义的资讯媒介平台包含了传统媒体和新媒体；狭义的资讯媒介平台仅指基于互联网的新兴媒体平台。

资讯媒介的兴起与移动互联网的发展紧密相关，平板电脑和智能手机等移动智能终端的普及，使网民可以非常方便地进行网络办公及社交。数字媒体的普及和移动互联网的发展，导致移动设备上的新闻媒介几乎取代了传统的报纸、电视新闻，越来越多的网民习惯用手机 App 获取新闻信息。随着信息渠道的多样化和用户需求的个性化发展，用户对于信息灌输容易感到厌倦，更乐于接受满足内心需求或引起情感共鸣的内容传播。在新媒体时代，阅读新闻资讯是手机网民的主要需求之一。

二、理解资讯媒介的类型

随着移动互联网行业的发展进入下半场，用户流量争夺逐渐白热化，各大资讯平台持续利用自身独特的优势属性来抢夺用户。

目前，资讯行业已发展出新资讯以及泛资讯两大类型的平台，二者的区别主要呈现在资讯内容的分发能力上：新资讯平台以资讯内容分发为产品核心能力，通过自订阅、人工筛选或智能技术推送等手段实现个性化资讯分发，以今日头条、百度 App 和腾讯新闻为代表；泛资讯平台则是以资讯内容分发作为产品从属能力，如手机浏览器和社交平台等产品。

任务实施

一、洞察新兴资讯媒介的营销渠道

新兴资讯媒介的主要营销渠道有今日头条、腾讯新闻、一点资讯、百度百家号、大鱼号、喜马拉雅 FM 等。

（一）今日头条

今日头条是北京字节跳动科技有限公司开发的一款基于数据挖掘的推荐引擎产品，是为用户推荐信息、提供连接人与信息的服务的产品。今日头条于 2012 年 3 月创建，2012 年 8 月发布第一个版本。今日头条是一个通用信息平台，致力于连接人与信息，让优质丰富的信息得到高效精准的分发，促使信息创造价值。目前今日头条下设推荐引擎、搜索引擎、关注订阅和内容运营等多种分发方式，囊括图文、视频、问答、微头条、专栏、小说、直播、音频和小程序等多种内容载体，涵盖科技、体育、健康、美食、教育、“三农”、国风等超过 100 个内容领域。今日头条以月活跃数超过 2 亿的优势，成为国内主流新闻资讯媒介平台。

（二）腾讯新闻

腾讯新闻以客户端形式为用户提供新闻服务，旨在快速、客观、公正地提供新闻资讯，带领用户进入“秒”时代。随着智能手机的普及、工作节奏的加快、碎片时间的增多，人们会越来越多地使用新闻客户端来获取新闻资讯。腾讯新闻于 2010 年在苹果应用商店上架，是国内最早推出产品客户端的新闻门户之一。自 2012 年升级后，腾讯新闻就开始意识到新闻资讯类 App 需要基于产品功能、交互设计及内容框架进行不断创新。在后续发展规划中，腾讯新闻客户端陆续将组图混排、新闻专题、图文直播、频道定制、离线阅读、媒体订阅及云收藏等功能列入其中。在“产品为王”的移动互联网时代，以用户体验为前提，以用户价值为基础的不断创新，是腾讯新闻客户端完善功能的理论基础。

（三）一点资讯

一点资讯是北京一点网聚科技有限公司推出的一款有机融合搜索和个性化推荐技术的兴趣引擎，2013 年公司正式成立，并发布一点资讯 1.0 版本。一点资讯作为国内领先的内容聚合平台，在底层技术架构上融合了搜索和个性化推荐技术，以用户“兴趣”为核心，通过“人机结合”模式，既实现了海量内容信息的高效分发，又克服了机器分发的盲目性，将“有趣更有用”的价值内容精准推送至用户手中，为用户提供了个性化阅读体验。一点资讯主要有时政新闻、财经资讯、社会热点、军事报道、家装设计、育儿常识、星座命理、出游旅行、野史探秘、太空探索、未解之谜、前沿科技资讯等内容，以此来探索未知新世界。用户可搜索感兴趣的内容，订阅专属频道。同时，一点资讯独创兴趣引擎智能分析，以此来分析用户喜好，为用户呈现真正感兴趣的内容。此外，一点资讯将机器人学习 + 人工编辑的“人机智能”率先应用于移动资讯领域，致力于帮助用户更好地发现、表达、甄别、获取和管理对自己真正有价值的内容，引导用户在移动端的深度阅读行为，带来深度内容阅读在移动互联网的延伸。

（四）百度百家号

2016年9月，百度正式上线内容产业的新产品——百家号，面向所有用户开放注册。百家号是由百度专为内容创作者打造的集创作、发布和变现于一体的内容创作平台。内容创作者在百家号发布的内容会通过百度信息流、百度搜索等分发渠道传递给用户。百家号支持内容创作者发布多样化形式的内容，包括图文、视频、动态、直播、音频、专栏、圈子图集等。除了原有的网络分润模式，百家号共有四大变现方式：内容电商、知识付费、内容营销、付费圈子。

（五）大鱼号（原UC订阅号）

大鱼号是为内容创作者提供通行阿里文娱平台的账号，旨在为内容生产者提供“一点接入，多点分发，多重收益”的整合服务。内容创作者接入大鱼号后，可享受阿里文娱的多点分发渠道，包括UC、土豆、优酷、淘系等。

（六）喜马拉雅FM

喜马拉雅是国内主流音频资讯类分享平台，总用户规模突破6亿。喜马拉雅属于典型用声音取代画面传递内容生态的资讯媒介平台，以其独特的定位吸引了自媒体人投身其中。喜马拉雅创作中心鼓励多种形式的内容发布。在其勾画的产业链条里，出版社、作家、播主、“粉丝”、品牌等均可通过该平台联结在一起，依托内容输出实现经济效益的转化。

二、掌握媒体评估的“三力模型”

明略科技结合自身的大数据技术及研究能力，提出“传播力”“影响力”“转化力”是构成媒体价值的核心要素。“三力模型”是契合时代变化，能够全方位定量评估媒体价值的方法论。通过“三力模型”，可全面多维呈现融媒体时代的媒体价值，也解决了“内容和流量谁为王”的难题，在机构侧，将打通内容思维与流量思维，应用于规划在融媒体建设中的媒体矩阵等；在企业侧，可应用于内容闭环营销、单纯品牌传播等场景，便于评估基于不同目标时的媒体价值。

（一）传播力

信息的广泛触达是内容和品牌有效传播的基础，包括触达的广度与频度，以及受众品质。

（二）影响力

在一定传播力的基础上，获得受众的互动与情感共鸣会对内容或品牌营销的有效触达产生直接影响，包括媒体形象、媒体公信力、受众与媒体的互动意愿及行为、内容满意度。

（三）转化力/及时性

基于传播力和影响力，品牌营销活动在媒体上可量化的营销效果是媒体的转化力，包括长效品牌收益和短期带货能力。在新闻资讯场景下，由于不存在转化力，因此以新闻资讯特定的“及时性”替代。

任务工单 1

任务名称：资讯媒介平台使用情况调研

任务目的：本任务的主要目的是调研不同年龄层次的网民对资讯媒介的日常使用情况，利用媒体评估的“三力模型”，挖掘用户对资讯的需求情况。

任务内容：

1. 收集身边不同年龄层次的朋友对资讯媒介的日常使用情况（可以下图为参考依据，比对自己的调研结果）。

	总计	小于20岁	21～30岁	31～40岁	41～50岁	51～60岁	大于60岁
No.1	官方媒体 (55%)	官方媒体 (53%)	官方媒体 (57%)	官方媒体 (51%)	官方媒体 (61%)	官方媒体 (65%)	官方媒体 (39%)
No.2	腾讯新闻 (39%)	微博热搜 (36%)	微博热搜 (44%)	腾讯新闻 (43%)	今日头条 (46%)	今日头条 (37%)	今日头条 (36%)
No.3	今日头条 (38%)	腾讯新闻 (34%)	朋友圈 (43%)	今日头条 (43%)	腾讯新闻 (40%)	腾讯新闻 (32%)	朋友圈 (29%)
No.4	朋友圈 (38%)	QQ (34%)	腾讯新闻 (38%)	朋友圈 (38%)	朋友圈 (29%)	当地卫视 (28%)	当地卫视 (18%)
No.5	微博热搜 (30%)	朋友圈 (33%)	今日头条 (35%)	百度 (28%)	百度 (27%)	本地电视台 (23%)	本地电视台 (11%)
No.6	百度 (27%)	百度 (32%)	百度 (28%)	当地卫视 (23%)	当地卫视 (23%)	朋友圈 (17%)	腾讯新闻 (7%)
No.7	当地卫视 (22%)	今日头条 (23%)	当地卫视 (20%)	微博热搜 (23%)	本地电视台 (22%)	百度 (17%)	QQ (7%)
No.8	本地电视台 (19%)	当地卫视 (21%)	本地电视台 (18%)	本地电视台 (20%)	微博热搜 (11%)	微博热搜 (7%)	百度 (4%)
No.9	网易新闻 (10%)	本地电视台 (17%)	QQ (10%)	网易新闻 (11%)	搜狐新闻 (11%)	搜狐新闻 (6%)	微博热搜 (4%)
No.10	QQ (10%)	天天快报 (4%)	网易新闻 (10%)	搜狐新闻 (9%)	网易新闻 (9%)	凤凰网/凤凰新闻 (5%)	搜狐新闻 (4%)

由上图可以看出，30 岁以下的年轻人更加依靠社交媒体，30 岁以上的用户中，今日头条有更高的使用率，50 岁以上的用户更加依赖非数字化的当地卫视 / 本地电视台。

2. 探索不同资讯媒介在消费群体中的信任度，挖掘用户对资讯的需求情况，为后期运用此类媒介奠定基础。

任务提示：利用媒体评估的“三力模型”，调研目标人群，可以年龄、性别、学历、城市等维度进行选择。同组成员所选样本尽量避免重复。

第（ ）组

姓名				
学号				

任务实操：

1. 收集身边不同年龄层次的朋友对资讯媒介的日常使用情况，样本参考不少于 30 人。可从使用频次、App 下载量、账号关注量等维度展开。

2. 探索不同资讯媒介在消费群体中的信任度，将结果以量化形式呈现。挖掘用户对资讯的需求情况，为后期运用此类媒介奠定基础。

平台名称	年龄层	信任度平均分	原因分析

考核评价

评价说明：在本次任务完成后，由任课教师主导，采用学习过程评价与学习结果评价相结合，综合运用自我评价、小组评价及教师评价三种方式，由教师确定三种评价方式分别占总成绩的比例，并加权计算出学生个人本次任务的考核评价分。

任务完成考核评价表			
项目名称	项目六　资讯媒介营销	任务名称	任务一　认识资讯媒介平台
班级		学生姓名	
评价方式	评价内容	分值	成绩
自我评价	任务工单 1 的完成情况	70	
	对知识和技能的掌握程度	10	
	我胜任了小组内的工作	20	
	合计		
小组评价	本小组的本次任务完成质量	30	
	个人本次任务完成质量	30	
	个人参与小组活动的态度	20	
	个人的合作精神和沟通能力	20	
	合计		
教师评价	个人所在小组的任务完成质量	30	
	个人本次任务完成质量	30	
	个人对所在小组的参与度	20	
	个人对本次任务的贡献度	20	
	合计		
总评 = 自我评价 × (　　) % + 小组评价 × (　　) % + 教师评价 × (　　) % =			

任务二

设置账号

<table>
<tr><td>项目名称</td><td>项目六　资讯媒介营销</td><td>任务名称</td><td>任务二　设置账号</td></tr>
<tr><td rowspan="3">学习目标</td><td>知识目标</td><td colspan="2">• 了解不同平台账号设置的规则与流程；
• 理解账号设置对营销推广的重要性；
• 分析账号设置的要素。</td></tr>
<tr><td>能力目标</td><td colspan="2">• 具备优化账号设置的能力；
• 具有资讯媒介账号细节设定的能力。</td></tr>
<tr><td>思政目标</td><td colspan="2">• 账号设置需要学生了解现有优质账号，鼓励学生主动汲取更多知识，这种勤奋好学的品质在未来工作中同样重要。</td></tr>
<tr><td>任务描述</td><td colspan="3">对于资讯媒介平台账号和内容的准入，各平台设置了不同的账号入驻门槛，要求作者提供相关创作能力或资质证明；同时，也需要掌握设置内容的准入标准，目的在于鼓励作者规范创作，剔除不良信息。</td></tr>
<tr><td>任务准备</td><td colspan="3">1. 在大鱼号、头条号、百家号搜索主流账号，并浏览关注；
2. 下载 App，准备图片素材。</td></tr>
<tr><td>实施提醒</td><td colspan="3">人人都是自媒体，意味着人人都可以进入自媒体平台，创作属于自己的自媒体内容。这是一个内容为王的时代，也是一个垃圾内容充斥的时代。如何创造出既有流量又不雷同的内容，需要同学们进行深入思考。</td></tr>
</table>

知识充电站

资讯媒介平台用户需注册账号。账号的总体设置及运营对营销效果会产生直接影响。账号设置宜遵循简洁明了、容易记忆及输入方便的原则。目前有多个平台为方便用户使用，推出第三方登录模式。如图 6－1 所示，以今日头条为例，支持多种第三方平台账号快速登录，用户可在平台提供的第三方账户中选择其一进行注册登录，也可以利用字节跳动旗下产品“抖音”账号进行注册登录。可以说，今日头条借助与第三方平台账号的联动性，降低了传统平台账号注册的烦琐度，从而提升了用户转化率。

图 6－1　今日头条账号注册详解

任务实施

小 A 是一家服装品牌公司的市场推广专员，为了能够拓宽新媒体推广渠道，主管要求他尝试运用资讯媒介营销平台获取更多自然搜索流量。为了能够拓宽品牌推广维度，小 A 决定围绕设计师理念及服装行业发展情况进行资讯媒介账号注册，同时完成各平台的账号设置流程。掌握账号注册是实施资讯媒介营销的第一步。在了解不同平台运营规则的前提下，遵从规则设置统一或配套的账号，是小 A 开展资讯媒介营销的第一步。

【任务分析】

该任务背景介绍的是资讯媒介平台的账号注册流程及主要规则，对不同平台的注册规则进行解析，需要对账号设置、相关用户协议、隐私权限保护声明等内容进行阅读及理解。另外，为方便用户注册，多数平台支持微信、QQ 及同公司跨品牌产品的账号进行授权登录，简化了用户注册流程，增加了使用便利性。拥有账号后，需要进入后台进行账号基础设置。下面以百家号为例进行展示。

一、账号注册须知

利用百度账号登录百家号官方网站 http://baijiahao.baidu.com，根据百家号申请步骤：注册登录→选择类型→填写资料，完成操作即可。需要注意的是，如果申请的是个人类型账号，则一个身份证只能注册一个账号，注册后该身份证将不能再进行申请；如果申请的是机构类型账号，则一个组织机构最多可注册两个账号，注册后主体将不能再进行申请。

二、账号申请步骤

申请百家号账号前，用户需要有一个百度账号，通过绑定本人手机号的百度账号来申请、管理百家号。百度账号开通百家号后不可解绑，机构类型账号不能使用员工私人百度账号（例如：百度钱包、百度网盘）申请百家号。

目前，百家号支持 5 种不同类型的主体注册账号，包括个人、媒体（群媒体、新闻媒体）、企业、政府和其他组织，如表 6－1 所示。个人账号供垂直领域专家、意见领袖、评论家、自媒体人士及站长申请；媒体账号供有媒体资质的网站、报纸杂志、电台、电视台等申请；企业账号适合公司、分支机构、企业相关品牌等类型的申请；政府账号供国内外国家政府机构、事业单位、参照公务员法管理的社团组织申请；其他组织账号供各类公共场馆、公益机构、学校、社团、民间组织等机构团体申请。

表 6－1 百家号不同账号类型概览

<table>
<tr><th></th><th>个人</th><th>媒体</th><th>企业</th><th>政府</th><th>其他组织</th></tr>
<tr><td rowspan="5">百家号信息</td><td colspan="5">领域</td></tr>
<tr><td colspan="5">百家号名称</td></tr>
<tr><td colspan="5">签名</td></tr>
<tr><td colspan="5">头像</td></tr>
<tr><td colspan="5">所在地</td></tr>
</table>

续表

	个人	媒体	企业	政府	其他组织
主体信息	—	组织名称	企业名称	政府全称	组织名称
	—	组织机构代码	企业营业执照注册号	—	组织机构代码
	—	组织机构代码影印件	企业营业执照影印件	确认公函影印件	组织机构代码影印件
运营者信息	运营者姓名				
	运营者身份证号码				
	运营者手持身份证照片				

不同账号类型申请百家号时，需要准备以下资料：

（1）领域。

这是指百家号创作内容所属的领域，领域选择越精准对后续营销越有益。百家号允许选择的领域较全面，常见的有新闻、娱乐、体育、财经、动漫、游戏等。百家号鼓励用户认真选择自己擅长创作的领域。

（2）百家号名称。

百家号名称的字数限制为 2 ～ 10 字。使用与发文领域相关的名称，可有效提升读者的阅读量。

（3）签名。

签名用来向读者简明扼要地展示百家号的内容风格，字数限制为 10 ～ 20 字。如果签名包含账号所涉及的领域，则能够加速读者对账号的了解，有利于“粉丝”的转化。

（4）头像。

头像要求清晰、健康，能够精确传递账号调性及风格，切勿使用二维码、政治敏感及色情图片。图片格式支持 bmp、jpeg、jpg，200 × 200 像素，且大小不超过 5M。

（5）所在地。

所在地指运营者所在的省（自治区、直辖市）、市。

（6）运营者姓名。

运营者姓名需与身份证姓名保持一致，如果名字包含分隔号“·”，也需填写。

（7）运营者身份证号码。

运营者身份证号码需为本人身份证号码，且与上传身份证照片一致。

（8）运营者手持身份证照片。

百家号要求账号实名认证，用户需拍摄本人免冠正面照，本人手持身份证并举在面部右侧，高度过肩，勿遮挡面部和身份证有效信息。照片大小不超过 5M。

任务工单 2

<table>
<tr><td>任务名称</td><td colspan="5">多平台账号注册</td></tr>
<tr><td>任务目的</td><td colspan="5">资讯媒介类平台多数以账号识别作者，同时用户以账号形式浏览平台。因此，在内容营销之前，通过账号设置可以获取用户初步印象，是实现用户获取的第一步。通过学习本任务，学生能够分析不同平台账号的设置规则及特性，为小 A 创建具有统一性但又各具特色的系列账号。</td></tr>
<tr><td>任务内容</td><td colspan="5">1. 手机端分别下载今日头条、一点资讯、百家号、大鱼号及网易新闻。
2. 在 PC 端或手机端，根据不同平台要求，以相同用户名完成账号注册。</td></tr>
<tr><td>任务提示</td><td colspan="5">资讯媒介并不是简单地把传统媒介传递的新闻信息照搬至网络平台供大家阅读。资讯媒介强调传播的真实性、传播性及互动性。在完成本任务时，不要将资讯媒介平台等同于新闻平台，应产生敬畏之心。</td></tr>
<tr><td rowspan="2">第（ ）组</td><td>姓名</td><td></td><td></td><td></td><td></td></tr>
<tr><td>学号</td><td></td><td></td><td></td><td></td></tr>
<tr><td rowspan="4">任务实操</td><td colspan="5">1. 罗列出今日头条、一点资讯、百家号、大鱼号及网易新闻的注册要求，并总结其优缺点。</td></tr>
<tr><td colspan="5"></td></tr>
<tr><td colspan="5">2. 完成账号注册，并上传头像、简介等内容。将账号内容的呈现形式列入下表。</td></tr>
<tr><td colspan="5">
<table>
<tr><th>平台</th><th>账号名称</th><th>头像</th><th>简介</th></tr>
<tr><td></td><td></td><td></td><td></td></tr>
<tr><td></td><td></td><td></td><td></td></tr>
<tr><td></td><td></td><td></td><td></td></tr>
<tr><td></td><td></td><td></td><td></td></tr>
<tr><td></td><td></td><td></td><td></td></tr>
</table>
</td></tr>
</table>

考核评价

评价说明：在本次任务完成后，由任课教师主导，采用学习过程评价与学习结果评价相结合，综合运用自我评价、小组评价及教师评价三种方式，由教师确定三种评价方式分别占总成绩的比例，并加权计算出学生个人本次任务的考核评价分。

任务完成考核评价表			
项目名称	项目六　资讯媒介营销	任务名称	任务二　设置账号
班级		学生姓名	
评价方式	评价内容	分值	成绩
自我评价	任务工单 2 的完成情况	70	
	对知识和技能的掌握程度	10	
	我胜任了小组内的工作	20	
	合计		
小组评价	本小组的本次任务完成质量	30	
	个人本次任务完成质量	30	
	个人参与小组活动的态度	20	
	个人的合作精神和沟通能力	20	
	合计		
教师评价	个人所在小组的任务完成质量	30	
	个人本次任务完成质量	30	
	个人对所在小组的参与度	20	
	个人对本次任务的贡献度	20	
	合计		
总评 = 自我评价 × (　　) % + 小组评价 × (　　) % + 教师评价 × (　　) % =			

任务三

制作营销图文

<table>
<tr><td>项目名称</td><td>项目六　资讯媒介营销</td><td>任务名称</td><td>任务三　制作营销图文</td></tr>
<tr><td rowspan="3">学习目标</td><td>知识目标</td><td colspan="2">• 了解资讯媒介平台的内容传播格式；
• 了解营销图文的制作要求及优化模式。</td></tr>
<tr><td>能力目标</td><td colspan="2">• 能够在各平台后台进行图文信息编辑及发送；
• 能够利用第三方编辑器进行营销图文编辑；
• 能够进行营销图文数据分析。</td></tr>
<tr><td>思政目标</td><td colspan="2">• 媒介资讯类图文制作要求学生紧跟时事动向，全方位了解国内外新闻事件，并总结归纳出自己的想法，以此过程培育学生关心国家大小事，关注职业要求、行业动态，实现自我提升。</td></tr>
<tr><td>任务描述</td><td colspan="3">营销图文制作既强调内容又需要排版。学生需以图片、文字传递行业或领域的相关内容给用户，促进销售。通过合理的内容创建、发布及传播，向用户传递有价值的信息，从而实现新媒体营销的目标。</td></tr>
<tr><td>任务准备</td><td colspan="3">1. 准备营销图文所需的素材；
2. 在创客贴创建账号，进行营销图文优化。</td></tr>
<tr><td>实施提醒</td><td colspan="3">今日头条、百家号、大鱼号等平台既是营销工具，也是非常重要的内容传播平台。学生在编辑营销图文时，需注重细节优化，提升图文可读性。同时，要善于利用用户数据实时分析图文效果，发现问题，及时改善提高。</td></tr>
</table>

知识充电站

一、今日头条营销图文

今日头条平台推崇“信息创造价值”，其操作后台如图 6－2 所示。今日头条在注册时可选择关联其他自媒体平台账号，包括微信公众号、哔哩哔哩账号、新浪微博账号、知乎账号、百家号和企业号。自媒体平台之间的相互关联，可以更好地展示创作能力，让平台快速发现你并为你提供好的资源和服务。

图 6－2　今日头条操作后台

今日头条图文信息在“创作”模块下进行，平台支持用户在 PC 端及手机端操作。在创作开始前，平台要求用户进行实名制作者认证，只有完成认证的作者才能够发表图文等内容，以保护账户安全。相对于严肃枯燥、文学气息浓厚的内容来说，头条的用户更青睐轻松有趣的文章，例如娱乐资讯、社会讯息、幽默搞笑类的内容。此外，今日头条对原创内容的扶持力度高于非原创，原创内容可获取更好的收益，这也体现了平台需要优质内容来提高用户黏性的需求导向。

如想优化图文营销综合效果，也可采用付费推广模式，如表 6－2 所示。

表 6－2　今日头条的付费推广计费方式

出价方式	计费方式
OCPM/CPM	下一名 ECPM + 0.01
OCPC/CPC	$\frac{\text{下一名 ECPM}}{\text{预估点击率} \times 1\,000} + 0.01$
CPA/CPV	$\frac{\text{下一名 ECPM}}{(\text{预估点击率} + \text{预估转化率}) \times 1\,000} + 0.01$

从表 6－2 可以看出，不同的出价方式采用不同的计算公式。例如：6 家企业针对同一类目标人群共同竞价，每家企业根据自身的推广需求设置了不同的出价方式，排名的

先后顺序按不同出价的竞价排序公式计算。

二、百度百家号营销图文

百家号同样提倡作者完成实名认证以享受完整发文体验。百家号通过“智慧大脑”为用户提供图文质量检测、图文素材推荐及图文样式模板，全方位支持用户优化图文内容，如图 6-3 所示。百家号对用户发表内容有严格要求，如未取得互联网新闻信息服务许可，用户不得提供互联网新闻信息服务，包括但不限于新闻信息采编发布、转载等服务。同时，百家号对内容描述的标题、正文及格式均有具体规范，创作者需仔细阅读规范，避免出现因客观条件不符合要求而带来的推广限制。

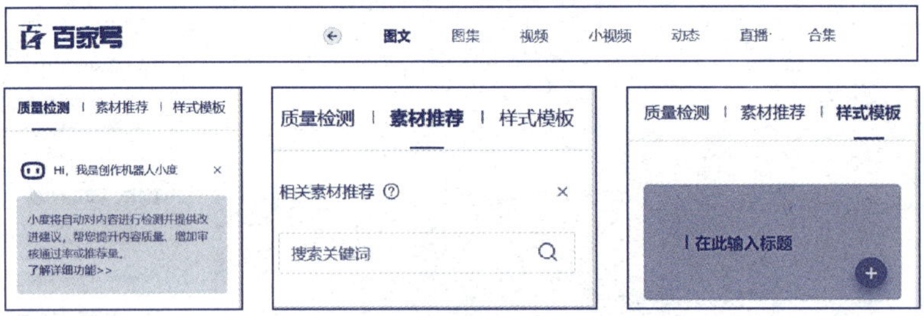

图 6-3　百家号图文后台

三、大鱼号营销图文

大鱼号入口包括创作模块、统计模块、发现模块、创收模块、功能模块和客服模块。其中创作模块由写文章、发视频、发图集三部分组成，如图 6-4 所示。图文创作主要在“写文章”模块下完成。平台鼓励作者发表优质原创内容，包括但不限于图片故事、社会见闻、旅行记录、自然风光、城市掠影、历史照片、艺术摄影等优质内容。但涉及恶意营销、广告推广、暴力血腥等各类违规内容时，将被系统下线，且占据当天 1 篇的发文次数。需注意的是，虽然大鱼号与优酷网页及客户端有紧密关联，但只有从大鱼后台上传的内容才会进入算法下发，作为试运营转正、大鱼星级评级、大鱼奖金评选的依据。

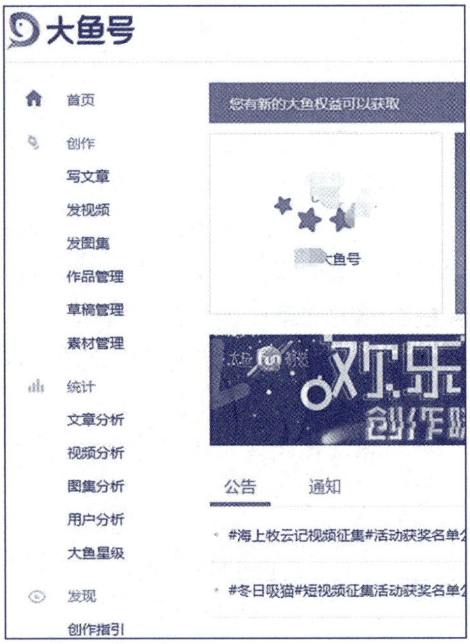

图 6-4　大鱼号操作后台概览

任务实施

今日头条营销图文编辑

下面以今日头条为例，进行图文编辑。如图 6－5 所示是头条号图文制作界面。

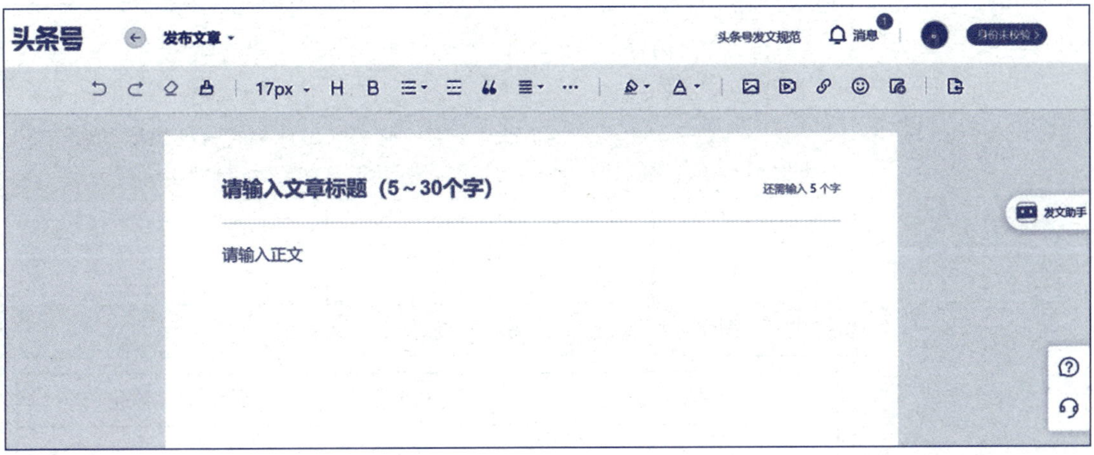

图 6－5　头条号图文制作界面

（一）标题设计

标题作为内容展示的入口，很大程度上决定了用户的点击概率。用户在点击之前无法看见网页信息，因此标题作为文章的展示入口变得至关重要。标题常见的编辑逻辑包括：可视化、画面感、记忆度、类比互相叠加等。

（二）正文编辑

在进行正文编辑的时候，需充分考虑用户阅读习惯，从选题、排版到文字编辑都需要仔细推敲，要尽量做到在追寻营销热点的同时，保证自身特色。写头条号文章不是写公文，创作者应发挥创造性，提升内容输出的质量，避免为了发布文章而生搬硬套。同时，应尽可能想办法提升用户阅读的停留时长。为降低阅读速度可以将正文多分段，头条号编辑后台每段不超过 1 行半。将内容重点写在段落开头，用户只有迅速抓住重点，才会有耐心看完这一段。

文章关键词决定了用户池的大小，用户池大的文章即便仅推荐万分之一也比用户池小的文章推荐千分之一要多。在标题、首段、末段、图片注释处加关键词，关键词要在文章中多出现几次，头条号是机器算法推荐，算法分析关键词不会太人性化，因此可以通过关键词的位置、频次等方面操作，提高机器的辨别度。同时，如果正文编辑是利用电脑完成的，需发送至手机端反复预览，确保在竖屏模式下阅读不会过于密集冗长。

（三）评判推文质量

头条号给出了推荐量、阅读量、评论量、收藏量、转发量、阅读进度、跳出率、阅读速度等方面的评判数据。其中，评论量、收藏量、转发量可合并计算，称为互动率。

任务工单 3

任务名称	制作营销图文				
任务目的	编写适合资讯媒介平台传播的图文内容。				
任务内容	1. 确定营销图文的主题。 2. 收集图文关键词。 3. 撰写图文内容。 4. 设计图文标题。				
任务提示	微信公众号、头条号、企鹅号、百家号等自媒体都有自己的特点和优势。在掌握不同平台机制的基础上，选择合适内容进行图文素材创作。				
第（ ）组	姓名				
	学号				
任务实操	1. 收集图文主题关键词，填写下表。				

关键词	百度指数	关键词具体化
确认主题		

2. 在头条号下完成正文内容编写。

3. 完成标题编写。

考核评价

评价说明：在本次任务完成后，由任课教师主导，采用学习过程评价与学习结果评价相结合，综合运用自我评价、小组评价及教师评价三种方式，由教师确定三种评价方式分别占总成绩的比例，并加权计算出学生个人本次任务的考核评价分。

任务完成考核评价表			
项目名称	项目六　资讯媒介营销	任务名称	任务三　制作营销图文
班级		学生姓名	
评价方式	评价内容	分值	成绩
自我评价	任务工单 3 的完成情况	70	
	对知识和技能的掌握程度	10	
	我胜任了小组内的工作	20	
	合计		
小组评价	本小组的本次任务完成质量	30	
	个人本次任务完成质量	30	
	个人参与小组活动的态度	20	
	个人的合作精神和沟通能力	20	
	合计		
教师评价	个人所在小组的任务完成质量	30	
	个人本次任务完成质量	30	
	个人对所在小组的参与度	20	
	个人对本次任务的贡献度	20	
	合计		
总评 = 自我评价 ×（　）% + 小组评价 ×（　）% + 教师评价 ×（　）% =			

任务四

制作音频与实施营销

<table>
<tr><td>项目名称</td><td colspan="2">项目六　资讯媒介营销</td><td>任务名称</td><td>任务四　制作音频与实施营销</td></tr>
<tr><td rowspan="3">学习目标</td><td>知识目标</td><td colspan="3">• 了解以音频为例的动态资讯特点；
• 了解音频资讯制作的要求与步骤；
• 了解视频资讯的选择与应用要求。</td></tr>
<tr><td>能力目标</td><td colspan="3">• 能够选取合适的主题进行音频录制；
• 能够进行音频格式转换；
• 能够将视频素材转化提炼。</td></tr>
<tr><td>思政目标</td><td colspan="3">• 引导学生选取内容健康、积极向上的音频内容，培养学生主动融入社会主义核心价值观，提升审美观。</td></tr>
<tr><td>任务描述</td><td colspan="4">依托音频进行营销的方式，对内容及呈现形式有较高要求，发布者需要在了解基本操作步骤的基础上，找准自身定位，提升营销效果。</td></tr>
<tr><td>任务准备</td><td colspan="4">1. 利用手机、相机、带麦克风的耳机或其他收音设备进行素材录制；
2. 利用喜马拉雅“云剪辑”工具对音频进行编辑优化。</td></tr>
<tr><td>实施提醒</td><td colspan="4">音频对用户的吸引力主要来自内容输出及语言感染力，发布者可以依托在线培训等专业指导，同时多听他人作品，扬长避短，在结合自身特色及优势的前提下打造出自己的账号风格。</td></tr>
</table>

知识充电站

一、了解音频营销的四个方向

下面以喜马拉雅为例，讲解音频营销的四个方向。

（一）确定内容领域

喜马拉雅支持用户发布各种不同领域及方向的内容。但发布者的精力和能力是有限的，建议选定自己或产品的特定领域，集中精力做到精准引流。

（二）植入广告

可以通过音频编辑器，结合音频内容，融合软性广告的植入，获得营销效果。将专门的广告插入自己录制的音频中，或是在录制音频的时候直接将广告植入在音频内容里面。

（三）个人品牌入驻

在喜马拉雅平台入驻品牌，建立一个专属音频自媒体。品牌入驻自媒体平台不仅可以在社交媒体或电商平台上实现，在音频资讯类平台上也是可以的。直接让品牌入驻能扩展企业的营销渠道，打造出一个有特色的品牌电台，能有效地提高用户黏性。要做出一个能突出品牌特色的电台，定位是很关键的，一定要符合品牌调性。

（四）跨账号互动

喜马拉雅平台也有很多在圈内名气较大的主播。主播凭借自身的影响力，结合音频传播的主动性及互动性，可以促进主播和“粉丝”之间的零距离互动，有利于品牌价值输出。

二、音频转化率

用户点击收听率及音频完播率是音频分享类营销平台的重要考核指标。因此，推荐给目标用户后获得的播放量就显得至关重要，甚至能称为影响转化率的唯一变量，直接决定平台推荐量的多少。而获取播放量主要由四大因素决定，即分类、标题、用户垂直精准度、扩大量级推荐。简单来说就是：谁会看？看不看？

（一）关键词

音频节目的名称和节目简介的关键词重复度是较高的，比如做的是一个美食分享类的音频节目，那么节目简介就要突出美食分享、美食攻略等关键词。

（二）标题

系统会抓取音频标题中所含的有效关键词，根据关键词的权重给予不同流量分配。

（三）用户垂直精准度

系统抓取用户标签中有对应关键词的用户，进行推送测试，判定音频是否具有传播潜力。

（四）扩大量级推荐

针对具有传播潜力的音频内容或个人频道，进一步扩大推荐力度。

任务实施

音频资讯的传播模式拥有广泛的受众群，同时能以其他媒体作为载体进行传播，而且性能不断提升的智能手机为音频资讯的内容输出提供了更多便利。因此，越来越多的新媒体流量开始重视音频类资讯平台。本任务主要以喜马拉雅为例，展开音频资讯平台简介。

课堂讨论

你是否曾经使用过喜马拉雅 FM 平台，该平台能提供哪些类型的音频内容？其中你最感兴趣的是哪几类？有无典型账号推荐？请搜索相关信息，填写表 6－3。

表 6－3　喜马拉雅典型账号收集

账号名称	账号分类及主要内容
个人账号	
企业账号	

一、制作喜马拉雅音频内容

（一）了解喜马拉雅平台

打开浏览器，输入网址 https://www.ximalaya.com/，即可进入该平台首页，如图 6－6 所示。在网站首页可以看到滚动的音频广告、网站分类导航栏及音频播放栏，用户可点击自己感兴趣的内容收听。

图 6－6　喜马拉雅网站首页

（二）注册喜马拉雅账号

喜马拉雅账号支持用户用短信验证码快速登录，也可使用 QQ、微信、微博等第三方账号快速登录，如图 6-7 所示。利用简化的注册步骤来增加注册用户转化率是如今平台常见的方法。注册完成后，即可获取专属的喜马拉雅个人电台。

图 6-7 喜马拉雅账号登录页面

（三）账号认证

在内容上传前，网站要求进行账号认证，如图 6-8 所示。针对个人账号的实名认证，平台要求用户上传身份证件，同时下载手机端 App 进行扫码认证，如图 6-9、图 6-10 所示。完成个人认证后，可以继续申请社会职业、岗位认证或名人大咖认证。符合认证条件的个人，可以申请岗位认证及名人大咖认证，后续认证可提升账号可信度。

图 6-8 上传音频页面

如以机构的名义注册账号，则应按要求完成机构认证。机构用户需选择企业、新闻媒体、政府机构、事业单位等机构类型，填写准确的机构名称、统一社会信用代码、机构所在地址，并按范例上传营业执照图片，如图 6-11 所示。

图 6-9　账号认证页面

图 6-10　个人用户实名认证页面

（四）账号内容上传

喜马拉雅支持用户上传音频、视频及配图音频三种模式的资讯内容。音频支持AIFF、AIF、MP3、WMA、WAV、FLAC、OGG、MP2、AAC、AMR、M4A 共 11 种文件格式，音频大小不超过 200M。视频素材推荐使用 16 : 9 宽高比，支持 MP4、3GP、AVI、WMV、MPG、VOB、FLV、MOV、RMVB、RM、MPEG、WMA 共 12 种文件格式，视频大小不超过 2G。配图音频文件可在平台在线制作，首先导入 MP3 或 M4A 格式的音频，然后导入图片或 PPT，即可进行富音频制作，如图 6-12 所示。

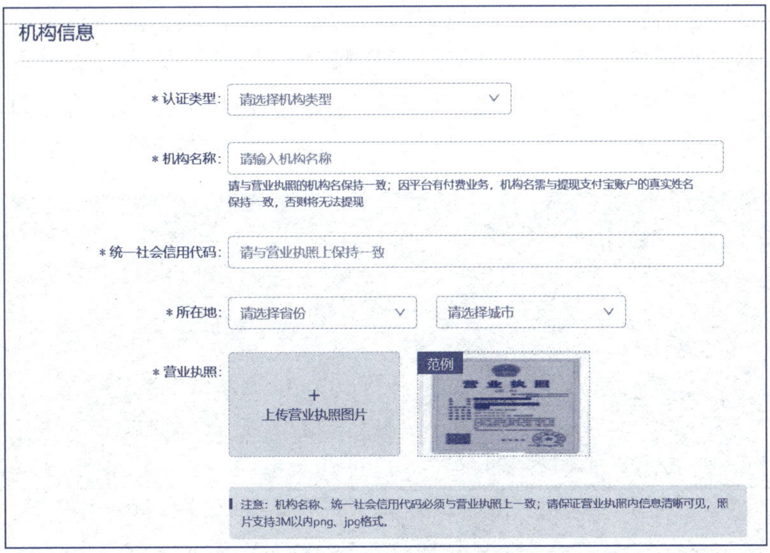

图 6－11　机构认证页面

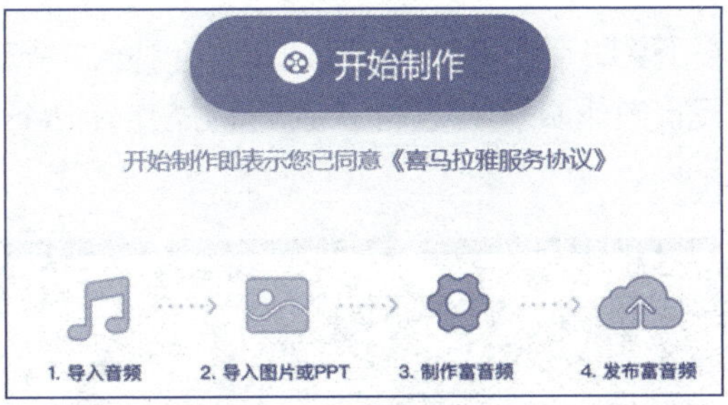

图 6－12　配图音频上传页面

（五）音频剪辑辅助工具

如用户想优化上传的音频内容，可利用剪辑软件进行编辑、调整、优化。喜马拉雅提供官方剪辑工具“云剪辑”供用户使用。

输入网址 https://www.ximalaya.com/audioedit/?source=pcupload，即可进入云剪辑操作页面，如图 6－13 所示。

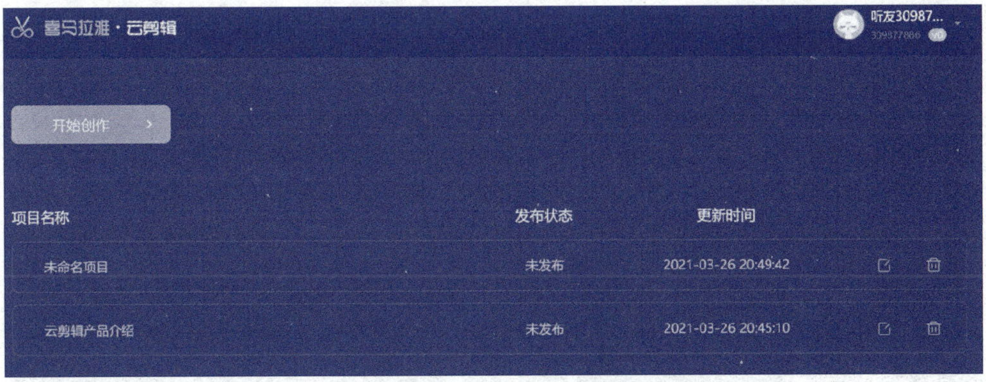

图 6－13　云剪辑操作页面

用户可点击“云剪辑产品介绍”了解操作须知。从示例项目的操作页面可以学习到音频制作的基本要求和原理。用户可上传已经录制好的多段音频素材，也可直接在云剪辑页面进行在线录音。上传的音频以“音轨”的形式出现，用户可拖动音轨时间轴进行音轨叠加、音频分割、音频变速、降噪、音频复制、添加音频特效等操作，如图 6-14 所示。

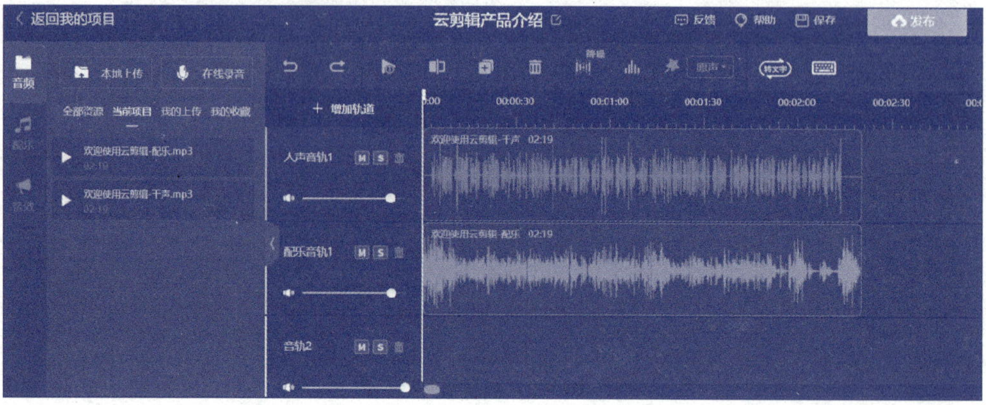

图 6-14 “云剪辑产品介绍”编辑页

在了解产品基本使用说明后，用户可返回操作页面，新建项目进行编辑。在如图 6-15 至图 6-17 所示的操作页，可进行音频剪辑操作，达到增加音频趣味性和吸引力、提升账号收听率的目的。

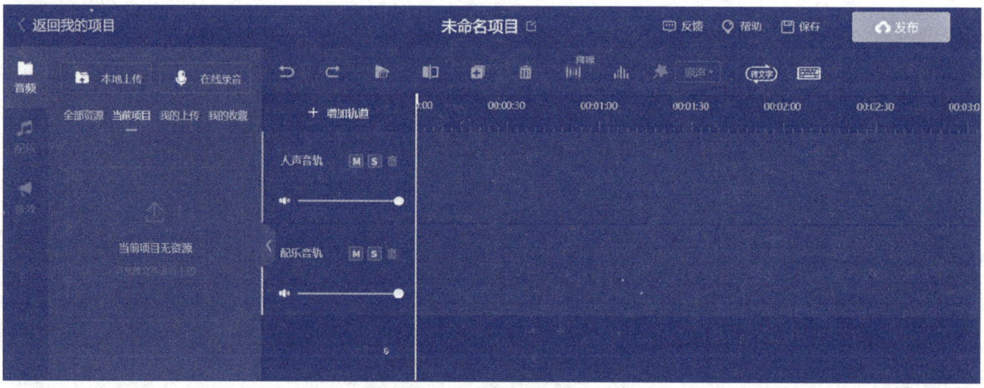

图 6-15 音频操作页

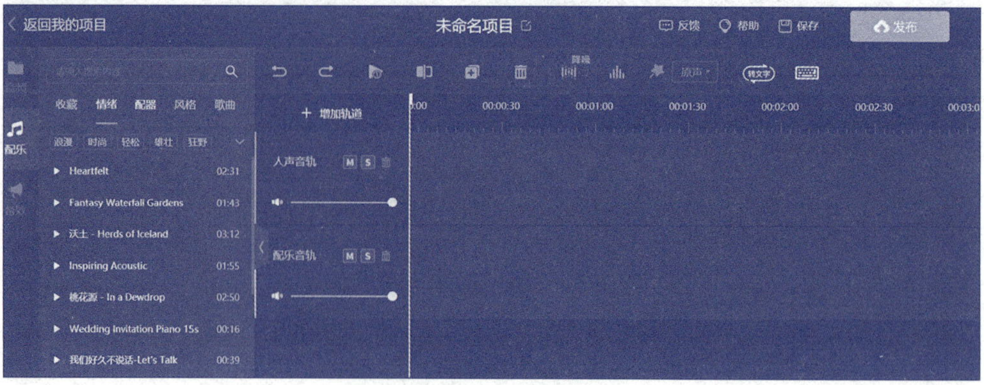

图 6-16 配乐添加操作页

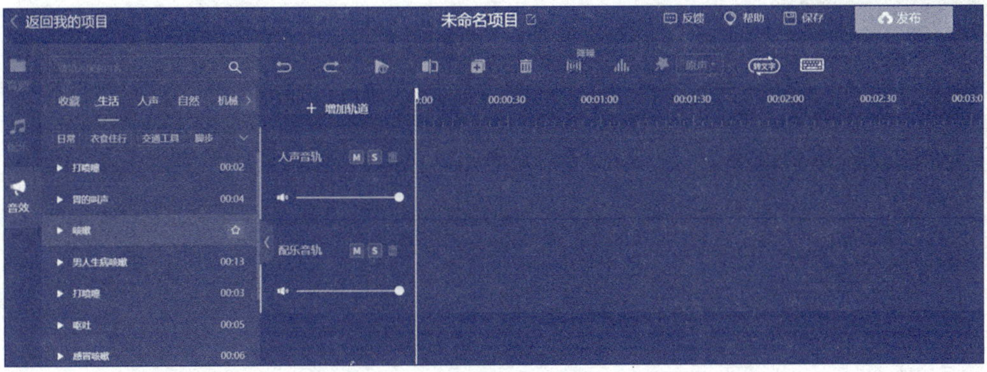

图 6－17　音效添加操作页

音频制作完毕并确认无误后，可点击右上角的“保存”键存入后台，或点击“发布”键直接发布音频。音频文件发布前可选择合成音频文件的输出格式，建议选择 MP3 或 M4A 格式。系统提示采样率及目标码率数值后，点击“开始合成”键即完成操作，如图 6－18 所示。

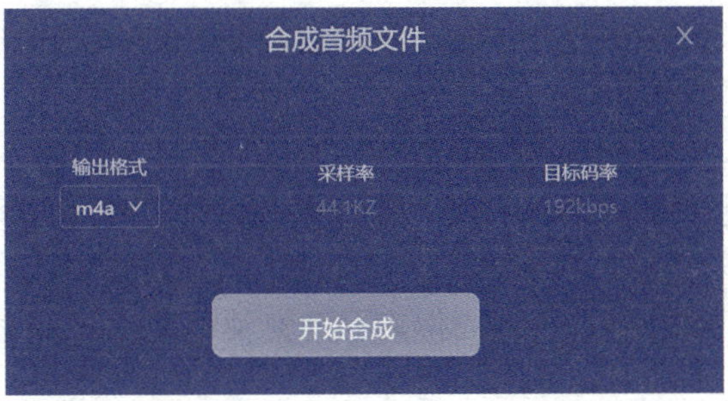

图 6－18　音频文件发布操作页

音频资讯上传发布后，用户可登录“创作中心”模块查看音频总播放量、总完播率及总订阅量等数据，同时可进行音频推广、收益查看、“粉丝”互动、账号设置等操作。若想学习更多平台玩法及规则，可从创作中心进入喜马拉雅大学（见图 6－19），学习更多在线课程，增强对平台的了解，提升主播竞争力。

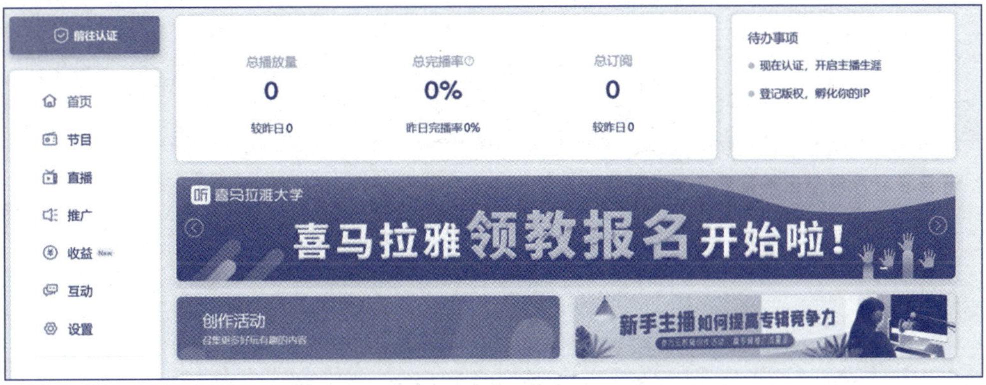

图 6－19　创作中心后台页面

二、视频获取技巧

喜马拉雅支持视频内容上传，视频制作相关知识点在“短视频营销”项目已有详细介绍，此处不再赘述。这里仅针对可直接引用的视频素材提供一定参考。

（一）下载引用微博视频

大多数情况下微博本身不提供直接“保存视频”的快捷按钮，下载微博视频需要借助其他应用。用户可参考以下操作步骤：

（1）复制包含视频的微博链接。在微博中点击视频上方有视频符号的标题，出现微博视频页面后，找到“复制链接”图标，直接进行复制。

（2）借助第三方应用。在应用程序市场中找到“GetThemAll”应用。打开应用，将复制完成的微博链接粘贴至浏览器中，打开链接后视频会自动出现“Download”按钮，点击该按钮即可进行下载。

（3）查看并导出视频。点击应用下方的“Files”按钮，可以查看已经下载完成的视频并播放。视频播放后即可在手机“相册”中查找，用户可通过相关 IM 程序进行手机与电脑互传操作。

（二）下载引用微信公众平台视频

微信公众平台有很多优质视频内容，该平台下的视频多数来自腾讯视频，如用户想加以引用，可参考如下操作步骤：

（1）在 PC 端用浏览器打开图文消息。

（2）在网页任意地方单击鼠标右键，在弹出的快捷菜单中选择“查看网页源代码”，进入代码窗口。

（3）按“Ctrl+F”组合键进行页面搜索，搜索关键词“v.qq.com”，在搜索结果中找到视频链接并进行复制。

任务工单 4

<table>
<tr><td>任务名称</td><td colspan="5">制作与发布音频</td></tr>
<tr><td>任务目的</td><td colspan="5">运用喜马拉雅云剪辑工具，编辑音频内容，在资讯平台上传。</td></tr>
<tr><td>任务内容</td><td colspan="5">1. 学生以小组为单位设计音频脚本，录制原创音频，进入云剪辑平台进行音轨处理、配乐添加、音效转换等操作。
2. 学生设计脚本，搜索能够被引用的音频或视频素材，利用云剪辑平台进行编辑。</td></tr>
<tr><td>任务提示</td><td colspan="5">引用他人的音频或视频素材，需在音频或视频中进行注解说明。</td></tr>
<tr><td rowspan="2">第（ ）组</td><td>姓名</td><td></td><td></td><td></td><td></td></tr>
<tr><td>学号</td><td></td><td></td><td></td><td></td></tr>
<tr><td rowspan="5">任务实操</td><td colspan="5">1. 每位同学制作属于自己的音频素材，完成后加以整合，形成完整版音频素材。请将音频脚本填入下表。</td></tr>
<tr><td colspan="5"><table><tr><td>素材 1</td><td></td></tr><tr><td>素材 2</td><td></td></tr><tr><td>素材 3</td><td></td></tr><tr><td>素材 4</td><td></td></tr><tr><td>素材 5</td><td></td></tr></table></td></tr>
<tr><td colspan="5">2. 在微信公众平台及微博搜索合适的音频、视频文件，提取下载后，利用工具进行编辑整合。请将主要操作步骤截屏。

</td></tr>
<tr><td colspan="5">3. 将音频上传至喜马拉雅账号，同时发布。获取创作中心相关数据，对此任务进行总结分析。</td></tr>
<tr><td colspan="5">

</td></tr>
</table>

考核评价

评价说明：在本次任务完成后，由任课教师主导，采用学习过程评价与学习结果评价相结合，综合运用自我评价、小组评价及教师评价三种方式，由教师确定三种评价方式分别占总成绩的比例，并加权计算出学生个人本次任务的考核评价分。

任务完成考核评价表			
项目名称	项目六　资讯媒介营销	任务名称	任务四　制作音频与实施营销
班级		学生姓名	
评价方式	评价内容	分值	成绩
自我评价	任务工单 4 的完成情况	70	
	对知识和技能的掌握程度	10	
	我胜任了小组内的工作	20	
	合计		
小组评价	本小组的本次任务完成质量	30	
	个人本次任务完成质量	30	
	个人参与小组活动的态度	20	
	个人的合作精神和沟通能力	20	
	合计		
教师评价	个人所在小组的任务完成质量	30	
	个人本次任务完成质量	30	
	个人对所在小组的参与度	20	
	个人对本次任务的贡献度	20	
	合计		
总评 = 自我评价 ×（　）% + 小组评价 ×（　）% + 教师评价 ×（　）% =			

任务五

分析资讯媒介营销效果

项目名称	项目六 资讯媒介营销	任务名称	任务五 分析资讯媒介营销效果
学习目标	知识目标	• 了解资讯媒介营销效果分析流程； • 掌握营销效果统计分析指标； • 掌握资讯媒介营销效果评估方法。	
	能力目标	• 能对营销效果统计结果进行分析； • 能对资讯媒介营销效果进行分析。	
	思政目标	• 培养学生利用数据分析工具获取客观真实数据的能力，弘扬实事求是的精神品质，同时引导学生养成诚信经营的商业道德。	
任务描述	资讯媒介平台用户群体多样且易变化，这一特性使得营销推广方案在执行中需要不断调整优化，分析评估营销效果，理解数据背后的含义，从而调整到更优的营销思路及方案。		
任务准备	1. 利用头条号、大鱼号等推介商品； 2. 浏览爱站网 https://zmt.aizhan.com/tth/index.html，理解自媒体数据分析指标。		
实施提醒	多数资讯媒介平台能够提供自营账号数据分析功能，但如果需要做到知己知彼，我们仍要学会善于利用第三方数据分析工具，综合分析资讯媒介营销的实施效果。		

知识充电站

一、了解资讯媒介营销效果分析流程

分析资讯媒介营销效果是一项持续而又系统的工程，因此各企业或自媒体人需要依照评估流程进行客观的效果评估，以得到真实有效的评估效果。常见的营销效果评估流程主要分以下几步。

（一）确定营销目标

自媒体人在对账号营销效果进行评估前，应首先明确自己的目标，以提供后续效果评估参照物。分析与营销目标之间的差值数据，能够帮助我们找到营销存在的问题，并及时调整账号风格及营销方式，最终实现营销目标，带来实际经济效益。严格来讲，科学合理地设置账号营销目标需要有科学的数据统计量化指标支撑，因此推荐大家在制定营销目标时同样用量化统计指标和直观转化数据表示。

（二）计算营销目标的价值

在明确营销目标后，还需要明确营销目标的实现对资讯媒介账号的意义和价值。营销目标价值的计算能帮助自媒体人进行有效评估，进而了解该账号的整体运营状况及经济效益，能够方便地核算出账号运营的投入产出比，有利于及时调整和优化营销策略。

（三）核对营销目标达成率

运用咨询媒介平台内部统计工具，获取对应营销效果所需数据，根据营销目标及具体量化标准，总结得出营销目标达成率。多数平台的网站统计系统都能够自动记录并免费提供必要数据，如图 6－20 所示为头条号数据分析后台。

图 6－20　头条号数据分析后台

二、认识资讯媒介营销效果统计分析指标

下面以头条号影响推荐的重要因素为例，总结资讯媒介营销效果统计分析的两个方面。

（一）流量分析

流量分析作为资讯媒介营销中的重要环节，是对于账号访问数量的分析，通常包括 IP、PV、UV、CTR 等。其中 PV（Page View）即页面浏览量或者点击量，用户每次对账号的访问均被记录一次，用户每打开一个页面就被记录一次。

（二）用户分析

用户分析一般指对用户行为的分析。用户行为是指用户在访问网站过程中所产生的一系列访问行为。通过对相关数据进行统计，分析用户行为，可以从中发现用户访问平台的规律，并将这些规律与资讯媒介营销策略等相结合，从而发现目前资讯媒介营销活动中可能存在的问题，进而优化调整营销策略。资讯媒介平台大多重视用户行为数据，以此类数据衡量用户对账号内容的反馈程度，并以此为依据进行曝光和推荐。

用户行为数据主要包括用户点击率、访问时长、访问深度、访问入口、访问出口、订阅数、转粉率等。点击率对用户后续行为有重要影响作用。访问时长及访问深度是衡量用户黏度的重要指标，能够以此判定账号受用户喜欢的程度。访问入口及访问出口主要目的是追踪用户进入的页面和跳失页面，依此判定账号素材的设置是否符合用户的阅读需求与习惯。而账号订阅数及转粉率则是判定营销效果的终极目标数据，如图 6－21 所示。

图 6－21　核心数据概览

三、掌握资讯媒介营销效果评估方法

资讯媒介运营作为新媒体营销的重要组成部分，对于企业或自媒体人在网络营销过程中做好自媒体营销平台、进行社群营销以及会员关系管理有着极为重要的意义。只有采用了正确的方法和工具，才能不断提升平台的运营能力。下面主要通过图文分析、用户分析、互动分析进行讲解。

（一）图文分析

资讯媒介平台以图文信息、音频、视频为素材进行内容营销，那么图文信息、音频、视频的阅读量、转发量、收藏量等数据，都应作为评估账号内容及用户吸引力的直观数据。以图文内容营销为例，常见指标包括送达人数、图文阅读人数 / 次数、图文转化率、

分享转发人数及分享转发次数等，如图 6－22 和图 6－23 所示。

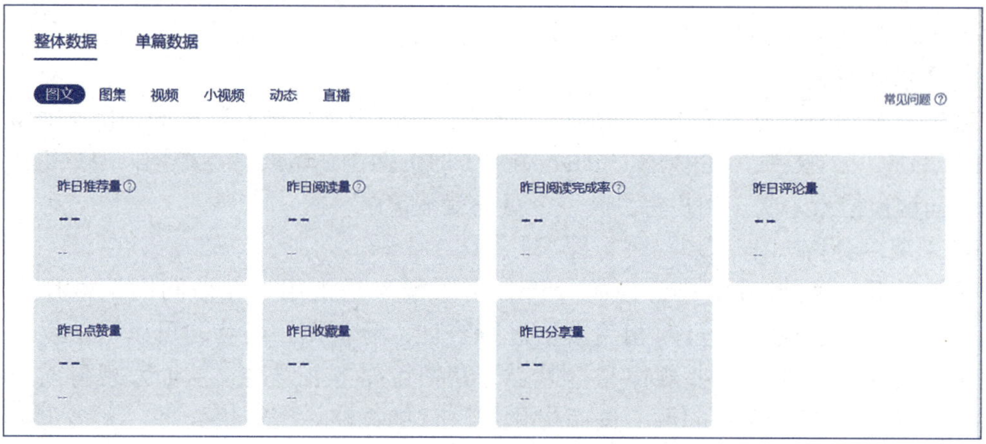

图 6－22　整体数据分析界面

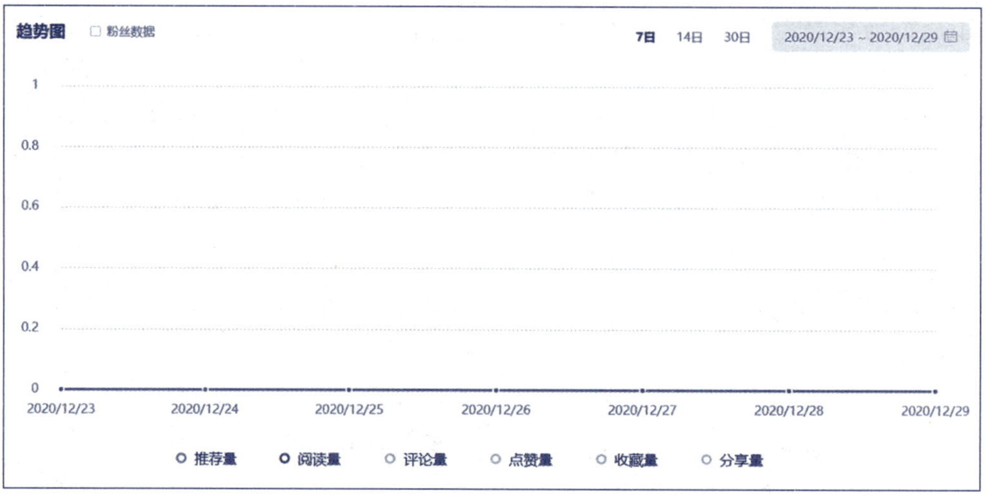

图 6－23　趋势图数据分析界面

（二）用户分析

通过用户分析，可以了解用户的相关属性，描绘用户画像，挖掘用户需求，同时也有助于运营人员或自媒体人不断优化账号内容及服务，提升用户体验度。多数平台在后台提供“粉丝”变化数据及“粉丝”列表分析。自媒体人能够通过查看新关注人数、取消关注人数、净增关注数及累积关注数等数据，分析账号受欢迎程度，如图 6－24 所示。

（三）互动分析

资讯媒介类平台互动主要依托于用户和账号之间的消息互动次数，这是衡量用户黏性的重要指标。另外，有一些非量化指标也能够从“粉丝”互动中挖掘提取，如用户属性。用户属性可以从用户性别、语言、地域和终端等几个方面进行分析，根据不同的用户属性来了解用户的群体属性，明确账号的用户画像，从而制作出更符合用户需求的营销内容。

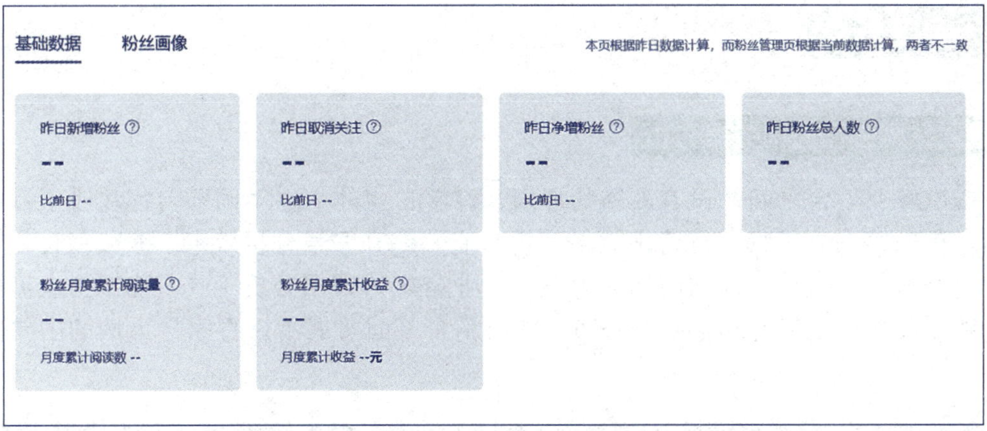

图 6 - 24　后台基础数据概览

任务实施

利用爱站网进行营销数据分析

资讯媒介平台之间并没有严格的界限，许多自媒体人在不同平台都注册了账号并运营。借助第三方工具进行营销效果分析，能够提升账号分析效率，缩减每日复盘时间，提升账号活跃性。爱站网作为第三方专业自媒体数据分析工具，能够为主流资讯媒介账号提供主要数据分析，如图 6－25 所示。下面将展示以百家号为例的主要数据分析。

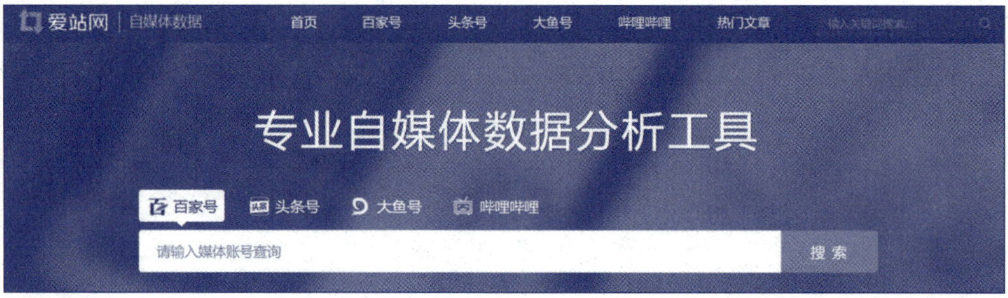

图 6－25　爱站网 PC 端首页

（一）爱站网数据分析指标

爱站网定时更新百家号榜单，从“综合榜”“人气榜”“粉丝榜”三个维度进行排列，如图 6－26 所示。“综合榜”排序依据月阅读量及综合指数进行衡量；“人气榜”结合月阅读量及月评论量进行排序；“粉丝榜”主要考量“粉丝”总数及增长指数。

百家号榜单　头条号榜单　大鱼号榜单　哔哩哔哩榜单

分类：全部　娱乐　体育　财经　国际　科技　军事　三农　社会　汽车　房产　更多

综合榜

排名	作者	月阅读量	指数
1	开心锤锤	4274.5万	1354.2
2	记者杨威	2810.7万	1334.9
3	一日谈	891.6万	1328.6
4	燃新闻视频	2亿	1328.0
5	强武堂	1.7亿	1300.7
6	中国长安网	4.3亿	1287.9
7	半吨先生	1353.7万	1285.9
8	陈说美食	1849.8万	1284.8
9	虹新闻	6204.5万	1279.1
10	武当陈师行	1672.6万	1278.8

人气榜

排名	作者	月阅读量	月评论量
1	中国发展网	4.7亿	633
2	中国长安网	4.3亿	3446
3	环球时报	2.1亿	23万
4	燃新闻视频	2亿	24.6万
5	强武堂	1.7亿	787
6	工人日报	1.5亿	212
7	雷达视频	1.1亿	3.3万
8	环球网	8978.8万	9.4万
9	中国军网	8775.1万	7230
10	海纳新闻	8658.8万	3824

粉丝榜

排名	作者	粉丝	月粉丝增量
1	百度健康	8117.3万	343.8万
2	央视网新闻	1058.1万	51.8万
3	人民日报	1044.9万	19.7万
4	央视新闻	983.9万	26.9万
5	李易峰	805.1万	0
6	环球网	699.1万	9.8万
7	易烊千玺	693.3万	0
8	杨紫	689.7万	3.2万
9	新华网客户端	652.2万	53.3万
10	看看新闻K...	651.9万	3.5万

图 6－26　爱站网数据解析展示

（二）账号基本信息

以某账号为例，在搜索栏输入账号名可查看其百家号账号的基本信息，以及当月内容输出数量及互动总体情况，如图 6－27 所示。

图 6－27 典型账号数据解析

（三）作品的发展趋势

同时，爱站网提供了账号近 30 篇文章及视频的阅读数、评论数、点赞数、发布作品数，同时以箭头标示合计作品输出的发展趋势，如图 6－28 所示。

近30篇统计

	阅读	评论	点赞	发布作品数	合计发布作品数
文章	0 –	0 –	0 –	0	共30篇
视频	2776.6万 ↓	2011 ↑	32.6万 ↓	30	

图 6－28 典型账号图文数据展示

此外，为更好地了解账号的发展情况，爱站网整合了近 30 天的内容阅读趋势，展示最高值、平均值及最低值。从图 6－29 可以看出该账号的视频内容阅读量存在较大级差，“粉丝”对内容的兴趣度尚需作者继续摸索。

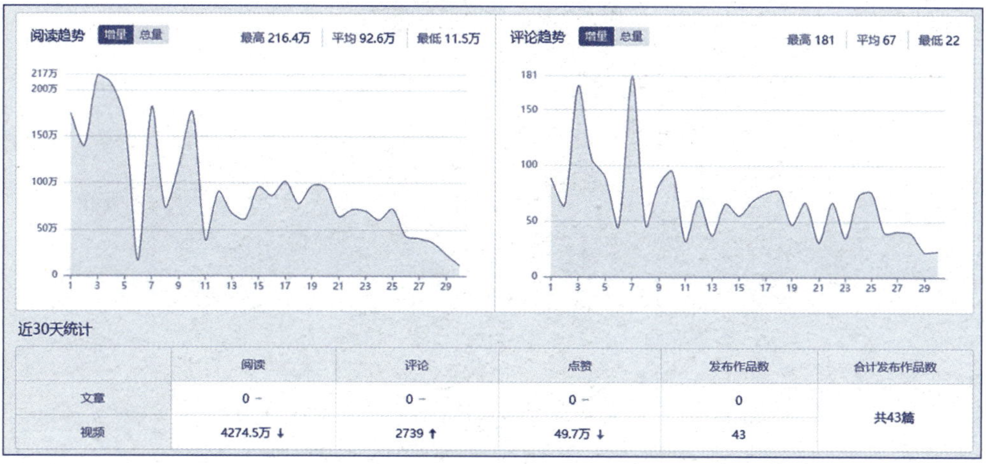

近30天统计

	阅读	评论	点赞	发布作品数	合计发布作品数
文章	0 –	0 –	0 –	0	共43篇
视频	4274.5万 ↓	2739 ↑	49.7万 ↓	43	

图 6－29 典型账号阅读趋势展示

（四）账号历史信息及数据

爱站网作为第三方平台，为搜索者整合了账号历史信息及数据，包括作者的最新发布及热门作品，并直观显示阅读量、评论数及点赞量，方便用户搜索跳转获取更多信息，如图 6－30 所示。

任务实施

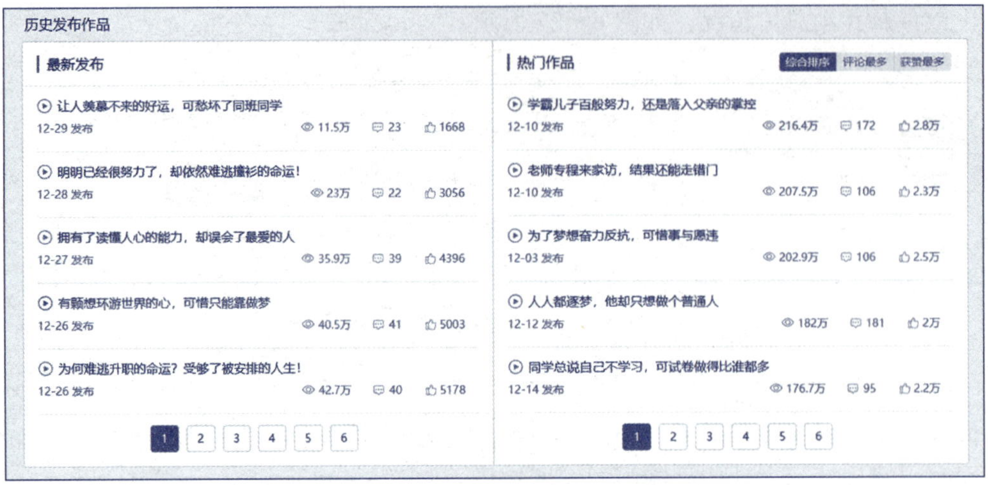

图 6-30 典型账号历史作品解析

（五）同类竞争者的账号信息

如果用户想对比更多同类竞争者的账号信息，可在“类似号推荐”栏目下进行扩展搜索，如图 6-31 所示。

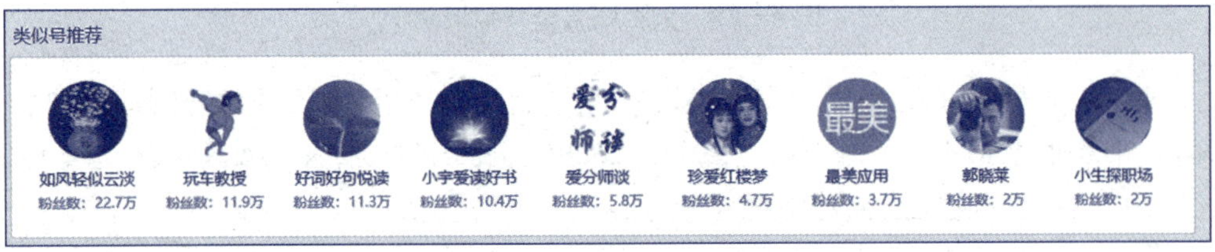

图 6-31 类似账号推送

任务工单 5

<table>
<tr><td>任务名称</td><td colspan="5">分析资讯媒介营销效果</td></tr>
<tr><td>任务目的</td><td colspan="5">运用“爱站网”进行大鱼号、头条号、百家号典型账号营销效果分析。</td></tr>
<tr><td>任务内容</td><td colspan="5">1. 收集资讯媒介账号的运营数据。
2. 搜寻同类竞争者的账号数据，并进行分析。</td></tr>
<tr><td>任务提示</td><td colspan="5">资讯媒介平台的用户有别于其他休闲娱乐平台，用户更希望通过浏览平台账号获取优质内容。但一味输出专业度高、文字刻板的内容，容易导致用户阅读兴趣缺失。因此，自媒体人需要借助数据，找寻娱乐性和专业性的平衡点，同时树立账号独特风格。</td></tr>
<tr><td rowspan="2">第（ ）组</td><td>姓名</td><td></td><td></td><td></td><td></td></tr>
<tr><td>学号</td><td></td><td></td><td></td><td></td></tr>
<tr><td rowspan="4">任务实操</td><td colspan="5">1. 登录头条号，收集头条号的相关运营数据，并在下表中填写相关信息。</td></tr>
<tr><td colspan="5">
<table>
<tr><td>账号名称</td><td></td><td>诊断时间</td><td></td><td>综合得分</td><td></td></tr>
<tr><td>“粉丝”数</td><td></td><td>阅读量</td><td></td><td>发博天数</td><td></td></tr>
<tr><td>平均评论</td><td></td><td>平均转发</td><td></td><td>平均点赞</td><td></td></tr>
<tr><td>诊断结论</td><td colspan="5"></td></tr>
</table>
</td></tr>
<tr><td colspan="5">2. 为账号找寻同类竞争者，同时利用爱站网进行关键数据挖掘，进行分析。</td></tr>
<tr><td colspan="5">
<table>
<tr><td>账号名称</td><td></td><td>分析时间</td><td></td></tr>
<tr><td rowspan="4">账号基本情况</td><td>“粉丝”数</td><td colspan="2"></td></tr>
<tr><td>月文章</td><td colspan="2"></td></tr>
<tr><td>月视频</td><td colspan="2"></td></tr>
<tr><td>月阅读量</td><td colspan="2"></td></tr>
<tr><td rowspan="2">近 30 篇作品统计</td><td>评论数</td><td colspan="2" rowspan="2"></td></tr>
<tr><td>点赞数</td></tr>
<tr><td>典型作品解析</td><td colspan="3"></td></tr>
</table>
</td></tr>
</table>

考核评价

评价说明：在本次任务完成后，由任课教师主导，采用学习过程评价与学习结果评价相结合，综合运用自我评价、小组评价及教师评价三种方式，由教师确定三种评价方式分别占总成绩的比例，并加权计算出学生个人本次任务的考核评价分。

任务完成考核评价表			
项目名称	项目六　资讯媒介营销	任务名称	任务五　分析资讯媒介营销效果
班级		学生姓名	
评价方式	评价内容	分值	成绩
自我评价	任务工单 5 的完成情况	70	
	对知识和技能的掌握程度	10	
	我胜任了小组内的工作	20	
	合计		
小组评价	本小组的本次任务完成质量	30	
	个人本次任务完成质量	30	
	个人参与小组活动的态度	20	
	个人的合作精神和沟通能力	20	
	合计		
教师评价	个人所在小组的任务完成质量	30	
	个人本次任务完成质量	30	
	个人对所在小组的参与度	20	
	个人对本次任务的贡献度	20	
	合计		
总评 = 自我评价 ×（　）% + 小组评价 ×（　）% + 教师评价 ×（　）% =			

思政园地

趣头条号 X 新华网："两会"好声音，解读数据背后的民声

"两会"召开期间，看点颇多，除了各种造福于民的优质提案，还有各家媒体对政府工作报告的深度解读。借此契机，趣头条号与新华网、人民网、《经济日报》、光明网等权威媒体达成合作，把目光聚焦"两会"时刻：不仅第一时间对政府工作报告进行专业解读，还携手新华网发起"两会"话题的大数据分析，将其背后的民声形成《数据看两会 | 2019 全国"两会"网民关注的那些事》长图报告，发出趣头条号的"两会"好声音。

趣头条号与权威媒体进行深度合作

"两会"期间，趣头条号与权威媒体展开合作，以更加轻量的、趣味的、直观的形式展现深度优质内容。如与新华网合作推出《数据看两会 | 2019 全国"两会"网民关注的那些事》，挖掘并呈现站内的"两会"大数据；与人民网合作"两会来了，我托书记省长捎句话"的活动，开通建言献策、反映社情民意的留言入口，不少网友就工资、教育、户口、房价等热点话题说出自己的期待和建议；与《经济日报》在趣头条 App 内合作"两会"专题；与光明网进行内容合作，通过数据动起来系列，以一图速览的新颖形式解读政府工作报告。

趣头条号在"两会"期间与权威媒体的合作，一方面表明越来越多新闻媒体与政务机构更加关注以趣头条网友为代表的"五环外人群"，另一方面也体现出趣头条提升内容生态、传播优质内容的切身实践。

"教育"与"健康"等相关议题受趣头条网友关注

得益于在低线城市的强大渗透率，在趣头条上常常能听到接地气的基层民声，此前就吸引大量政务号入驻趣头条号，以实现本地政务信息的双向流通。

在本次与新华网的合作中，趣头条亦充分发挥这一优势，通过平台海量大数据分析得出"两会"期间趣头条网友关注的热点议题。其中，最受关注的民生热点是"住房保障"。同时，不同地域网友关注的焦点也各有不同，如一二线城市网友更关注"住房保障"和"营商环境"，三四五线城市网友则更注重"健康生活"和"减税降费"；男性和女性网友关注焦点也呈现差异，男性网友更关注"反腐倡廉"和"减税降费"，女性网民则更注重"健康问题"和"教育公平"。这些热点议题直击百姓关切，展现出以趣头条网友为缩影的人民对于生活的美好向往。

"两会"好声音：传播更多真正有价值的内容

"两会"期间，各家权威媒体与趣头条号展开深度合作，洞察真实需求，扎根真实数据，以趣头条网友喜闻乐见的形式，消除民间话语与"两会"话语之间的隔阂，促进政务信息与民情民意的双向沟通。对于趣头条号而言，与权威媒体联合制作真正有价值的内容，其意义不仅在于满足趣头条网友需求，还在于发挥平台自身优势、承担社会责任，传递向上向善的价值，带来切实的社会效益，使得趣头条号发出的声音代表民情民意，成为真正的"两会"好声音。

资料来源：趣味头号 X 新华网："两会"好声音，解读数据背后的民声.（2019-03-17）[2021-06-01]. https://xjr.people.cn/n1/2019/0318/c416207-30981457.html.